Akademie Studienbücher

Literaturwissenschaft

Herausgegeben von
Iwan-Michelangelo D'Aprile

Heinz Sieburg

Literatur des Mittelalters

2., aktualisierte Auflage

Akademie Verlag

Der Autor:
Prof. Dr. Heinz Sieburg, Jg. 1961, Professor für germanistische Linguistik und Mediävistik an der Université du Luxembourg

Bibliografische Information der Deutschen Nationalbibliothek
Die Deutsche Nationalbibliothek verzeichnet diese Publikation in der Deutschen Nationalbibliografie; detaillierte bibliografische Daten sind im Internet über http://dnb.d-nb.de abrufbar.

© 2012 Akademie Verlag GmbH, Berlin
Ein Wissenschaftsverlag der Oldenbourg Gruppe

www.akademie-verlag.de

Einband- und Innenlayout: milchhof : atelier, Hans Baltzer Berlin
Einbandgestaltung: Kerstin Protz, Berlin, unter Verwendung der Miniatur *Hartmann von Aue aus der Großen Heidelberger Liederhandschrift* (*Codex Manesse*) (frühes 14. Jahrhundert).
Satz, Druck & Bindung: Beltz Bad Langensalza GmbH, Bad Langensalza

Dieses Papier ist alterungsbeständig nach DIN/ISO 9706.

ISBN   978-3-05-005913-6
eISBN   978-3-05-005914-3

Literatur des Mittelalters

1 Annäherungen und Grundlagen

Abbildung 1: Der Heilige Anno II., Erzbischof von Köln. Miniatur aus der *Vita Annonis* (um 1180)

Bischof Anno II. von Köln hat fünf Stifte und Klöster gegründet, mit deren Modellen er hier dargestellt ist. Ihm ist das Ende des 11. Jahrhunderts entstandene „Annolied" gewidmet, das als erste Geschichtsdichtung in deutscher Sprache gilt. Typisch für das Mittelalter ist die Ausdeutung von Geschichte als christliche Heilsgeschichte. Aufschlussreich ist das „Annolied" aber auch im Hinblick auf die Entwicklung des Volksnamens „deutsch".

Sprache und Literatur des Mittelalters sind uns Heutigen meist fremd und daher kaum unmittelbar zugänglich. Sich darauf einzulassen heißt, ein Fenster in die Vergangenheit und damit in eine oftmals irritierend fremdartige, aber auch faszinierende Welt zu öffnen. Der Gewinn liegt nicht zuletzt in der deutlichen Erweiterung des Sichtfeldes. Bezogen auf einen Zeitraum von den Anfängen der deutschen Literatur in der Mitte des 8. Jahrhunderts bis in die Frühe Neuzeit werden im vorliegenden Band die Grundlagen der Literatur- und Sprachperioden, ihre spezifischen Ausprägungen, Hintergründe und inneren Entwicklungen an ausgewählten Themen dargestellt. Gezielte Vertiefungen und interpretierende Erläuterungen zentraler Gattungen und Werke runden die Darstellung ab. Der Schwerpunkt liegt auf der höfischen Literatur der mittelhochdeutschen Blütezeit. Eine erste Annäherung bietet die Klärung zentraler Begriffe und grundlegender Voraussetzungen der mittelalterlichen Literatur und ihrer Erforschung.

1.1 Mittelalter und Mediävistik
1.2 Germanistische Mediävistik
1.3 Literaturbegriff
1.4 Forschungstraditionen und Erkenntnisperspektiven

1.1 Mittelalter und Mediävistik

Mediävistik bedeutet „Lehre vom Mittelalter" (lateinisch *medium aevum* „mittleres Zeitalter"). Die abendländische Vorstellung eines mittleren Zeitalters entwickelte sich in der italienischen Renaissance (14./15. Jahrhundert; → ASB MÜLLER, KAPITEL 1.2), wobei die Zeit zwischen einer als ‚licht' angesehenen kulturellen Hochphase der Antike und deren ‚Wiedergeburt' in der eigenen Gegenwart als „ein Jahrtausend der Schatten" (lateinisch *millenium tenebrarum*) betrachtet wurde. Grundlage der Negativbewertung war dabei vor allem eine ästhetisch-kulturhistorische Perspektive, die insbesondere den Verfall der lateinischen Schriftkultur kritisierte.

Wertungen des Mittelalters

Als historiografische Kategorie ist der Begriff des Mittelalters aber erst ein Produkt des 17. Jahrhunderts, vornehmlich verknüpft mit dem Namen des Philologen, Historikers und Geografen Christoph Cellarius (1638–1707). Cellarius, der die Dreiteilung der Universalgeschichte in Antike, Mittelalter und Neuzeit gegen erhebliche Widerstände der Kirche durchsetzte, übernahm die pejorative Bewertung des Mittelalters. Und auch in der Aufklärung überwog deutlich das Negativbild im Sinne eines ‚finsteren' Zeitalters.

Erst im ersten Drittel des 19. Jahrhunderts, im Zuge der Romantik verkehrte und verklärte sich das Bild infolge einer generellen Idealisierung des Volkstümlichen und insbesondere der volkstümlichen Dichtung der Vergangenheit. Gegenwärtig changiert die Bewertung des Mittelalters zwischen Rückständigkeit und einem positiv konnotierten Gegenentwurf zur modernen durchtechnisierten Welt. Letzteres schlägt sich deutlich als Mittelalter-Boom in der Populärkultur nieder (→ KAPITEL 14.1).

Dem Begriff des Mittelalters liegt – schon dem Wortsinn nach – die Vorstellung einer Interimsphase, einer Zwischenzeit zwischen der vorgängigen Antike und der folgenden Neuzeit zugrunde. Der Mittelalterbegriff ist somit Resultat einer Rückschau einer Epoche, die sich – als Neuzeit – selber an das Ende der historischen Entwicklung setzt, so, als wäre nach ihr keine weitere Epoche mehr denkbar. Die eigene Perspektive als allgemeingültig zu betrachten, ist durchaus kritisch zu bewerten, gilt aber analog für zahlreiche andere Periodisierungen: „Sollte sich", heißt es bei dem Romanisten Ernst Robert Curtius hierzu erhellend, „die Menschheitsgeschichte noch einige Jahrtausende oder Jahrzehntausende fortsetzen, so wird die Historie genötigt sein, ihre Epochen zu numerieren, wie die Archäologen das für Altkreta tun: Minoisch I, II, III, mit je drei Unterabteilungen" (Curtius 1993, S. 34).

Problematische Perspektive

Mittelalterliche Geschichtsvorstellungen

Das Mittelalter selbst hatte noch keinen eigenständigen Begriff von sich, sondern sah sich noch ganz in der Kontinuität der Antike. Deutlicher Hinweis für diesen Kontinuitätsgedanken war die Vorstellung eines ungebrochenen Fortwirkens des *Imperium Romanum* im Reich Karls des Großen (742–814) und seiner Fortdauer im Heiligen Römischen Reich Deutscher Nation.

Gleichzeitig unterlag dem Mittelalter die Vorstellung eines heilsgeschichtlich-eschatologischen Geschichtsverlaufs. Tragender Gedanke war die Idee einer göttlich vorausbestimmten universalgeschichtlichen Abfolge mit klar definiertem Ende am Jüngsten Gericht. Ein **Vier-Reiche-Lehre** verbreitetes Geschichtsbild war die Vier-Reiche-Lehre, die sich auf den Kirchenvater Hieronymus (um 350–420) stützte und durch das biblische Buch Daniel (Dan 2,31–35; 7,2–7) untermauert wurde. Proklamiert wird darin die Abfolge der Reiche der Babylonier, der Perser, der Griechen und schließlich der Römer. Auch das frühmittelhochdeutsche *Annolied* folgt diesem Muster (Abschnitt 11–18). Schon deshalb bestand Interesse am proklamierten Fortbestand ‚Roms‘. Mit der Reichsabfolge war auch das geschichtstheologische Deutungsschema der Translationstheorie, die im Buch Daniel 2,21 verbürgte Übertragung der Herrschaft von Osten nach Westen, untrennbar verbunden.

Auch wenn man einräumen muss, dass der Einteilung einer kontinuierlichen universalgeschichtlichen Sukzession immer etwas Problematisches anhaftet, ist sie aus Gründen des Erkenntnisgewinns doch unerlässlich und geradezu die Voraussetzung dafür, einen geschichtlichen Forschungs- und Darstellungsrahmen zu konstituieren. Bezogen auf das Mittelalter ergeben sich wiederum unterschiedliche Definitionen, abhängig davon, welcher Aspekt der Geschichtsbetrachtung in den Vordergrund gerückt wird. Dabei reichen die Ex**Datierungen des Mittelalters** tremdatierungen von der Übernahme des Christentums als Staatsreligion im spätrömischen Reich unter Konstantin im frühen 4. Jahrhundert bis zum Ende der französischen Revolution. Die Mehrheitsmeinung definiert das Mittelalter jedoch als Zeitraum zwischen den Jahren 500 und 1500. Als Grenzdaten werden dabei das Ende des Weströmischen Reiches (476) sowie – als Endmarke – der Untergang Ostroms (1453), die Entdeckung Amerikas (1492) und Luthers (vorgeblicher) Thesenanschlag an der Schlosskirche zu Wittenberg (1517) genannt.

1.2 Germanistische Mediävistik

Gegenstand der Germanistischen Mediävistik ist die deutschsprachige Schriftlichkeit von ihren Anfängen bis in die Frühe Neuzeit, und zwar in ihren literatur-, sprach- und kulturgeschichtlichen Erscheinungsformen. Der Betrachtungsrahmen deckt sich allerdings nicht vollständig mit der zeitlichen Definition des Mittelalters. So lässt sich um 500 noch nicht von einer deutschen Sprache sprechen. Deren Anfänge treten erst ab der Mitte des 8. Jahrhunderts deutlicher hervor. Und auch das Datum 1500 erscheint jedenfalls dann als verfrüht, wenn man den Bearbeitungszeitraum der Germanistischen Mediävistik an dem in der Germanistik gängigen viergliedrigen Periodisierungsschema orientiert (→ ABBILDUNG 2):

Periodisierungsschema

Althochdeutsch		750–1050
	Frühmittelhochdeutsch	1050–1170
Mittelhochdeutsch	‚Klassisches' Mittelhochdeutsch	1170–1250
	Spätmittelhochdeutsch	1250–1350
Frühneuhochdeutsch		1350–1650
Neuhochdeutsch		1650–heute

Abbildung 2: Periodisierungsschema der deutschen Sprach- und Literaturgeschichte

Die (lerngünstige) Untergliederung in Einheiten von je drei Jahrhunderten beruht auf außersprachlichen und innersprachlichen Abgrenzungsdaten. So markiert z. B. das Datum 750 (in etwa) das Ende der sogenannten zweiten oder hochdeutschen Lautverschiebung, einer Konsonantenveränderung, die das Deutsche aus dem vormaligen Germanischen ausgegliedert hat (→ KAPITEL 5.3). 1650 als Grenze lässt sich dagegen mit einem Datum der Ereignisgeschichte, dem Ende des Dreißigjährigen Krieges (1648), legitimieren (zur Periodisierung der deutschen Sprachgeschichte insgesamt Roelcke 1995).

750–1650

Im Zentrum des Periodisierungsgefüges steht die Sprach- und Literaturperiode des Mittelhochdeutschen, auf der gleichzeitig der Beschreibungsschwerpunkt dieses Buchs liegt. Hierbei werden insbesondere die Jahrzehnte um 1200, als die ‚Blütezeit' der höfischen Dichtung, einen breiteren Raum einnehmen. Aus dieser ‚klassischen' Periode datieren die meisten der bekannten klangvollen Namen von

Beschreibungsschwerpunkt Mittelhochdeutsch

Dichtern und Werken: Walther von der Vogelweide, Reinmar, Wolfram von Eschenbach, Hartmann von Aue, Gottfried von Straßburg oder – um einige Werke zu nennen – das *Nibelungenlied*, *Parzival*, die Artusromane *Iwein* und *Erec*, *Tristan* und andere mehr.

750–1500 Das vorgestellte Gliederungsmodell konkurriert mit einer in der Germanistischen Mediävistik verbreiteten Begrenzung des Darstellungsraumes bis ins Jahr 1500, was besser zur allgemeinen Mittelalterdefinition passt. In der Realität des Gesamtfaches Germanistik ist aber auch die Neugermanistik selten an der Behandlung des 16. Jahrhunderts interessiert, sodass dieses oft ganz aus dem Blickfeld gerät. Im vorliegenden Band soll die Darstellung daher wenigstens kursorisch bis ins 17. Jahrhundert führen (zur Frühen Neuzeit → ASB KELLER).

Mittel-hoch-deutsch Linguistisch betrachtet, ist der Begriff „Mittelhochdeutsch" als Determinativkompositum eine Wortbildung, die aus drei Konstituenten besteht. Während die Konstituente „mittel" (wie auch in „Mittelalter") eine Zeitdimension ausdrückt, ist der Bestandteil „hoch" vor allem räumlich zu verstehen. Dadurch ergibt sich ein deutlicher Gegensatz zur alltagssprachlichen Verwendung von „Hochdeutsch" im Sinne der Standardsprache, wo „hoch" das Moment des Überregionalen bzw. stilistisch Hochstehenden betont.

Hochdeutsch Areallinguistisch bezieht sich das Hochdeutsche auf einen Raum südlich einer Sprachgrenze (der Fachbegriff lautet Isoglosse), die entlang der Orte Eupen, Aachen, Benrath, Kassel und Berlin verläuft. Diese sogenannte Benrather Linie ist benannt nach dem Düsseldorfer Ortsteil Benrath, dem Ort der Rheinüberschreitung der Isoglosse. Sie teilt den deutschen Sprachraum in zwei Areale, das Hochdeutsche im höher gelegenen, bergigen Süden und das Niederdeutsche im flachen Norden. Die uns heute vorliegende Karte (→ ABBILDUNG 3) eines nach Regionalsprachen und Dialekten untergliederten deutschen Sprachraumes ist Ergebnis dialektgeografischer Erhebungen seit dem späten 19. Jahrhundert, die vor allem mit dem Namen des Sprachwissenschaftlers Georg Wenker (1852–1911) und dem von ihm begründeten *Deutschen Sprachatlas* (DSA) verbunden sind.

Mittelhochdeutsche Regionalsprachen Die sprachräumliche Gliederungsstruktur gilt mit einigen Abweichungen bereits für die Sprachsituation des Mittelalters. Ein beachtenswerter Unterschied ist aber, dass es erst seit der Neuzeit eine einheitliche überdachende Standardsprache gibt. Konsequenterweise ist die gesamte Literatur des Mittelalters in sprachlicher Hinsicht regional geprägt, wenngleich nicht zu verkennen ist, dass es bereits in der Blütezeit um 1200 gewisse Ansätze einer Vereinheitlichung gab. Dies gilt zumindest insofern, als die namhaften Autoren dieser Epoche sich bemühten, regional eng begrenztes Vokabular zu vermeiden und (insbesondere im höfisch-ritterlichen Bereich) einen einheitlichen Wortschatz zu verwenden.

Wie in → ABBILDUNG 3 zu sehen, gliedert sich der deutsche Sprachraum in unterschiedliche Areale, deren Grenzen auf den Ergebnissen bestimmter Lautprozesse beruhen. So wird beispielsweise die Benrather-Linie (b) auch *maken-machen*-Linie genannt, was verdeutlichen soll, dass der germanische Plosiv *k* postvokalisch zu einem Reibelaut (*ch*) verändert wurde. Nördlich der Linie blieb (dialektal bis heute) *k* erhalten, südlich heißt es überall (auch dialektal) *ch* (→ KAPITEL 5.3).

Gliederung des Sprachraums

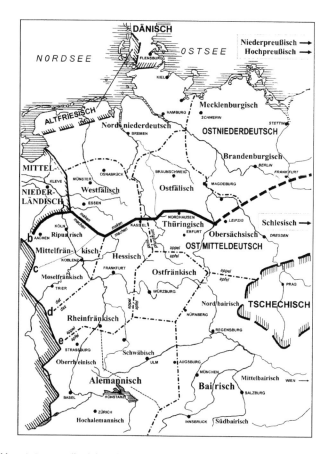

Abbildung 3: Der mittelhochdeutsche und mittelniederdeutsche Sprachraum

Hervorzuheben ist, dass sich der hochdeutsche Sprachraum weiter differenziert in einen der Benrather-Linie (b) unmittelbar südlich angrenzenden mitteldeutschen Sprachraum und den noch weiter im Süden gelegenen oberdeutschen Raum (südlich der Linie e). Das Mitteldeutsche (Md.) ist im Westen wiederum gegliedert in den sogenannten Rheinischen Fächer, bestehend aus Ripuarisch (Köln, Aachen), Moselfränkisch (Koblenz, Trier) und Rheinfränkisch (Karlsruhe, Frankfurt a. M.). Im Osten schließt sich dialektgeografisch das Ostmitteldeutsche an, vor allem vertreten durch Thüringisch (Erfurt) und Obersächsisch (Leipzig).

Das Oberdeutsche im Süden (südlich der Linie e) kann wieder in einen West- und einen Ostteil gegliedert werden. Der Westteil ist bestimmt durch das Alemannische (Basel), zu dem auch das Schwäbische (Ulm) gerechnet werden kann, der Osten durch das Bairische (München, Wien). Eine eigene Sprachlandschaft bildet das Ostfränkische in der heutigen Region Franken (Würzburg).

Nördlich der Benrather Linie schließt sich der niederdeutsche Sprachraum an, im westlichen Teil vor allem geprägt durch das Westfälische (Münster, Essen), das Ostfälische (Braunschweig, Magdeburg) sowie das Nordniederdeutsch-Niedersächsische (Bremen, Hamburg). Östlich schließt sich das Ostniederdeutsche (Berlin, Schwerin) an. In literatur- und sprachhistorischen Darstellungen rückt das Niederdeutsche oft aus dem Blick. Grund hierfür ist die Tatsache, dass die mittelalterliche Literaturproduktion sich insgesamt deutlich auf den hochdeutschen – und in der Blütezeit vor allem auf den oberdeutschen – Raum konzentrierte und auch, dass das Niederdeutsche bei der Herausbildung einer deutschen Einheitssprache insgesamt vom südlichen Hochdeutschen überformt wurde. Auch dieses Buch konzentriert sich auf das Hochdeutsche. Da aber unbestreitbar wichtige Verfasser und Werke aus dem niederdeutschen Raum stammen, werden diese, wo dies geboten ist, in die Darstellung mit eingebunden.

In der Wortbildung „Mittelhochdeutsch" fehlt noch die Erläuterung der Konstituente „deutsch". Sprachgenealogisch steht das Deutsche am Ende einer Entwicklungslinie, die vom Indogermanischen (auch Indoeuropäisch genannt) über das Germanische reicht. Die germanischen Sprachen gliedern sich im Zuge der sogenannten ersten oder germanischen Lautverschiebung aus dem Indogermanischen aus.

Ein bronzezeitlicher, germanisch genannter Kulturkreis lässt sich um 1000 v. Chr. archäologisch zuerst im heutigen Norddeutschland und in Südskandinavien nachweisen. Spätestens in den ersten Jahrhunderten n. Chr. kommt es zur Ausdifferenzierung in unterschied-

(Marginalien:)
Mitteldeutsch

Oberdeutsch

Niederdeutsch

Deutsch
als Sprachbegriff

Germanisch

liche Stammesverbände, deren Namen zum Teil in heutigen National-, Regional- und Dialektbezeichnungen weiterleben (z. B. England, Burgund, Sächsisch). Für die Gliederung der unterschiedlichen germanischen Stammessprachen sind verschiedene Vorschläge erarbeitet worden. Auf den Sprachwissenschaftler Friedrich Maurer geht die heute übliche Fünfteilung zurück (Maurer 1952, S. 135):

- Ostgermanisch (Oder-Weichsel-Germanisch) umfasst die Stammessprachen der Burgunder, Wandalen und Goten. Diese besiegelten im Zuge der Völkerwanderung um die Mitte des ersten nachchristlichen Jahrtausends das Ende Westroms und gründeten verschiedene (kurzlebige) Germanenreiche im Mittelmeerraum. Regionalnamen wie Burgund oder Andalusien (< Wandalen) zeugen hiervon.

Gliederung des Germanischen

- Nordgermanisch umfasst die heutigen skandinavischen Sprachen (Dänisch, Schwedisch, Norwegisch, Isländisch).
- Nordseegermanisch, (vom römischen Geschichtsschreiber Tacitus, ca. 55–115 n. Chr., auch Ingwäonisch genannt) ist Vorläufer des Englischen und Niederländischen sowie des Friesischen und Niederdeutschen.
- Weser-Rhein-Germanisch (Istwäonisch) bezieht sich im Wesentlichen auf den Stammesverband der Franken. Diese erlangten durch die Dynastien der Merowinger, mehr noch aber durch die der Karolinger im Frühmittelalter eine herausragende politische – und auch literaturhistorische Bedeutung.
- Elbgermanisch (Herminonisch), das nach der Abwanderung der entsprechenden Stämme aus dem Ostseeraum ins hochdeutsche Sprachgebiet auch als Donau-Alpenländisch bezeichnet wird, bezieht sich auf die Stammesprachen der Alemannen, unter Einschluss der Sweben (Schwaben), daneben der (jüngeren) Baiern und der (untergegangenen) Langobarden.

Aufgrund sprachlich-kultureller Gemeinsamkeiten wurden Nordseegermanisch, Weser-Rhein-Germanisch und Elbgermanisch lange auch unter dem Begriff Westgermanisch zusammengefasst. Heute ist es üblich, vor allem das Verbindende von Weser-Rhein-Germanisch und Elbgermanisch zu unterstreichen und mit dem Begriff Südgermanisch zu benennen.

Das Deutsche entwickelte sich vor allem auf der Grundlage der südgermanischen Stammessprachen und ist insofern von Anfang an ein sprachliches Amalgam. Während normalerweise die Sprachbezeichnung von einem entsprechenden Volksnamen abgeleitet ist (französisch < Franken, italienisch < Italiener, englisch < Angeln), war „deutsch" kuriroserweise zuerst Sprachbegriff und wurde erst sekundär zum Volks-

Deutsch als Volksname

namen. Etymologisch, das heißt im Hinblick auf die Herkunft des Wortes, war „deutsch" zunächst ein Abgrenzungsbegriff gegenüber dem Lateinischen und bedeutete schlicht „volkssprachlich". Dabei lassen sich unterschiedliche Wurzeln des Wortes nachweisen. Eine Grundlage war das rekonstruierte germanische Wort *theudiskas* (der Stern, Asterisk genannt, steht immer für nicht real belegte, also erschlossene Wortformen), das ursprünglich soviel bedeutete wie ‚zum Volk gehörig‘ und auf den Gegensatz zur höher gewerteten lateinischen Kultur abzielte.

Erste Belege Ein erster Beleg findet sich in einem Brief des päpstlichen Nuntius Georg von Ostia an Papst Hadrian I. über zwei Synoden, die 786 in England stattfanden. Hier heißt es, dass die Beschlüsse *tam latine quam theodisce* (lateinisch; „auf Latein wie auch in der Volkssprache") mitgeteilt wurden, *quo omnes intellegere potuissent* („damit alle es verstehen könnten"). Im Jahre 788 kommt es zu einer Anklage des Bayernherzogs Tassilo auf dem Reichstag zu Ingelheim. Vorgeworfen wird ihm Fahnenflucht, *quod theodisca lingua harisliz dicitur* („was in der Volkssprache *harisliz* genannt wird"). Das latinisierte Wort *theodiscus* blieb zunächst ein Gelehrtenwort und bezog sich auf Dialekte germanischer Herkunft im Frankenreich, wobei sowohl die Sprache des Volkes – als Gegensatz zur Bildungssprache Latein – betont sein konnte wie auch der Gegensatz zum romanisch geprägten, als *walhisk* bezeichneten Teil des Frankenreiches.

Das deutsche Wort *diutsch / tiutsch* wurde zunächst ebenfalls allein auf die Sprache bezogen. Erster Beleg ist *in diutiscum* (lateinisch; „auf deutsch") bei dem Benediktinermönch Notker III. von St. Gallen (um 950–1033). Eine Ausweitung auch auf ‚Land und Leute‘ findet sich zuerst im bereits erwähnten *Annolied* (um 1180), das zugleich als erste Geschichtsdichtung in deutscher Sprache gilt. Dort heißt es etwa:

Belege
aus dem *Annolied* *mit zorne her dû widir wante / ci diutischimo lante* (V. 24.7f.)
(„Zornig kehrte er da zurück zu den deutschen Ländern"
Nellmann 2005).
sidir wârin diutschi man / ci Rôme lîf unti wertsam. (V. 28.17f.)
(„Seitdem waren die deutschen Mannen in Rom lieb und wert."
Nellmann 2005)

1.3 Literaturbegriff

Der Literaturbegriff der historischen Literaturwissenschaft unterscheidet sich grundlegend von dem der Neueren deutschen Literaturwissenschaft, die Literatur zumeist mit ‚schöner‘ Literatur gleichsetzt und das Kriterium der Poetizität zugrunde legt (→ ASB KOCHER/KREHL, KAPITEL 2). Für das Mittelalter ist eine solche Einschränkung aus unterschiedlichen Gründen unpraktikabel. So ist etwa die Quellenlage in althochdeutscher Zeit noch so spärlich, dass eine Einschränkung auf die Literatur im ‚engeren‘ Sinne die überwiegende Mehrheit aller Sprachzeugnisse aus dem Blick verlieren würde. Zwar erweitert sich die Beleglage im Mittelhochdeutschen und vor allem im Frühneuhochdeutschen beträchtlich, dennoch ist auch hier eine Begrenzung auf die ‚schöne‘ Literatur nur bedingt sinnvoll. Der ‚weite‘ Literaturbegriff umfasst den Gesamtbestand des Schrifttums, das heißt auch – modern gesprochen – theologische, didaktische, juristische oder sonstige (Fach-)Literatur. Auch eine Glossensammlung, ein Zauberspruch oder eine Markbeschreibung ist in diesem Sinne Literatur, genauso wie eine Heiligenvita, eine Predigt und eine Tierkunde.

Erweiterter Literaturbegriff

Ein erweiterter Literaturbegriff ist umso berechtigter, als die ‚schöne‘ Literatur im Mittelalter noch nicht als ein eigenständiger, gegenüber anderen Textsorten abgrenzbarer Bereich wahrgenommen wurde. Jedenfalls überwiegt nach mittelalterlicher Auffassung noch das verbindende, auf den lebenspraktischen Nutzen abzielende Element. Und dies gilt gleichermaßen für theologische Erbauungsschriften, philosophische Traktate wie auch für unterhaltende Dichtung, beispielsweise die Artusepik (→ KAPITEL 8), deren ‚Gebrauchswert‘ auch in der sittlichen Erziehung des Ritters gelegen haben wird.

Mittelalterliche Sicht

Problematisch ist mit Bezug auf das Mittelalter sogar die Einschränkung des Literaturbegriffs auf geschriebene Texte – trotz der Herleitung des Wortes Literatur aus dem lateinischen *littera* („Buchstabe“). Zur Eigenart der mittelalterlichen Literatur gehört nämlich, dass sie zum Teil auch im Medium der Mündlichkeit (Oralität) lebte und ihr damit die eigentümliche Existenzform einer „Bimedialität“ (Bein 2011, S. 17) zwischen Mündlichkeit und Schriftlichkeit zukam. Zu bedenken ist allerdings, dass uns der direkte Zugang zu diesem spezifischen medialen Doppelstatus fehlt, da wir mittelalterliche Texte nur durch ihre schriftliche Überlieferung kennen. Vieles, was nicht den Weg auf das Pergament gefunden hat, ist, so muss man zudem annehmen, verloren gegangen.

Mündliche Literatur?

Die mündliche Existenzweise der mittelalterlichen Literatur hatte verschiedene Ausprägungen: Ein Text konnte in der Oralität seinen Ausgangspunkt haben, trotz Schriftfassung mündlich weiter getragen und dabei verändert werden oder sich im Vortrag der Mündlichkeit bedienen. Insbesondere im Althochdeutschen finden sich Literatur-

Mündlichkeit/ Schriftlichkeit

17

zeugnisse, die nur als Verschriftung einer vorgängigen (oder gleich-zeitigen) in der Dimension der Mündlichkeit existierenden Literatur adäquat verstanden werden können, etwa Zaubersprüche, Segensfor-meln und Heldenlieder.

Verschriftung/
Verschriftlichung

Der Begriff „Verschriftung" betont die wörtliche Wiedergabe eines mündlichen Textes im Medium der Schrift. „Verschriftlichung" setzt dagegen voraus, dass die besonderen Bedingungen der Schriftlichkeit auf die Textgestaltung einwirken (vgl. Koch / Oesterreicher 1994). Al-lerdings ist eine trennscharfe Unterscheidung der Begriffe nur schwer möglich.

Auch für die mittelhochdeutsche Zeit gilt insgesamt die Vorausset-zung des mündlichen Vortrags und Gesangs schon aufgrund einer noch weitgehend illitteraten, also schriftunkundigen Gesellschaft. Und selbst, wo Texte gelesen wurden, geschah dies bis in die Neuzeit hinein zumeist noch in einem Prozess des sich selber laut Vorlesens oder zumindest der murmelnden Begleitung. Stumm vor einem Text zu sitzen und nur die Augen zu bewegen, wäre für mittelalterliche Leser vermutlich eine merkwürdige Vorstellung gewesen.

Auf der anderen Seite gilt eine Einschränkung des Betrachtungs-rahmens. Als deutsche Literatur wird hier nur die Literatur in deut-scher Sprache verstanden. Dies ist nicht zwingend, wenn man weiß, dass die Schriftsprache auch auf deutschem Sprachgebiet zunächst

Latein

noch fast ausschließlich an das Latein gebunden war und bis ins Spätmittelalter deutlich mehr lateinische als deutsche Texte geschrie-ben wurden. Zwar nimmt der Umfang der deutschsprachigen Litera-tur im Verlauf des Mittelalters beträchtlich zu, aber im selben Maße wächst eben auch der Umfang lateinischer Schriftproduktion. Noch im 15. Jahrhundert belief sich der Anteil des volkssprachlichen Schrifttums auf gerade einmal 10 % der Gesamtliteratur. Die Kultur des gesamten Mittelalters war demnach geprägt vom Dualismus La-tein – Volkssprache, mit einer insgesamt starken Dominanz auf der Seite des Lateins.

Dominanz
des Lateins

Diese Dominanz hatte unterschiedliche Ursachen, die im Mehr-wert des Lateinischen gegenüber der Volkssprache gesehen werden können. Hierzu gehörte die größere kommunikative Reichweite der lateinischen Sprache – bezogen auf eine internationale Bildungs-schicht. Daneben gilt aber auch ein ideologisches Argument insofern, als traditionell Latein, neben Griechisch und Hebräisch, zu den drei heiligen Sprachen gezählt wurde, den Sprachen, in denen sich nach christlichem Glauben Gott offenbart hat und die auch in der Kreuzes-inschrift Verwendung fanden (Joh 19,19–20). Das Deutsche (wie auch andere Volkssprachen) hatte es schwer, sich demgegenüber zu etablieren. Als geradezu kühn ist etwa der Versuch Otfrids von Weißenburg zu nennen, das Althochdeutsche der von ihm gedichteten Evangelienharmonie (um 870) den drei *edilzungōn* („Edelzungen", gemeint sind die drei heiligen Sprachen) argumentativ gleichzusetzen. Otfrid tat dies interessanterweise in einem auf Latein (!) verfassten Approbationsschreiben an den Mainzer Bischof Liutbert (→ KAPITEL 5.4).

1.4 Forschungstraditionen und Erkenntnisperspektiven

Im Voranstehenden ist „germanistisch / Germanistik" stillschweigend auf die deutsche Sprache und Literatur bzw. deren Studium eingeschränkt worden. Dies entspricht dem gängigen Verständnis und widerspricht gleichzeitig dem begriffsimmanenten vermeintlichen Generalvertretungsanspruch für alle germanischen Sprachen. Dieser wäre zumindest in Deutschland schon aufgrund der Ideologisierung des Germanischen in der Zeit des Nationalsozialismus von vornherein völlig diskreditiert. Daneben verbietet aber bereits die unter der Prämisse eines Globalfaches nicht mehr zu bewältigende Materialfülle eine solche Herangehensweise.

Gegenstandsbereich der Germanistik

Am Anfang der Wissenschaftsdisziplin, das heißt zu Beginn des 19. Jahrhunderts, war dies aufgrund der noch überschaubareren Materialbasis aber noch durchaus möglich und sinnvoll. Die *‚Deutsche' Grammatik* von Jacob Grimm (ab 1819) beschreibt etwa noch unterschiedliche germanische Sprachen. Auf dieser Tradition fußt zum Teil noch der organisatorische Zuschnitt verschiedener großer germanistischer Fachbereiche, die eben auch Abteilungen wie Niederlandistik oder Skandinavistik umfassen. Für das englischsprachige Ausland ist aufgrund der klaren Unterscheidbarkeit von *german* und *germanic* die Begriffsproblematik übrigens weit weniger virulent.

Zur Tradition des Faches gehört die besondere Gewichtung der historisch orientierten Sprach- und Literaturforschung. Schon aus wissenschaftshistorischen Gründen wurde und wird diese oft als ältere Abteilung bezeichnet und der Abteilung für Neuere deutsche Literatur gegenübergestellt. Überhaupt kann man sagen, dass der Ursprung der Germanistik in der Erforschung und Erschließung älterer deutscher Sprachzeugen und Literaturquellen liegt. Mit der Etablierung einer eigenständigen Neueren Literaturwissenschaft auf der einen

Die ältere Abteilung

und einer gegenwartsbezogenen Linguistik auf der anderen Seite hat die historisch orientierte Sprach- und Literaturforschung ihren exklusiven Status aber längst eingebüßt und ist nun Teil eines zumeist dreigliedrigen Fachkonzeptes.

Legitimierung der Mediävistik

In der Neuorientierung des Faches im Zuge des Bologna-Prozesses und der Umstrukturierung der Curricula hat sich weitgehend die Ansicht durchgesetzt, dass der Stellenwert der Mediävistik auch und gerade darin besteht, eine ‚Gelenkfunktion' zwischen der Neueren Literaturwissenschaft und der Linguistik zu übernehmen, „denn sie hat Teil an beiden Fächern und kann als Klammer des Gesamtfaches verstanden werden" (Schiewer 2006, S. 56). Was nämlich in der Abgrenzung der Literaturwissenschaft gegenüber der Sprachwissenschaft zur spezifischen Differenz geworden ist, fügt sich hier notwendigerweise zu einem Ganzen.

Germanistische Mediävistik als Kulturwissenschaft

Das Interesse an der Germanistischen Mediävistik hat sich im Zuge der kulturwissenschaftlichen ‚Wende', die dazu geführt hat, eine kulturwissenschaftliche Perspektive in die Einzelfächer aufzunehmen, wieder deutlich verstärkt. Die charakteristische Leistung der Kulturwissenschaft besteht nach Hartmut Böhme und Klaus R. Scherpe darin, „die heterogenen, hochspezialisierten, gegeneinander abgeschotteten Ergebnisse der Wissenschaften zu ‚dialogisieren', auf strukturelle Gemeinsamkeiten hin transparent zu machen, auf langfristige Trends hin zu befragen [und] disziplinäre Grenzen zu verflüssigen" (Böhme/ Scherpe 1996, S. 12). Das Überschreiten der Fachbegrenzungen und die wechselseitige Nutzung als Hilfswissenschaft ermöglichen Erkenntnisfortschritte als Folge gemeinsamen Fragens. Bereits der im Bereich der Germanistik noch nicht lange verwendete Begriff „Mediävistik" weist auf ein in dieser Hinsicht verändertes oder zumindest profilierteres Selbstverständnis des Faches hin. Ihm ist bereits inhärent, dass es um mehr geht als ‚nur' um Sprache und Literatur, sondern eben auch um Mittelalterkunde. Ein adäquates Erfassen der historischen Sprache und Literatur erfordert nämlich, den kulturellen Handlungsrahmen der entsprechenden Epoche als konstituierenden Faktor mit zu beleuchten. Dies ist in der Tradition des Faches nichts prinzipiell Neues und gehört seit jeher zu dessen methodologischem Grundverständnis. Aber trotz der traditionellen Nähe zum kulturwissenschaftlichen Ansatz zeigt sich in der Selbstbezeichnung als Germanistische Mediävistik eine graduelle Verstärkung dieser Perspektive. Begreift man Kulturwissenschaft als übergeordneten Forschungshorizont, so kann sich die Mediävistik hierin aufs Beste einfügen.

Für den Wert und die Wertschätzung des Faches ist gleichfalls wichtig, dass es verstärkt auch in anderen Disziplinen und Forschungsfeldern (Geschichtswissenschaft, Theologie, Medizin, Soziologie, Mentalitätsforschung, Gender Studies usw.) als Erkenntnisquelle erkannt und aufgegriffen wird.

Interdisziplinarität

Mag sein, dass dem Studienanfänger derlei Überlegungen noch als zu abstrakt erscheinen. Doch auf Ebene des Studiums kann bereits als Bereicherung angesehen werden, dass die Germanistische Mediävistik aufgrund ihrer zeitlich entfernten Unterrichtsgegenstände ein Kontrastwissen bereitstellt, mit dessen Hilfe bekannte Wissensbestände und Ansichten gewinnbringend relativiert und neu bewertet werden können.

Erkenntnismöglichkeiten

Fragen und Anregungen

• Skizzieren Sie die historische Entwicklung des Mittelalterbildes.

• Beschreiben Sie das gängige Periodisierungsmodell der deutschen Sprache und Literatur.

• Erläutern Sie die Gliederung des deutschen Sprachraums.

• Umreißen Sie die Unterschiede zwischen dem historisch-mittelalterlichen Literaturbegriff und dem heute üblichen.

• Beschreiben Sie die wissenschaftshistorische Position der ‚älteren Abteilung‘ und die Funktion der Germanistischen Mediävistik heute.

Lektüreempfehlungen

• **Das Annolied**, mittelhochdeutsch / neuhochdeutsch, herausgegeben, übersetzt und kommentiert von Eberhard Nellmann, Stuttgart 1975, 6. Auflage 2005.

Quellen

• **Joachim Bumke: Geschichte der deutschen Literatur im hohen Mittelalter**, München 1990, 5., aktualisierte Auflage 2004. *Standardwerk im Bereich der mittelhochdeutschen Literatur, zugleich Teil einer mehrbändigen Literaturgeschichte. Bietet gute Möglichkeiten, sich rasch auch über einzelne Autoren oder Werke zu informieren.*

Einführungen

- Leslie Peter Johnson: Die höfische Literatur der Blütezeit (1160 / 70–1220 / 30), Tübingen 1999. *Inhaltlich dichte, aber klar verständliche Darstellung des bezeichneten Gegenstands, zugleich Teil einer mehrbändigen Literaturgeschichte.*

- Wilhelm Schmidt: Geschichte der deutschen Sprache. Ein Lehrbuch für das germanistische Studium, Berlin 1969, 10. Auflage Stuttgart 2007. *Standardwerk zur raschen Orientierung und vertieften Beschäftigung mit den wesentlichen Fragestellungen der deutschen Sprachgeschichte.*

2 Weltliche und geistliche Voraussetzungen

Abbildung 4: Kaiser Heinrich VI. Miniatur aus der *Großen Heidelberger Liederhandschrift (Codex Manesse)* (frühes 14. Jahrhundert)

Der Stauferkaiser Heinrich VI. (1190–97) war auch als Lieddichter tätig. Als solcher steht er am Anfang der nach Adelsrängen geordneten Großen Heidelberger Liederhandschrift (Codex Manesse). Gerade die Staufer stehen für das vehemente Interesse an der neuen, französisch inspirierten Literatur seit dem späten 12. Jahrhundert.

Überhaupt ist die mittelalterliche Literatur aufs Engste mit der Adelskultur verflochten. Adelige bestimmten die Wahl der literarischen Stoffe, fungierten als Mäzene der Dichter oder dichteten zum Teil auch selbst.

Der Einfluss des Adels auf die mittelhochdeutsche Dichtung der Blütezeit ist nur ein Aspekt eines komplexen Bedingungsgefüges, ohne das die spezifische Ausprägung der mittelalterlichen Literatur kaum verstanden werden kann. Das vorliegende Kapitel beleuchtet diese vielfältigen weltlich-sozialen und christlich-theologischen Voraussetzungen der mittelhochdeutschen Literatur.

2.1 Soziokulturelle Grundlagen
2.2 Christliche Weltsicht und Weltdeutung

2.1 Soziokulturelle Grundlagen

Die mittelalterliche Literatur ist gleichermaßen Folge und Ursache der soziokulturellen Verhältnisse ihrer Zeit. Sie ist Folge, insofern sie die historischen Voraussetzungen und Verhältnisse widerspiegelt. Gleichzeitig ist sie aber auch selbst konstituierendes Element und somit (eine) Ursache dieser Verhältnisse. Gesellschaft und Literatur bedingen sich demnach wechselseitig.

Literatur und soziale Realitäten

Die Literatur des Mittelalters hatte, in unterschiedlichen ‚Konjunkturen‘, etwa die sozialkonstitutive Funktion der christlichen Glaubensfestigung und -ausübung, der historischen Überlieferung, der Anleitung zu rechtem Herrscher- und Rittertum und der Verfeinerung der Sitten – natürlich neben der Grundfunktion der Unterhaltung. Welche Funktion jeweils im Vordergrund stand, war abhängig von den wechselnden sozialen und politischen Bedingungen. Der Ausgangspunkt der jeweils korrespondierenden Literaturentwicklung ließe sich – sehr stark vereinfacht – als sukzessiver Dreischritt von Kloster, Hof und Stadt skizzieren.

So ist die althochdeutsche Literatur ihrem Kern nach Klosterliteratur, getragen von Geistlichen zum Zweck der christlichen Glaubensvermittlung. Demgegenüber dominierte in mittelhochdeutscher Zeit der Adelshof als Zentrum literarischer Betätigung. Literatur diente hier vor allem dem Zweck der Repräsentanz. Im Spätmittelalter (und in der Frühen Neuzeit) rückte dann die Stadt stärker in den Vordergrund – und mit ihr das patrizische Bürgertum. Einerseits zeigt sich in der Literatur dieser Zeit eine wieder verstärkte christliche Orientierung, andererseits tritt hier das didaktisch-moralische Element im Sinne der Anleitung zur rechten Lebensbewältigung in den Mittelpunkt.

Kloster, Hof, Stadt

Die deutsche Literatur des Mittelalters entwickelte sich in engem Kontakt zu anderen Sprachen und Literaturen und stand dabei insgesamt mehr auf der Nehmer- als auf der Geberseite. Die Dominanz des Lateins als gesamteuropäische Bildungssprache blieb eine Konstante bis in die Neuzeit hinein (→ KAPITEL 1.3). Vor diesem Hintergrund lässt sich die Entwicklung einer volkssprachlich-deutschen Literatur durchaus als ein Prozess der Emanzipation verstehen (→ KAPITEL 5.2).

Latein

Zweite große Gebersprache war das Französische. Der Einfachheit halber steht hier Französisch auch für das Provenzalische, die mittelalterliche Sprache des französischen Südens. Wesentliche Teile, vor allem der mittelhochdeutschen Literatur der Blütezeit um 1200, wie der Artusepik und der Minnelyrik, sind ohne den französischen Einfluss nicht denkbar (→ KAPITEL 8, 11). In Deutschland wurden die dort

Französisch

etablierten literarischen Moden durch die Adaptation wichtiger Werke und künstlerischer Ausdrucksformen übernommen. Hintergrund waren sicher auch das hohe Prestige und die daraus abzuleitende Vorbildfunktion französischer Adelskultur mitsamt ihrer Repräsentationsformen in Kleidung, Kampfausrüstung, Ritterspielen etc.

Literatur und Adel

Die Literatur des hohen Mittelalters ist ohne den prägenden Einfluss des Adels nicht denkbar, für den Literatur nicht nur den Zweck der Unterhaltung hatte, sondern auch gern genutzte Möglichkeiten der Selbstinszenierung und -legitimierung bot. Das große Interesse des Adels an mittelhochdeutscher Literatur zeigt sich in eigener literarischer Betätigung sowie – wesentlich bedeutsamer – im Mäzenatentum.

Mäzenatentum

Während in althochdeutscher Zeit die Klöster alle materiellen Voraussetzungen der literarischen Tätigkeit zur Verfügung stellten, war die an den Hof gebundene Literaturproduktion in mittelhochdeutscher Zeit abhängig von adligem Mäzenatentum. Das kostbare Pergament, die Schreibmaterialien, in etlichen Fällen wohl auch die Vorlagen wurden insbesondere ab dem 12. Jahrhundert verstärkt von adligen Gönnern zur Verfügung gestellt. Außer den bedeutenden weltlichen Territorialfürsten waren es kleinere Adlige, zudem geistliche Herren und später auch das städtische Patriziat, die die Literaturproduktion beförderten. Diese nahmen gleichzeitig natürlich entscheidenden Einfluss auf die Auswahl und die Gestaltung der literarischen Stoffe. Nachzuweisen ist dieser Einfluss in erster Linie in sogenannten Auftragsnachrichten, in denen die Autoren in ihren Werken auf die Auftraggeber und Gönner verweisen.

Adelsdynastien als Literaturmäzene

Die Förderung der Literatur lässt sich nicht nur für einzelne Adlige nachweisen, sondern scheint oft genug mit der gesamten Dynastie verbunden, der sie angehören. Unter diesen Adelsdynastien lassen sich einige besonders hervorheben, etwa die Herrscherdynastie der Staufer, in deren Regierungszeit im 12. und 13. Jahrhundert die bedeutsamste mittelhochdeutsche Literatur entstand und die im Begriff „Staufische Klassik" namengebend für diese literarische Blütezeit geworden ist. Ihr Interesse an volkssprachlicher Literatur beweist die Förderung unterschiedlicher Dichter (Friedrich von Hausen, Rudolf von Ems, Ulrich von Türheim). Zudem ist sie aber auch dadurch bezeugt, dass zwei der Stauferfürsten selbst als Dichter hervortraten. So stehen die Lieder Kaiser Heinrichs VI., Sohn Friedrich Barbarossas, und seines Enkels, König Konradin, am Anfang der *Großen Heidelberger Liederhandschrift*, der für die Lyrik bedeutendsten der mittelalterlichen deutschsprachigen Sammelhandschriften (→ KAPITEL 4.3). Die Bedeutung der Staufer lag zugleich in ihrer führenden Rolle bei der Rezeption der französischen Gesellschaftskultur.

Wichtige Impulse für die Entwicklung der höfischen Literatur der Blütezeit um 1200 verbinden sich mit einem konkreten historischen Ereignis. Gemeint ist das berühmte Mainzer Hoffest des Stauferkaisers Friedrich Barbarossa an Pfingsten 1184, das aus Anlass der Schwertleite (Ritual der Schwertsegnung und Ritterweihe) der Kaisersöhne Heinrich und Friedrich veranstaltet wurde. Der Hoftag, an dem sich dutzende Fürsten und Repräsentanten aus anderen Ländern, darunter auch aus Frankreich, sowie eine riesige Anzahl Ritter versammelt haben sollen, wurde rasch zum Inbegriff hochadliger Prachtentfaltung, Freigiebigkeit und Machtdemonstration. So berichtet die mittelniederdeutsche *Sächsische Weltchronik* im 13. Jahrhundert: {.annotation Mainzer Hoffest}

> *Dat was de groteste hochtit en, de ie an Dudischeme lande ward.*
> *Dar worden geachtet de riddere uppe viertich dusent ân ander*
> *volk.* (Weiland 1877, S. 232) {.annotation Sächsische Weltchronik}

(„Das war eines der größten Hoffeste, die jemals in Deutschland veranstaltet wurden. Dort wurden die Ritter auf 40 000 geschätzt, ohne das andere Volk." Übers. d. Verf.)

Gleichzeitig war das Hoffest eine wichtige Quelle dichterischer Inspiration, schon deshalb, weil hier Dichter aus Deutschland und Frankreich direkt aufeinander trafen. So ist die Anwesenheit Heinrichs von Veldeke ebenso sicher anzunehmen wie die des französischen Dichters Guiot des Provins.

Unter den sonstigen für die Literaturförderung wichtigen Adelsdynastien herauszuheben sind die Welfen, besonders Herzog Heinrich der Löwe (bis zu seiner Absetzung 1180 Herzog von Sachsen und Bayern), dessen Name sich als (mutmaßlicher) Auftraggeber im *Rolandslied* des Pfaffen Konrad (um 1170) findet. Das Herzogsgeschlecht der Babenberger in Wien ist dagegen vor allem als Förderer der Lieddichter (Reinmar, Walther von der Vogelweide, Neidhart von Reuental) bekannt. Im deutschen Südwesten lassen sich die Zähringer als Mäzene, vermutlich auch für Hartmann von Aue, nachweisen. {.annotation Welfen, Babenberger, Zähringer}

Zu den bedeutendsten Förderern gehört daneben die Dynastie der Ludowinger, der Pfalz- und Landgrafen von Thüringen und Sachsen. Vor allem Landgraf Hermann I. († 1217) zählt zu den größten Gönnern der mittelalterlichen deutschen Dichtung. So verbinden sich mit seinem Namen Werke wie der erwähnte Eneasroman (*Eneit*) Heinrichs von Veldeke, der Trojaroman (*Liet von Troie*) Herborts von Fritzlar oder auch der *Parzival*, der *Titurel* und der *Willehalm*, allesamt Werke {.annotation Landgraf Hermann I.}

27

Wolframs von Eschenbach. Aber auch Walther von der Vogelweide lässt sich mit Landgraf Hermann I. in Verbindung bringen.

Bemerkenswert ist, dass auch geistliche Würdenträger als Gönner der weltlichen Literatur fungieren konnten. Prominentestes Beispiel hierfür ist der Passauer Bischof Wolfger von Erla, der als Auftraggeber für das *Nibelungenlied* gilt. In seinem Nachlass findet sich auch die einzige urkundliche Erwähnung Walthers von der Vogelweide, eine Reiserechnung vom 12. November 1203 mit einem lateinischen Eintrag, wonach „dem *cantor* Walther von der Vogelweide 5 Schillinge für einen Pelzrock" ausgehändigt wurden (→ KAPITEL 11.3).

Die Rolle adliger Frauen Die genannten Namen adliger männlicher Mäzene verdecken allerdings den Umstand, dass in vielen Fällen auch adlige Frauen einen erheblichen Anteil an der Förderung der mittelalterlichen Literatur gehabt haben dürften; mehr jedenfalls, als in den Auftragsnachrichten abzulesen ist. Vor allem die Heirat deutscher Fürsten mit Damen aus dem französischen Hochadel wird die Rezeption der französischen Literatur und die Beschaffung entsprechender Vorlagen stark begünstigt haben. Vieles bleibt jedoch mangels eindeutiger Zeugnisse bloße, wenn auch plausible Vermutung. Als sicher gilt immerhin etwa die Förderung Heinrichs von Veldeke durch die Gräfinnen von Loon und Kleve.

Materielle Versorgung der Dichter Die Adelshöfe waren aber nicht nur die Orte der Literaturproduktion, sondern auch der Aufführung. Sie boten den Dichtern und fahrenden Sängern gleichzeitig eine (wenigstens vorübergehende) Wohnstätte und Einnahmequelle. Für die Verfasser der großen Versepen wird man von mehrjährigen Aufenthalten am Hof des Auftraggebers auszugehen haben. Dort war ihnen die langfristige Bereitstellung der nötigen ‚Produktionsmittel' garantiert wie auch die Sicherung ihres Lebensunterhalts. Demgegenüber waren die fahrenden Sänger, die von Hof zu Hof zogen, auf das angewiesen, was ihnen für einzelne Auftritte zugestanden wurde. Die Abhängigkeit der Fahrenden lässt sich aus zahlreichen ‚Heischestrophen' (heischen = bitten) ablesen, in denen sie den adligen Herrn für ihre Kunst um Freigiebigkeit und materiellen Lohn bitten.

Publikum und Literaturrezeption Damit rückt auch die (schwierige) Frage des Publikums bei der Aufführung literarischer Werke in den Blickpunkt. Der zwingenden Annahme, dass die mittelalterliche Literatur für konkrete Adressatenkreise konzipiert wurde, stehen nur spärliche Hinweise darauf in den Werken selbst oder in anderen Quellen gegenüber, so dass „man weitgehend auf Kombinationen und Hypothesen angewiesen [ist]" (Bumke 1997, S. 700). Da der Literatur eine gemeinschaftsstiftende Funktion beigemessen werden muss und bei den wenigsten Rezipien-

ten eine Lesekompetenz vorausgesetzt werden kann, ist davon auszugehen, dass die höfische Literatur in erster Linie hörend aufgenommen wurde, und zwar vor einem größeren Publikumskreis.

Wie die konkrete Aufführungspraxis ausgesehen hat, bleibt ebenfalls fraglich, etwa in Bezug auf die Vortragstechnik. Hier überwiegt
heute die Auffassung, dass Reimpaardichtungen gesprochen, während strophische Dichtungen wie das *Nibelungenlied* gesungen wurden. Ob epische Texte aus dem Gedächtnis vorgetragen oder aus
Handschriften abgelesen wurden, ist ebenfalls nicht mit Sicherheit zu
entscheiden. Wenngleich die Memorierung auch großer Textmengen
– zumal bezogen auf die Sänger von Heldenliedern – keineswegs
auszuschließen ist, spricht die Wahrscheinlichkeit insgesamt für die
Benutzung von Handschriften.

Eindeutig ist immerhin, dass das lyrische Gedicht als Lied auf-
zufassen ist, welches für den Gesang bestimmt war, sodass Text und
Musik hier immer zusammen gedacht werden müssen. Zu vermuten
ist, dass die Dichter selbst als (Minne-)Sänger aufgetreten sind und
ihren Gesang durch Saiteninstrumente begleitet haben. Hinweise auf
mögliche Darbietungsformen der lyrischen Unterhaltung am Hof lassen sich aus verschiedenen epischen Werken gewinnen. So heißt es
im *Nibelungenlied*: *Volkêr der snelle mit sîner videlen dan / gie gezo-
genliche für Gotelinde stân. er videlte süeze dœne und sanc ir sîniu
liet* (Str. 1702,1–3; „Der tapfere Volker trat gewandt mit seiner Fidel
vor Gotelind hin. Er spielte eine wunderschöne Melodie und sang
ihr seine Lieder." Schulze / Grosse 2011)

Ausgehend von der Annahme, dass der Hof der Ort der literarischen Aufführung war, kann als sicher gelten, dass Dichter und Sänger ihre Werke bei großen Hoffesten darboten, wahrscheinlich ist
auch die literarische Unterhaltung im engeren Kreis der Adelsfamilie
oder Hofgesellschaft.

Eine wichtige Rolle kam dabei offenbar den adligen Frauen zu.
Diese werden nicht nur in der lyrischen Dichtung explizit angespro-
chen, sondern auch sonst finden sich zahlreiche Hörer- und Leseran-
reden, die sich direkt an ein Frauenpublikum richten. Dazu passt,
dass die adligen Frauen in der Regel eine höhere (Schrift-)Bildung be-
saßen als adlige Männer, was ihr Interesse an und ihren Einfluss auf
die höfische Literatur sicher begünstigt hat. Vieles spricht dafür, „daß
Frauen nicht nur als Gönnerinnen, sondern auch als Leserinnen und
Zuhörerinnen, als Vorleserinnen und Abschreiberinnen, als Sängerin-
nen und Tänzerinnen in der Hofgesellschaft hervorgetreten sind"
(Bumke 1997, S. 704).

Umfang und Dauer   Unklar sind dabei Umfang und Dauer der Darbietung. Wenn, wie man ausgerechnet hat, ein Vorleser pro Stunde etwa 1 000 Verse vorträgt, beliefe sich die Zeit für die vollständige Lektüre des *Parzival* Wolframs von Eschenbach auf 24 Stunden, für Gottfried von Straßburgs *Tristan* auf über 19 Stunden und für Hartmann von Aues *Iwein* und *Erec* auf 8 bzw. 10 Stunden. Bei epischen Werken muss demnach angenommen werden, dass sie in mehreren Folgen und an unterschiedlichen Tagen oder eben nur auszugsweise präsentiert wurden.

Private Lektüre   Zweifelhaft ist auch, inwieweit Literatur im 12. und 13. Jahrhundert neben der öffentlichen Präsentation bereits durch eher nichtöffentliche Lektüre rezipiert wurde und werden konnte. Hinweise darauf gibt es bei epischen Texten durchaus, etwa wenn Wirnt von Grafenberg seinen Artusroman *Wigalois* am Beginn ‚als Buch' sprechen lässt:

Wer hât mich guoter ûf getân?
sî ez iemen der mich kan
beidiu lesen und verstên,
der sol genâde an mir begên. (V. 1–4)

(„Welch vortrefflicher Mensch hat mich aufgeschlagen? Wenn es jemand ist, der mich lesen und verstehen kann, dann möge er mich – auch wenn es etwas an mir zu tadeln gibt – freundlich behandeln." Seelbach / Seelbach 2005)

In verschiedenen Fällen haben die Dichter verhüllende Autorenhinweise in Form von Akrosticha gegeben (s. u.). Diese waren sicherlich nur für ein Lesepublikum erkennbar und damit für dieses bestimmt.

Autor und Autornachweis   Die Autorschaft vieler Texte der mittelalterlichen Literatur bleibt im Dunkeln. Das gilt insbesondere für die geistlichen Stoffe der althochdeutschen Zeit, deren Autoren sich wohl eher als Vermittler denn als Urheber betrachteten. Ähnlich ist es auch in Hinsicht auf die Heldenepik, für die Anonymität als geradezu gattungskonstitutiv angesehen werden kann (→ KAPITEL 9). Offenbar verstanden sich die Verfasser hier nur als Vermittlungsglied einer langen Überlieferungskette – für einen Stoff, der nicht einem Einzelnen zuzurechnen war, sondern als kultureller Kollektivbesitz betrachtet wurde. Generell anzunehmen ist auch, dass die insgesamt stark auf mündlichen Vortrag ausgerichtete Vermittlungspraxis, häufig wohl im unmittelbaren Kontakt von Publikum und Autor, dessen Namensnennung erübrigte.

Autornennungen   Vermehrt finden sich Autorennennungen etwa ab der Mitte des 12. Jahrhunderts. So einmal bei Weltgeistlichen wie Priester Adelbrecht, Autor eines *Johanneslebens* (um 1150 oder später), oder Priester Wernher, der 1172 die *Driu liet von der maget*, ein Marienleben dichtete. Bei diesen ist zwar von einer Ausbildung zum *clericus* (lateinisch; „Kleriker") bzw. *pfaffen* auszugehen, allerdings ohne dass sich daraus eindeutige Rückschlüsse auf den genauen theologischen Stand ableiten ließen. Als *pfaffen* bezeichneten sich auch Lambrecht, Autor des ersten deutschen Alexanderromans und anderer Werke (um 1160), sowie Konrad in seinem *Rolandslied* (um 1170).

Vorgebliche Funktion der Namensnennung war die Sicherung der eigenen Erinnerung (lateinisch *memoria*), die mit dem Appell um Fürbitte bei Gott verbunden sein konnte. Ein Beispiel hierfür findet sich bei Hartmann von Aue (um 1200) (→ KAPITEL 8.2), der sich im Prolog des *Armen Heinrich* (oder auch im *Iwein*) als Ministeriale (mittelhochdeutsch *dienstman*), also als weltlicher ‚Hofbeamter' zu erkennen gibt.

Funktion der Autornennung

dar umbe hât er sich genant,

daz er sîner arbeit,

die er dar an hât geleit,

iht âne lôn belîbe,

und swer nâh sînem lîbe

sî hœre sagen oder lese,

daz er im bittende wese

der sêle heiles hin ze gote. (Der arme Heinrich, Z. 18–25)

(„Er hat sich deshalb genannt, damit er für seine Mühe, die er dabei aufgewandt hat, nicht ohne Belohnung bleibe, und damit jeder, der sie nach seinem Tode vorgetragen hört oder selbst liest, für sein Seelenheil bei Gott bitte." Grosse/Rautenberg 2006)

Neben der zumeist direkten Namensnennung findet sich als eine gelehrte Spielart der Selbstnennung auch die Chiffrierung des eigenen Namens (oder des Auftraggebers) in einem Akrostichon. Dabei wird der Name in den Anfangsbuchstaben aufeinander folgender Verse ‚versteckt'. Beispiele sind etwa Rudolf von Ems im Prolog seiner *Weltchronik* (um 1250) oder die *Crône* Heinrichs von Türlin (um 1220/30). Die Anfangsbuchstaben der Verse 182–216 hintereinander gelesen ergeben: *HEINRICH VON DEM TVRLIN HAT MIKH GETIHTET.*

Akrosticha

Ein weiteres wichtiges Moment für unser Wissen über mittelalterliche Autoren beruht auf externen Nennungen in den Werken anderer Dichter oder durch Zuschreibungen in den Liederhandschriften. Ein besonderes Beispiel ist der berühmte Literaturexkurs im *Tristan* (Z. 4589–4820) Gottfrieds von Straßburg (1200–10) (→ KAPITEL 10.2). Dieser nennt und preist die Namen einer Vielzahl bekannter mittelhochdeutscher Dichter, darunter Heinrich von Veldeke, Reinmar (von Hagenau), Hartmann von Aue oder Walther von der Vogelweide.

Externe Nennungen

Wie man sich die Arbeit des Autors konkret vorzustellen hat, ist ungewiss. Anzunehmen sind unterschiedliche Verfahrensformen. Bei

Literarischer Entstehungsprozess

den Adaptationen aus französischen Vorlagen ist sicher die Frage entscheidend, ob der Autor des Französischen selbst mächtig war. Ansonsten wird man hier mit Dolmetschern zu rechnen haben. Der Verfasser des deutschen *Rolandsliedes*, der Pfaffe Konrad, gibt kurioserweise an, den französischen Text zunächst ins Lateinische und erst von dort aus ins Deutsche übertragen zu haben:

ich haize der pfaffe Chunrât.
alsô ez an dem bûche gescriben stât
in franzischer zungen,
sô hân ich ez in die latîne betwungen,
danne in die tiutische gekêret. (V. 9079–9083)
(„Ich bin der Pfaffe Konrad. So wie es in dem Buch aufgeschrieben steht in französischer Sprache, so habe ich es ins Lateinische übersetzt und von dort in die deutsche Sprache übertragen." Kartschoke 2007)

Bezeichnenderweise ist nicht in jedem Fall sicher, dass der Autor selbst lese- und schreibkundig war, was Vorleser und Aufschreiber bedingte. Vielfach zitiert wurde etwa die Äußerung Wolframs von Eschenbach im *Parzival: ine kan decheinen buochstap* (V. 115,27; „Ich beherrsche nicht einen einzigen Buchstaben") (→ KAPITEL 10.1). Unklar ist auch, inwieweit die Dichter zunächst Entwürfe, etwa auf Wachstafeln, verfertigten, bevor das kostbare Pergament beschrieben wurde.

2.2 Christliche Weltsicht und Weltdeutung

Vorstellungswelt des Mittelalters

Die Vorstellungswelt des Mittelalters ist noch ganz von der christlichen Weltsicht bestimmt. Dies gilt zum einen für die allgemeine Geschichte, die als Heilsgeschichte aufgefasst wird – mit klar umrissenem Anfangspunkt in der Genesis und Endpunkt im Jüngsten Gericht. Zum anderen ist auch die Individualgeschichte geprägt von einem beständigen Bezug auf die Riten und Dogmen der Religion und der Vorstellung eines ewigen Lebens nach dem Tod, sei es im Himmel oder in der Hölle (oder im Fegefeuer). Der Anbindung an eine christliche Vorstellungswelt unterliegt nahezu die gesamte mittelalterliche Literatur, auch da, wo sie als weltlich beschrieben wird, etwa im Artusroman (→ KAPITEL 8), wo der Ritter christlichen Werten verpflichtet ist.

Mappae mundi

Eine anschauliche Vorstellung des christozentrischen Weltbildes im Mittelalter vermitteln mittelalterliche Weltkarten (lateinisch *mappae mundi*) (→ ASB MÜLLER, KAPITEL 2.1). Ein berühmtes Beispiel ist die *Lon-*

doner Psalterkarte (→ ABBILDUNG 5). Die kleinformatige, nur knapp 10 cm hohe Karte entstand um 1260 und gehört zu einem Psalter (Psalmensammlung), der heute in London aufbewahrt wird.

In der oberen Bildhälfte dominiert die Darstellung vom thronenden und segnenden Heiland. Darunter findet sich die eigentliche

Londoner Psalterkarte

Abbildung 5: Londoner Psalterkarte (um 1260)

Weltkarte, die anders als moderne Karten nicht nach Norden, sondern – zeittypisch – nach Osten ausgerichtet ist. Der Osten ist so nicht nur der dem Heiland zugewandte Weltteil, sondern auch der vermutete Ort des Paradieses. In der Karte wird es von dem kreisförmigen Emblem mit den einander zugewandten Köpfen Adams und Evas angezeigt. Nach mittelalterlicher Vorstellung entsprangen dem Paradies unter anderem die Flüsse Nil und Ganges. Im Zentrum der Erde ist Jerusalem erkennbar, dem die drei damals bekannten Kontinente (Europa, Asien und Afrika) zugeordnet sind. Am rechten (südlichen) Erdrand zeigt die Karte verschiedene absonderliche Wesen. Monströse Wundergestalten wie Kopffüßler, Hundsköpfige oder Ohrenmenschen, deren Existenz bereits in der Antike behauptet worden war, bevölkerten in der mittelalterlichen Vorstellungswelt die peripheren Zonen der Erde. Je nach Lesart standen sie sowohl für die von Gott verworfenen Geschöpfe als auch – positiv gewendet – für dessen wunderbaren Schöpfungsreichtum.

Reiseliteratur Das in der Karte visualisierte Weltwissen findet seine Entsprechung in der beliebten Reiseliteratur des Mittelalters (zur Mobilität im Mittelalter → ASB MÜLLER, KAPITEL 13). Beispielhaft verwiesen sei hier auf den *Kölner* (oder *Niederrheinischen*) *Orientbericht* (um 1350), der Reales mit Fabelhaftem mischt. In ripuarisch geprägtem Schreibdialekt heißt es dort in Bezug auf die Bewohner des Erdrands:

Kölner Orientbericht *Vort by deme lande is eyn ander wert, ind die lude, die da wonent, en haint geyn heufft. Mer yre ougen ind yre mont, die steint in an der burst. Vort sind in India ander wert; die lude, die da wonent, die lude haint groisse oeren, ind sint dunne, ind sint so grois, dat sy alle ir lyf wael da mit bedeckden. Vort is eyn ander lant in India, da wonent lude, die haint heufde as honde; ind in dem lande wart gedoet sent Thomas der apostell. Vort in eynem andern werde wonent lude, die en haint nyet me dan eynen voys, ind die is dunne as eynre gans, ind is so breydt, dat sy sich da mit bedeckent intghain de sonne ind vur den rayn ind vur die wilde dier.* (Röhricht / Meisner 1887, S. 12)
(„Und weiter nahe dem Land ist eine andere Halbinsel und die Leute, die da wohnen, haben keinen Kopf. Aber ihre Augen und ihr Mund befinden sich an der Brust. Und weiter sind in Indien andere Gebiete, die Leute, die dort wohnen, haben große Ohren, die so dünn und groß sind, dass sie ihren ganzen Körper damit bedecken können. Weiter in einem anderen Land in Indien, da wohnen Leute, die haben Köpfe wie Hunde, und in diesem Land wurde der heilige Apostel Thomas getötet. Weiter in einem ande-

ren Gebiet, da wohnen Leute, die nicht mehr als einen Fuß haben, und der ist dünn wie bei einer Gans und ist so breit, dass sich damit bedecken gegen die Sonne und vor dem Regen und vor wilden Tieren." Übers. d. Verf.)

So interessiert und fasziniert das damalige Publikum einerseits auf derlei Berichte reagierte, so kritisch wurde andererseits das Bestreben nach immer mehr Weltwissen aufgefasst, da hierin eine Ablenkung vom Streben nach dem Seelenheil gesehen wurde. ,Weltsuche' und Suche nach Gott standen so durchaus in einem Spannungsverhältnis. Entsprechende Warnungen vor dem sündigen Streben nach Weltwissen finden sich beispielhaft im *Narrenschiff*, einem von Sebastian Brant verfassten Volksbuch des Spätmittelalters (gedruckt 1494). Das *Narrenschiff* hält dem Menschen seine Torheiten vor, wozu eben auch die Suche nach Weltwissen zählte: *Vil handt erkundt verr frömde lant / Do keyner nye sich selbs erkant.* (Lemmer 2004, Kap. 66, Z. 131f.; „Viele haben weit entfernte fremde Länder erkundet, von denen keiner je sich selbst erkannt hätte." Übers. d. Verf.)

Gefahren
der ,Weltsuche'

Eine davon abweichende, Gott und die Welt miteinander versöhnende Position findet sich dagegen ebenfalls, und zwar in Form einer spezifisch christlichen Hermeneutik (Wissenskunde). Im Rahmen der sogenannten Zwei-Bücher-Lehre wurde die Idee vertreten, dass dem Buch der Bücher, also der Bibel, die Natur als ein quasi zweites Buch gegenübersteht, lesbar für den, der verständig ist. So wie sich durch die Form der Buchstaben der Sinn der Schrift erschließt, so offenbart sich dem Verständigen hinter der Form des Natürlichen auch immer dessen Schöpfer, also Gott. Und wie sich die Bibel dem *pfaffen* (Geistlichen) erschließt, so die Welt dem *leien* (Nicht-Geistlichen). Beide Wege eröffnen, so die Vorstellung, die Möglichkeit zur Erlangung des Seelenheils und Himmelreichs. Der Prediger Berthold von Regensburg (um 1210–72), fasst dies in der Predigt *Von den siben planêten* in einer Analogie zusammen:

Zwei-Bücher-Lehre

Berthold
von Regensburg

Der almehtige got hât uns geben zwei grôziu buoch, uns pfaffen, dâ wir an lernen unde lesen unde singen. [...] Daz ein ist von der alten ê unde daz ander von der niuwen ê [...]. Wan nû iu leien himelrîches alsô nôt ist als uns pfaffen, dar umbe hat iu got zwei grôziu buoch gegeben, dâ ir an lernen unde lesen sullet alle die wîsheit der iu nôt ist unde die iuch daz himelrîche wîsen sullen: daz ist der himel unde diu erde. Dar an sult ir lesen und lernen allez daz iu nôt ist an lîbe und an sêle. (Pfeiffer 1862, S. 48f.)

(„Der allmächtige Gott hat uns Geistlichen zwei große Bücher gegeben, woraus wir lernen, lesen und singen. Das eine Buch ist das

Alte Testament und das andere das Neue Testament. Weil euch Laien das Himmelreich aber genauso notwendig ist wie uns Geistlichen, darum hat euch Gott zwei große Bücher gegeben, aus denen ihr lernen und lesen sollt alle Weisheiten, deren ihr bedürft und die euch den Weg zum Himmelreich zeigen sollen: Das ist der Himmel und die Erde. Aus diesen sollt ihr alles lesen und lernen, was für euren Leib und eure Seele notwendig ist." Übers. d. Verf.)

Bezeichenheit

Voraussetzung für diese spirituelle Auffassung der Natur ist deren *bezeichenheit*, was im Mittelhochdeutschen so viel meint wie Hinweischarakter. So wurde hinter der äußeren Erscheinungswelt als eine zweite Ebene deren Göttlichkeit gedacht. Diese Vorstellung findet sich konzentriert auch bei dem französischen Dichter und Theologen Alanus ab Insulis (um 1120–1202) in der Aussage *Omnis creatura significans* (lateinisch; „Alle Schöpfung bedeutet").

Freidank

Jedes Ding (Natur, Artefakte, auch Zahlen und Farben) ist somit zugleich geistlicher Bedeutungsträger oder, anders gewendet, der gesamte Kosmos ist Zeichensystem des Schöpfers. So heißt es bei Freidank, einem der bekanntesten Spruchdichter des Mittelalters (um 1230):

Diu erde keiner slahte treit,
daz gar sî âne bezeichenheit.
nehein geschepfede ist sô frî,
sin bezeichne anderz, dan si sî. (Grimm 1834, S. 12, Z. 9–12)

(„Auf der Erde findet sich nichts ohne Zeichenhaftigkeit. Kein Geschöpf ist so unabhängig, dass es nicht auch noch etwas anderes bezeichnen würde als es selbst." Übers. d. Verf.)

Dabei kann die Bedeutung je nach Kontext stark differieren und sowohl in positiver als auch in negativer Hinsicht ausgelegt werden. Der Löwe galt etwa zum einen als Sinnbild Gottes, weil er, so die traditionelle Naturlehre, mit offenen Augen schläft und seine zunächst tot geborenen Jungen nach drei Tagen durch seinen Atem zum Leben erweckt. Je nach Zusammenhang galt der Löwe zum anderen als Sinnbild des Teufels, denn, wie es in der Bibel heißt, „euer Widersacher, der Teufel, geht umher wie ein brüllender Löwe und sucht, welchen er verschlinge" (1 Petr 5,8).

Physiologus

Grundlage dieser Ausdeutung und zugleich das Paradebeispiel für eine christlich deutende Naturbeschreibung ist der *Physiologus* (Der Naturkundige), eine in die Antike zurückreichende, im Mittelalter vielfach bearbeitete Naturlehre. Neben den vielfältigen lateinischen Fassungen sind auch einige mittelhochdeutsche überliefert. Am bekanntesten ist der sogenannte *Jüngere Physiologus*, eine frühmittelhochdeutsche, um 1120 anonym verfasste Prosaversion.

Das darin angewandte allegorische Verfahren funktioniert so, dass Tierverweise der Bibel mit der traditionellen Naturlehre verbunden wurden, um diese dann heilsgeschichtlich auszulegen. Dominant ist dabei das hermeneutische Verfahren der Benennung (vermeintlicher) Analogien, denen ein theologischer Sinn zugesprochen wird: drei Tage lang ist der neu geborene Löwe tot, drei Tage lang lag Jesus vor der Auferstehung im Grab.

Das Verfahren der Typologie diente insbesondere der In-Bezug-Setzung von Altem und Neuem Testament, und zwar im Sinne von Verheißung und Erfüllung. So wurden Personen, Fakten und Ereignisse beider biblischer Bücher miteinander und im Sinne eines übergreifenden Erlösungswerkes verwoben. Dem impliziten Heilsversprechen eines vorausweisenden Typus wurde nämlich ein dieses Versprechen einlösender Antitypus zugeordnet. Entsprechend verweist das Vor-Bild der Stammmutter Eva (Typus) auf die Gottesmutter Maria (Antitypus), die Opferung Isaaks (Typus) auf die Kreuzigung Jesus' (Antitypus), König David (Typus) auf Christus (Antitypus). *(Randnotiz: Typologie)*

Die Vorstellung aufeinander verweisender Sinnebenen fand ihren Niederschlag auch im Ausdeutungsverfahren des mehrfachen Schriftsinns. Die Suche nach dem spezifisch geistlichen Sinn (lateinisch *sensus spiritualis*) hinter dem Buchstabensinn (*sensus litteralis*) begann bereits in frühchristlicher Zeit und setzte sich im Mittelalter fort. Anspruch war, die geheime Botschaft hinter den Wörtern (der Bibel) zu entdecken, und zwar mit den Mitteln einer spezifisch christlich-theologischen Allegorese. Eine typische Ausformung hiervon bildete die Lehre vom vierfachen Schriftsinn. Demnach können den Begriffen unterschiedliche Sinnebenen zugeordnet werden, deren Verständnis freilich vom Vorwissen des Rezipienten abhängig war (→ ASB JOISTEN). Ein bekanntes Beispiel hierfür ist das Wort Jerusalem, das je nach Sinnebene vier verschiedene Bedeutungen trägt: *(Randnotiz: Vierfacher Schriftsinn)*

- Historischer Sinn (*sensus historicus* oder *litteralis*): Gemeint ist die konkrete Stadt im Heiligen Land.
- Allegorischer Sinn (*sensus allegoricus*): Hier steht Jerusalem für die Kirche.
- Tropologischer Sinn (*sensus tropologicus* oder *moralis*): Jerusalem steht für die Seele und deren Weg von der Sünde zur Gnade Gottes.
- Anagogischer Sinn (*sensus anagogicus*): Gemeint ist das himmlische Jerusalem und die Auferstehung zum ewigen Leben.

Fragen und Anregungen

- Beschreiben Sie, inwiefern die Entstehung und Verbreitung der mittelhochdeutschen Literatur vom Adel abhängig war.

- Skizzieren Sie Voraussetzungen, Funktionen und Formen der Autorennennung.

- Interpretieren und kommentieren Sie die *Londoner Psalterkarte*.

- Beschreiben Sie den hermeneutischen Bedeutungsgehalt der *bezeichenheit*.

- Erläutern Sie das Verfahren der Typologie.

Lektüreempfehlungen

Forschung

- Claudia Brinker-von der Heyde: Die literarische Welt des Mittelalters, Darmstadt 2007. *Relativ schmaler, zugleich reich illustrierter Band – mit der Möglichkeit, sich rasch und eingehend mit der literarischen Kultur des Mittelalters vertraut zu machen.*

- Henning Brinkmann: Mittelalterliche Hermeneutik, Tübingen 1980. *Systematische und exemplarische Einführung in die mittelalterliche ,Lehre vom Verstehen'.*

- Joachim Bumke: Höfische Kultur. Literatur und Gesellschaft im hohen Mittelalter, München 1986, 12. Auflage 2008. *Außerordentlich umfang- und materialreicher Band, der detailliert in die literarische Lebenswelt des hohen Mittelalters einführt.*

- Friedrich Ohly: Schriften zur mittelalterlichen Bedeutungslehre, Darmstadt 1977. *Sammelband mit einschlägigen Artikeln zur angegebenen Thematik.*

3 Medialität und Materialität

Abbildung 6: Klosterskriptorium. Faksimile Evangelistar Kaiser Heinrichs III. (erste Hälfte des 11. Jahrhunderts)

Die weltberühmte Miniatur gibt einen Einblick in die Anfertigung von Handschriften in einem klösterlichen Skriptorium. Zu sehen sind ein Schreiber und ein Maler, jeweils über ein Schreibpult gebeugt. Die Darstellung entstammt dem Evangelistar Kaiser Heinrichs III., einer Textsammlung aus den Evangelien für die Lesung im Gottesdienst, das in der ersten Hälfte des 11. Jahrhunderts im Luxemburger Kloster Echternach angefertigt worden ist. Darauf verweist auch die lateinisch geschriebene Bitte am oberen Rand: „O König, dieser Dein Ort, Echternach genannt, erwartet bei Tag und Nacht Deine Gnade."

Unsere Kenntnis der mittelalterlichen Literatur resultiert aus der Überlieferung entsprechender Schriftwerke. Diese mussten bis zur Erfindung des Buchdrucks um die Mitte des 15. Jahrhunderts mühsam per Hand angefertigt werden. Voraussetzung dafür waren umfangreiche Vorarbeiten zur Herstellung des Pergaments und der farbigen Tinten. Auch das Beschriften der Blätter erforderte besondere Kompetenzen und verlangte den Schreibern erhebliche körperliche Anstrengungen ab. Der Reiz der mittelalterlichen Literatur liegt neben allen inhaltlichen Ausprägungen durchaus auch in ihrer materiellen und praktischen Entstehungsweise.

3.1 **Paläografie und Kodikologie**
3.2 **Ausbildung und Schriftkompetenz im Mittelalter**

3.1 Paläografie und Kodikologie

Zu den Kernaufgaben der Germanistischen Mediävistik gehört die wissenschaftliche Erschließung und Beschreibung der historischen Schriftzeugnisse als materielle Überlieferungsträger. Als Spezialdisziplin ist hierfür zunächst die Paläografie (aus griechisch *palaiós* „alt" und *grafein* „schreiben") zuständig, also die Wissenschaft von den alten Schriften. Mit ihr eng verbunden ist die Kodikologie, die sich speziell mit dem Kodex (lateinisch; Handschrift, Buch) als dem maßgeblichen Überlieferungsträger befasst.

Die Literatur des Mittelalters entstand unter Bedingungen des Mangels. Bereits der Beschreibstoff, bis ins 14. Jahrhundert hinein regelmäßig Pergament, war ein so kostbares Gut, dass dessen Gebrauch streng reglementiert war. Schon aus diesem Grund war die Verschriftlichung der volkssprachlichen deutschen Texte limitiert. Ergebnis dieser Mangelsituation ist etwa, dass maßgebliche Literaturzeugen des Althochdeutschen nur als Füllseleinträge, also auf Blatträndern oder sonstigen freigebliebenen Stellen in bereits vorhandenen – zumeist lateinischen – Kodizes überliefert sind (→ KAPITEL 5.5).

Auch wenn Papyrus (hergestellt aus der Papyruspflanze) im Abendland nicht gänzlich unbekannt war, war der Hauptbeschreibstoff des frühen und hohen Mittelalters Pergament. Pergament besteht aus Tierhäuten (Schaf, Ziege oder Kalb). Diese wurden nicht gegerbt, sondern zunächst in scharfer Kalklauge gebeizt, mit einem speziellen Stabeisen gereinigt und dann zum Trocknen auf Rahmen gespannt. Aufgrund der feinen Oberfläche war besonders Pergament aus Schafshaut begehrt. Von noch höherer Qualität war das Jungfernpergament, das aus den Häuten noch ungeborener Lämmer hergestellt wurde. Qualitätsmaßstab war daneben natürlich immer auch die Sorgfalt der Verarbeitung.

Besonders prunkvoll und selten waren Purpurhandschriften, deren Pergamentblätter mit Purpur (gewonnen aus der Purpurschnecke) getränkt und mit Gold- oder Silbertinten beschriftet und illustriert wurden. Solche Prachtkodizes entstanden etwa am Kaiserhof Karls des Großen und seiner Nachfolger; sie waren in der Regel lateinischen liturgischen Texten vorbehalten (wie dem Krönungsevangeliar der deutschen Kaiser, das heute in der Schatzkammer der Wiener Hofburg ausgestellt ist). Eine in sprachlicher Hinsicht bedeutende Ausnahme ist der in westgotischer Sprache verfasste *Codex Argenteus* aus dem 6. Jahrhundert. Dieser ist eine Abschrift der Evangelienübersetzung Bischofs Wulfilas (ca. 311–383) und zugleich der älteste (nicht-runische) germanische Text.

Paläografie

Kodikologie

Pergament

41

Palimpsest

Die Kostbarkeit und Knappheit des Pergaments führte zu einer Technik der Wiederverwertung durch Anfertigung von Palimpsesten (aus griechisch *palin psao* „ich glätte wieder"). Palimpseste sind Pergamente, deren ursprüngliche Beschriftung getilgt wurde, um dann erneut beschrieben zu werden. Dafür musste die Urschrift entweder durch Abschaben oder durch Verwendung von Laugen entfernt werden. In seltenen Fällen wurde dieser Vorgang sogar wiederholt (doppelter Palimpsest). Technische Verfahren bieten heute unter günstigen Umständen die Möglichkeit, die Urschrift wieder sichtbar zu machen.

Pergament ist ein sehr haltbarer Beschreibstoff, mit der glücklichen Folge, dass sich zahlreiche Pergamenthandschriften des Mittelalters bis heute erhalten haben. Wie groß daneben die Überlieferungslücken sind, ist schwer zu sagen. Beachtenswert ist jedenfalls die Tatsache, dass rund die Hälfte aller deutschsprachigen Texte bis zum Ende des 14. Jahrhunderts nur fragmentarisch überliefert ist. Aufschlussreich ist auch, dass Handschriften, deren Texte als veraltet oder unkanonisch angesehen wurden oder aufgrund ihres älteren Sprachstandes nicht mehr gelesen werden konnten, vielfach gezielt zerschnitten und

Einbandmakulatur

vom Buchbinder als Einbandmakulatur verwendet wurden oder um Buchrücken herzustellen. Positiv daran ist nur die heute vorhandene Möglichkeit, durch Trennung der übereinander geklebten Streifen eine eigene Quelle fragmentarischer Handschriftenüberlieferung zu erschließen.

Papier

Im Laufe des 14. Jahrhunderts wurde das Pergament mehr und mehr durch Papier abgelöst. Papier, ursprünglich bereits im 2. vorchristlichen Jahrhundert in China erfunden, gelangte über die arabische Welt nach Spanien und im Hochmittelalter auch ins übrige Europa. In Deutschland musste Papier zunächst – meist aus Italien – importiert werden. Erst 1390 gründete der Patrizier Ulman Stromer in Nürnberg die erste Papiermühle (→ ASB MÜLLER, KAPITEL 12.2).

Ausgangsmaterial für die Papierproduktion waren Lumpen (Hadern). Diese wurden zerkleinert, gewässert und zu einem faserigen dünnen Brei zerstampft. Anschließend wurde eine dünne Schicht des Breis mithilfe eines Siebs abgeschöpft. Die so gewonnenen noch nassen Bögen wurden dann gepresst und mit Tierleim behandelt. Bereits vor 1300 begann man in Italien, Papier mithilfe von Wasserzeichen zu markieren, indem ein entsprechend geformter Draht in das Schöpfsieb gelegt wurde.

Wachstafeln

Während Pergament und Papier zur dauerhaften Fixierung des Geschriebenen dienten, boten Wachstafeln Möglichkeiten der behelfsmäßigen und löschbaren Notierung. Wachstafeln waren bereits seit dem Altertum in Gebrauch und auch im Mittelalter weit verbreitet. Sie bestanden aus Holz (oder Elfenbein), in das eine Vertiefung geschnitten war, die mit Wachs aufgefüllt wurde. Diese Fläche konnte mit einem Griffel beschrieben und bei Bedarf zum abermaligen Gebrauch auch wieder geglättet werden. Mehrere dieser Täfelchen konnten zu einem Diptychon (von griechisch *diptychos* „zweifach"), Triptychon („dreifach") oder Polyptychon („mehrfach") vereinigt werden.

Auch die Herstellung der Tinten war aufwendig. Je nach Zusammensetzung ergaben sich unterschiedliche Farbtöne, wobei schwarze und braune Tinten dominierten. Als Inhaltsstoffe wurden in unterschiedlichen Kombinationen Ruß, Gummi, Galläpfel, Eisenvitriol, Schlehenzweige, Essig und anderes mehr verwendet. Zur Hervorhebung wurden auch rote, blaue, grüne und gelbe Auszeichnungstinten hergestellt. Für besonders prächtige Handschriften waren darüber hinaus Tinten aus Gold und Silber in Gebrauch. Einige mittelalterliche Rezepte zur Herstellung von Tinten sind erhalten. **Tinten**

Zur Ausstattung des Schreibers, der meist an einem schrägen Pult stand, gehörten als Schreibwerkzeug Gänsefedern, deren Kiele schräg **Sonstiges Zubehör** angeschnitten wurden. Auch mit Holzstäbchen (Griffeln) wurde bisweilen farblos in das Pergament geritzt, wobei der Effekt der Beinahe-Unsichtbarkeit durchaus gewollt war (Griffelglossen). Daneben verfügte der Schreiber über ein Messerchen zum Abkratzen von Fehlschreibungen und Bimssteine zum Glätten des Pergaments. Zur Einrichtung des Blattes dienten, ferner Linierstock und Zirkel. Mit diesem wurden die Blätter in bestimmten Abständen durchstochen, um damit die Linierung oder Randbreite einheitlich vorzugeben.

Während in der Antike Buchrollen noch weit verbreitet waren, **Rollen und Bücher** sind sie im Mittelalter weitgehend außer Gebrauch gekommen. Beispiele für mittelalterliche Schriftrollen (lateinisch *rotuli*) gibt es dennoch. So etwa zur Verwendung im spätmittelalterlichen Bühnenspiel, wofür sich eine Reihe von Rollen (daher auch noch heute der Begriff für den Part eines Schauspielers) erhalten haben, etwa die Frankfurter Dirigierrolle (→ KAPITEL 13.1). Durchaus verbreitet waren auch Einzelblattaufzeichnungen, insbesondere in Form von Urkunden oder Briefen. Der typische Überlieferungsträger mittelalterlicher Schrift war aber eindeutig das Buch, das im Mittelalter Kodex hieß (aus lateinisch *caudex* „Holzklotz"). Dieser besteht in der Regel aus mehreren Lagen, die aus Pergament- bzw. Papierblättern zusammengestellt und dann miteinander verbunden wurden.

Zu beachten sind dabei sowohl die Größe wie auch der Umfang der Lagen. Hinsichtlich der Größe unterscheidet man verschiedene

Formate
Formate, deren Abmessungen im Mittelalter allerdings noch nicht normiert waren, sondern sich nach den Maßen der normalerweise rechteckig zugeschnittenen Pergamentblätter (oft ca. 50 mal 35 cm) richteten. Diese noch sehr großen Blätter wurden in der Mitte gefaltet, sodass sich ein Doppelblatt ergab, das nun vier Seiten im sogenannten Folioformat (2°) hatte. Weiter gefaltet ergaben sich aus dem Ausgangsblatt acht Seiten (Quartformat; 4°) oder 16 Seiten (Oktavformat; 8°). Aber auch kleinere Formate sind bekannt. Anschließend wurden die Seitenfalze aufgeschnitten, wodurch man eine Reihe identischer Blätter gewann.

Lagen
Je nachdem, wie viele Doppelblätter heftförmig ineinandergelegt und gebunden wurden, differiert die Lagenstärke. Als Binio bezeichnet man eine Lage aus zwei Doppelblättern (= acht Seiten). Davon abzusetzen ist der Ternio mit drei, der Quaternio, die übliche Lagenstärke, mit vier, der Quinternio oder Quinion mit fünf und der Sexternion oder Senion mit sechs Doppelblättern usw. Gezählt wurden normalerweise nicht die Seiten („Paginierung"), sondern die Blätter („Foliierung"). Solche Blattzählungen sind vor der zweiten Hälfte des 14. Jahrhunderts allerdings selten. Sie finden sich meist als römische Ziffern in der Mitte des oberen Randes der Vorderseite. Oft sind die Zählungen erst in späterer Zeit nachgetragen worden. Die gebündelten Lagen, also der Buchblock, wurden gehalten und geschützt durch Buchdeckel, die oft aus mit Leder überzogenem Holz bestanden und mit Schließen versehen waren. Eine besonders repräsentative Wirkung entfalteten Prachteinbände, die aus Edelmetallen und eingelegten Edelsteinen angefertigt wurden.

Beschreibung von Handschriften
Die Beschreibung der Kodizes ist Gegenstand der Kodikologie und umfasst eine Reihe von Elementen. Angegeben wird das Format, und zwar in Höhe und Breite, gemessen in Millimetern. In der Lagenformel wird die Zusammensetzung der Lagen beschrieben. Die Formel „III + 5IV + (V−3)" würde beispielsweise eine Handschrift beschreiben, die aus einem Ternio besteht, dem fünf Quaternionen folgen sowie ein Quinternio, dem allerdings drei Blätter fehlen. Zur Foliierung gehört auch die Angabe der Vorderseite, die mit *recto* (r), bzw. der Rückseite, die mit *verso* (v) bezeichnet wird. Zusätzlich werden eventuelle Kolumnen (Spalten) noch mit Kleinbuchstaben (a, b, c) vermerkt. Die Angabe „fol. 12vb" wäre demnach zu lesen als „12. Blatt, Rückseite, 2. Spalte".

Ausstattung der Kodizes
Auch die Ausstattung der Kodizes wird beschrieben. Sie kann nach ihrer Funktion, dem Rang ihres Auftraggebers und dem Anspruchsniveau der Schreibstätte stark differieren. Besonders pracht-

voll sind illuminierte, also mit Buchmalereien versehene Handschriften. Aber auch die weniger aufwendigen Gebrauchshandschriften sind oft mit unterschiedlichsten Schmuckelementen ausgestattet. Dazu zählen die Initialen, die als meist schmuckvoll gestaltete Großbuchstaben am Anfang eines Werkes bzw. eines Kapitels stehen. Schmuckbuchstaben am Anfang einer Zeile werden auch Lombarden genannt. Initialen bzw. Lombarden wurden oft mit roter, zum Teil auch blauer Tinte hervorgehoben (rubriziert). Zu den Rubrizierungen zählen auch die farblich abgesetzten Überschriften oder sonstigen Textteile. Rubrizierungen konnten durchaus vom eigentlichen Schreiber der Handschrift vorgenommen werden. Nicht selten waren hierfür in einem gesonderten Entstehungsschritt aber die Rubrikatoren zuständig.

Titelblätter fehlen in mittelalterlichen Handschriften generell. Vor allem in frühen Drucken findet sich ersatzweise gelegentlich eine Schlussschrift (Kolophon) mit Angaben zu Titel, Drucker, Datum und Druckort.

Angegeben wird außerdem der aktuelle Standort der Handschrift. Auch hier haben sich bestimmte Beschreibungskonventionen eingebürgert. So steht etwa die Sigle „Cgm 19" für „Codex germanicus monacensis 19". Gemeint ist die deutschsprachige (germanicus) Handschrift (Codex) Nr. 19 der Bayerischen Staatsbibliothek München (monacensis). Bei ihr handelt es sich um eine berühmte Handschrift mit Texten Wolframs von Eschenbach aus der Mitte des 13. Jahrhunderts. Für ihre Sammlung mittelalterlicher Handschriften bekannt ist auch die Pfälzische Universitätsbibliothek Heidelberg. Die lokale Sigle „Cod. Pal. Germ. 848" („Codex Palatinus Germanicus 848") etwa verweist auf die berühmte *Manessische* (auch *Große Heidelberger) Liederhandschrift.*

Standort

Wichtig ist zudem die Provenienz (Herkunft und Überlieferungsgeschichte) einer Handschrift. Zu beachten sind eventuelle Angaben über Auftraggeber sowie Besitzeinträge, Wappen oder Exlibris, aber auch Federproben, nachträgliche Randeinträge oder sonstige Benutzerspuren.

Provenienzen

Besonders aufschlussreich – und oft nur mit Schwierigkeiten bestimmbar – ist die sprachliche Provenienz einer Handschrift. Erforderlich für deren Bestimmung ist eine Einordnung des historischen Sprachstandes unter zeitlicher (diachroner) und räumlicher (diatopischer) Perspektive. Da die meisten erhaltenen Handschriften keine Autografe sind, sondern Abschriften (von Abschriften), an denen mehrere Schreiber aus unterschiedlichen Regionen beteiligt sein konnten, ergibt sich bisweilen das Problem der Mischredaktionen, also Handschriften mit unterschiedlichen Dialektmerkmalen.

Ein zentrales Element der paläografischen Untersuchung und Klassifizierung ist die verwendete Schrift. So lassen sich für das Mittelalter verschiedene Schrifttypen differenzieren. Da diese insgesamt in einer bestimmbaren historischen Abfolge stehen, bietet die Identifizierung des Schrifttyps einen wichtigen Hinweis auf das Alter, mitunter auch die Herkunft einer Handschrift.

Schrifttypen Kursiven Schriften (sogenannten Gebrauchsschriften), bei denen die Buchstaben im Schreibfluss miteinander verbunden werden und die dadurch eine raschere Schreibgeschwindigkeit ermöglichen, stehen nicht-kursive oder gebaute (kalligrafische) Schriften gegenüber, bei denen die einzelnen Buchstaben nicht miteinander verbunden und zudem aus mehreren Strichen aufgebaut sind. Diese bilden die Grundtypen der mittelalterlichen Buchschriften.

Folgende Hauptschrifttypen sind zu unterscheiden:

Capitalis • Die Capitalis ist eine aus der Antike übernommene lateinische Majuskelschrift (Majuskel = Großbuchstabe), die der heutigen Blockschrift ähnlich ist. In mittelalterlichen Handschriften wurde sie vor allem als Auszeichnungsschrift, etwa für Überschriften, benutzt.

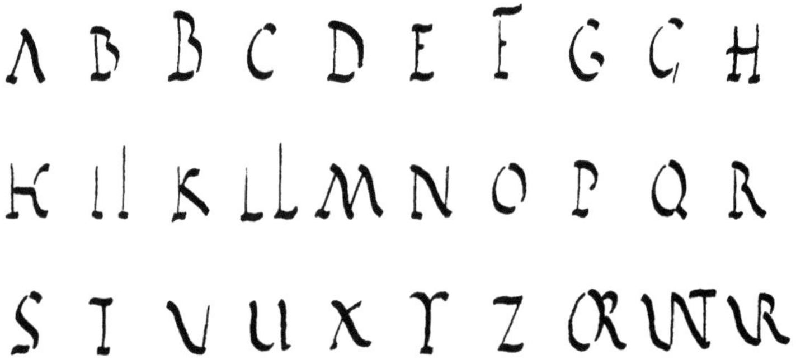

Abbildung 7: Schriftbeispiel Capitalis

Unziale • Die aus der Capitalis entwickelte Unziale, ebenfalls eine Majuskelschrift, war seit dem 4. Jahrhundert in Gebrauch. Auffällige Neuerungen zeigen sich etwa bei den Buchstaben *d* (Rundform mit Abstrich nach links oben) oder *h* (entsprechend dem heutigen Druckbuchstaben). Auch die Unziale diente nach dem 8. Jahrhundert vor allem als Auszeichnungsschrift.

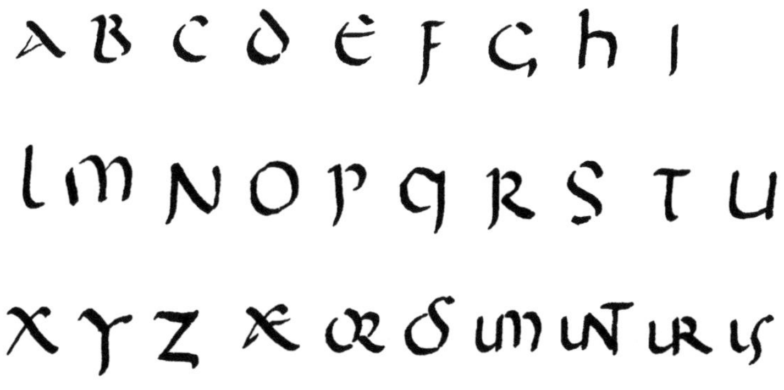

ΛΒ C Ɔ Є F Ϛ h Ι

Ɩ m N O P Ϛ R Ѕ T U

X Υ Z ᚷ œ ꝺ ꙙ ꙙ ꙙ ꙙ

Abbildung 8: Schriftbeispiel Unziale

• Die (jüngere) Halbunziale ist eine Minuskelschrift (Minuskel =   **Halbunziale**
  Kleinbuchstabe), die als Buchschrift vom 5. bis 8. Jahrhundert in
  Gebrauch war. Typisch ist etwa das *a* (mit Rundbogen links und
  geradem rechten Schaft) oder das *s* (ähnlich dem *f*, aber ohne
  Querstrich).

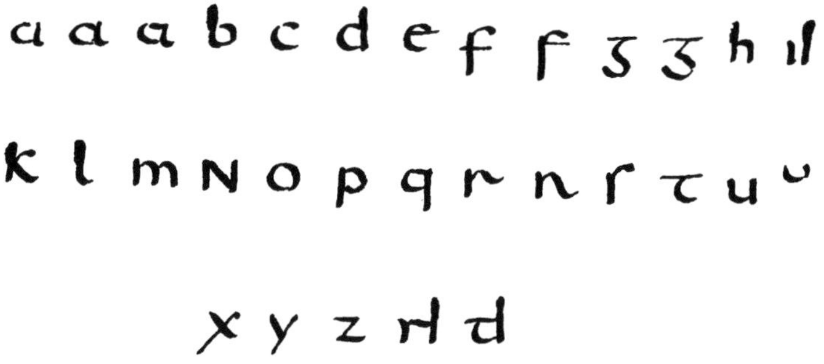

α α α b c d e f ꝼ ꙅ ꙅ h ꙁ

 k ɭ m N O P ꝗ ꞃ ꞃ τ u ᵛ

X Y z ꝶ ꝺ

Abbildung 9: Schriftbeispiel Halbunziale

• Die auf die Kulturreformen Karls des Großen zurückgehende ka-   **Karolingische Minuskel**
  rolingische Minuskel (→ KAPITEL 5.1) ist die bedeutendste Buch-
  schrift in althochdeutscher Zeit. Charakteristisch sind die unterschiedlichen Formen von *a* (teilweise in Form einen doppelten *c*)
  oder das *t* (in der Form eines *c* mit aufgesetztem waagerechtem
  Strich).

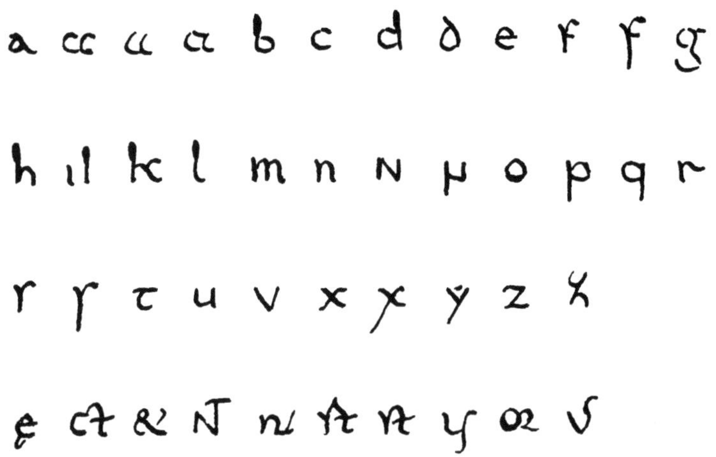

Abbildung 10: Schriftbeispiel Karolingische Minuskel

**Gotische Buch-
schriften: Textura
und Textualis**

- Im Hochmittelalter und auch im Mittelhochdeutschen waren sogenannte gotische Schriften prägend, die unterschiedliche Ausformungen und Sorgfältigkeitsniveaus zeigen. So unterscheidet sich
die Textura aufgrund ihres höheren kalligrafischen Niveaus von
der gängigeren Textualis. Charakteristisch ist jeweils das Prinzip
der Bogenbrechung, also die Auflösung von Rundungen durch
winkelförmig aneinandergesetzte Striche. Die gotischen Buchschriften zählen aus diesem Grund auch zu den gebauten Schriften. Ihre Verwendung war sehr arbeitsintensiv. Resultat war aber
ein sehr ausgewogenes, gitterförmig wirkendes und gut lesbares
Schriftbild. Typisch für die Textura ist etwa das lange Schaft-*s*,
das neben der heutigen runden *s*-Grafie steht.

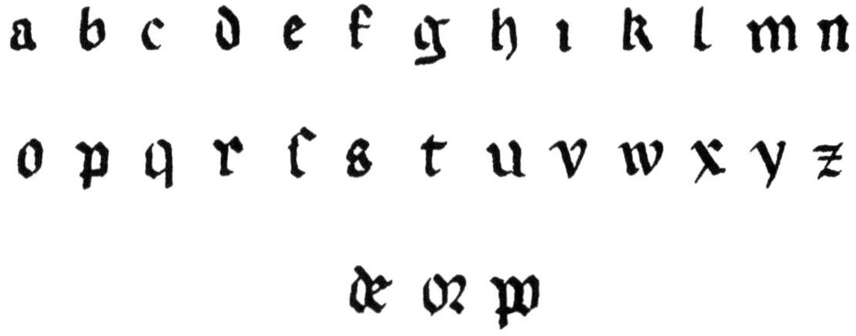

Abbildung 11: Schriftbeispiel Gotische Textura

- Im Spätmittelalter kamen zunehmend – schwerer lesbare – kursive Schriften in Gebrauch. Eine verbreitete Kursive war die Bastarda, deren Buchstaben in der Regel flüchtiger ausgeführt wurden und ineinandergreifen.

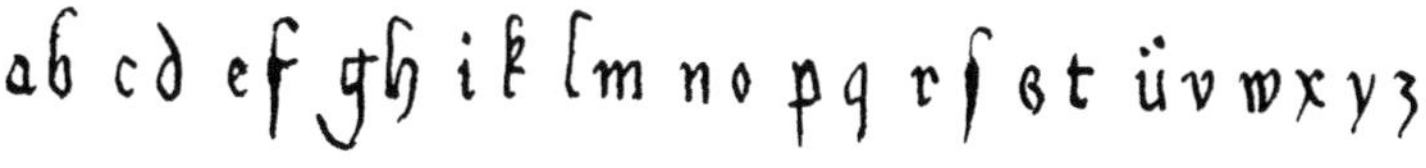

Abbildung 12: Schriftbeispiel Bastarda

Schwierigkeiten bei der Lektüre mittelhochdeutscher Texte ergeben sich durch Abbreviaturen (Abkürzungen) und sonstige Besonderheiten. Häufig ist etwa der Nasalstrich, der waagerecht über einem Vokal platziert das folgende *m* oder *n* vertritt. Die Konjunktion „und" (mittelhochdeutsch *unde / und / unt*) wird häufig so wiedergegeben: *vñ*. Ein hochgestelltes s-förmiges Häkchen vertritt oft die Buchstabenfolge *er* (Beispiel: *dˢ*). Typisch sind auch diakritische Zeichen, die die Funktion haben, einen Grundbuchstaben zu modifizieren – etwa wie heute die Umlaute *ä, ö, ü*. Die Umlautpunkte entwickelten sich aus einem in der mittelhochdeutschen Schrift üblichen übergesetzten kleinen *e* (Beispiel: *ŏ*). Auch die Diphthonge (Doppelvokale) wurden häufig übereinander geschrieben (etwa *ů*).

Über die eigentliche Schreibtechnik des Mittelalters ist nur wenig bekannt. Auszugehen ist von einem (oft stehenden) Schreiben an einem schrägen Pult. Für kalligrafische Schriften ist eine besondere Haltung der Finger anzunehmen. Anders als heute üblich wurde der Unterarm nicht zur Abstützung benutzt – eine nicht geringe Erschwernis beim Schreibprozess, der schon dadurch eine mühevolle Tätigkeit war. Einen plastischen Hinweis hierauf vermittelt eine viel zitierte Schreibernotiz aus einer westgotischen lateinischen Handschrift des 8. Jahrhunderts:

O beatissime lector, lava manus tuas et sic librum adprehende, leniter folia turna, longe a littera digito pone. Quia qui nescit scribere, putat hoc esse nullum laborem. O quam gravis est scriptura: oculos gravat, renes frangit, simul et omnia membra contristat. Tria digita scribunt, totus corpus laborat. (Bluhme 1863 S. 589)

„Oh glücklichster Leser, wasche Deine Hände und fasse so das Buch an, drehe die Blätter sanft, halte die Finger weit ab von den Buchstaben. Der, der nicht weiß zu schreiben, glaubt nicht, dass dies eine Arbeit sei. Oh wie schwer ist das Schreiben: Es trübt die Augen, quetscht die Nieren und bringt zugleich allen Gliedern Qual. Drei Finger schreiben, der ganze Körper leidet." (nach Trost 2011, Vorderseite Einband)

Bastarda

Schreibpraxis

Schreiben als Mühsal

Ursache für die geschilderte Mühsal waren oft auch die Feuchte und Kälte der Skriptorien und das an dunklen Tagen trotz Kerzen und Öllampen nur mäßige Licht. Immerhin wurden bereits im 13. Jahrhundert erste Brillen aus dem Kristall Beryll (daher Brille) angefertigt. Schon vorher wurde der Beryllstein als ‚Lesestein' benutzt, der wie eine Lupe funktionierte. Leichter erträglich wurden die Mühen wohl auch dadurch, dass das Schreiben in den Klöstern als eine Art von Gottesdienst betrachtet wurde, der himmlischen Lohn versprach.

3.2 Ausbildung und Schriftkompetenz im Mittelalter

Die gesamte mittelalterliche Literatur entstand im Kontext eines allgemeinen Analphabetentums. Den Schriftkundigen (*litterati*) stand eine überwältigende Mehrheit von Nicht-Schriftkundigen (*illitterati*) gegenüber, wobei sich dieser Gegensatz mit dem zwischen den Geistlichen (lateinisch *clerici*, mittelhochdeutsch *pfaffen*) und Nicht-Klerikern (mittelhochdeutsch *laien*) überschnitt. So wurden anfänglich die Begriffe *litterati* und *clerici* geradezu synonym verwendet. Allerdings erweiterte sich die Bedeutung des Wortes *clericus* im Hoch- und Spätmittelalter auch auf Gebildete ohne geistlichen Stand (vgl. englisch *clerk*). Zu betonen ist auch, dass die Schriftkompetenz zunächst einmal ganz auf die lateinische Sprache bezogen war und im Dienste der christlichen Lehre und Überlieferung stand. Schreiben stand so mittelbar in einem Wertezusammenhang mit der Heiligen Schrift, der Bibel. Auf der Grundlage der christlich motivierten ‚Schrift'-Gläubigkeit resultierte eine generelle Hochschätzung des Geschriebenen.

Innerhalb der herrschenden Schicht des Adels war die Schreibkundigkeit lange wenig verbreitet und auch insofern nicht vonnöten, als man sich für seine Schreibbedürfnisse der Kleriker bedienen konnte. An den bedeutendsten Höfen waren hierfür die Hofgeistlichen und Leiter der Hofkapelle, die *capellani*, zuständig.

Träger der Schriftkultur waren zunächst fast ausschließlich die Klöster und damit die Schicht der Geistlichkeit. Zwar war deren überwiegende Zahl männlich (Mönche und Weltgeistliche), aber auch Nonnen waren durchaus am Prozess der Schriftproduktion beteiligt.

Erst ab dem Hochmittelalter traten neben die Geistlichen zunehmend Ministeriale, meist Ritter in der Funktion von Hofbeamten. Diese trugen mit ihren Werken ganz wesentlich zur Blüte der mittelhochdeutschen Literatur bei. Wie weit deren Fähigkeit entwickelt war, selbst zu

Litterati und illitterati

Träger der Schriftkultur

50

lesen und zu schreiben, ist letztlich nur schwer zu beurteilen (→ KAPI-
TEL 2.1). Hartmann von Aue, einer der wichtigsten mittelhochdeutschen
Dichter, berichtet von seiner Schriftkompetenz noch als etwas besonders Erwähnenswertem. Der autobiografische Beginn seiner Verserzäh-
lung *Der arme Heinrich* lautet: *Ein ritter sô gelêret was, daz er in den
buochen las, swaz er dar an geschriben fand.* (V. 1–3; „Es lebte ein Ritter, der war so [aus-]gebildet, dass er alles lesen konnte, was in Büchern
geschrieben stand." → KAPITEL 8.2). Unsicherheiten bleiben auch in der
Frage, wie man sich die Entstehung der Literatur technisch vorstellen
soll. In Betracht zu ziehen ist jedenfalls die Möglichkeit, dass die Dichter ihre Werke nach Diktat schreiben ließen.

Verbreiteter als bei adligen Männern war die Schreib- und Lesefä-
higkeit vermutlich bei adligen Frauen, zu deren Erziehung, neben der
Unterrichtung im Saitenspiel, Singen und Tanzen, vielfach auch die
Erlernung des Lesens und Schreibens gehörte. Sie bildeten dadurch
einen wichtigen Teil des höfischen Literaturpublikums. Vermutlich
waren es zuerst vor allem die adligen Frauen, die Literatur lesend re-
zipierten und so das Medium des mündlichen Vortrags um eine neue
Dimension erweiterten.

Schulen des Frühmittelalters waren zu Beginn vor allem die Klöster. Sie waren die Verwalter der aus der Antike ererbten lateinischen
Schriftkultur, wobei sich diese unter christlichen Vorzeichen auf die
Bibel und sonstige christliche Texte bezog. Antike vorchristliche Literatur spielte insoweit eine Rolle, als sich diese durch Prozesse der
Umdeutung und Neuinterpretation auf christliche Gehalte hin legitimieren ließ.

Klosterschulen

Die konkrete klösterliche Ausbildung der Schüler begann in der
Regel im Alter von sieben oder acht Jahren. Mit 15 war die endgül-
tige Entscheidung zum monastischen Leben zu treffen. Danach folgten im Alter von 18 Jahren die Gelübde und gegebenenfalls mit 24
die Priesterweihe.

Neben die Klöster traten an den Bischofssitzen ab dem 8. Jahrhundert die Dom- oder Kathedralschulen, die am Vorbild der Klosterschulen ausgerichtet waren. Ihre Aufgabe bestand hauptsächlich in
der Ausbildung der sogenannten Weltgeistlichen, die die christliche
Lehre außerhalb des Klosters verbreiteten und die Gemeindeseelsorge
übernahmen. Vom Hochmittelalter an entwickelten sich die – an
Pfarreien gebundenen – Lateinschulen. Seit dem späten Mittelalter
kamen die privat betriebenen Schreibschulen (Winkelschulen, auch
Heck- oder Klippschulen) auf, die sich besonders an den Bedürfnis-
sen des kaufmännischen Bürgertums orientierten.

**Dom- oder
Kathedralschulen**

Universitäten

Ein bedeutender Fortschritt war die Entstehung der Universitäten. In europäischem Maßstab finden sich erste Universitätsgründungen in Bologna (1088) und Salerno (1173), Paris (1150), Oxford (1167), Cambridge (1229) und in Salamanca (1243), um nur einige Beispiele zu nennen. Ab dem 14. Jahrhundert nahm die Zahl der Universitäten deutlich zu. Aus dieser Zeit datieren auch die ersten deutschen Universitäten, angefangen mit denjenigen damals zum Reichsgebiet zählenden in Prag (1348) und Wien (1365) sowie Erfurt (1379) und Köln (1388).

Schreibtechnik

Das Erlernen der Schreibtechnik war für die Schüler oft mit hartem Unterricht und empfindlichen Strafen verbunden. Ziel war es, den vorgegebenen Schrifttyp möglichst genau einzuüben, was wenig Raum für eine individuelle Ausprägung der Schrift ließ.

Einen Eindruck hiervon vermittelt → ABBILDUNG 13. Das Bild zeigt auf der linken Seite einen Lehrer, der von einem Katheder aus zwei Schüler, die aufgrund ihrer Kleidung als einem höheren Stand zugehörig dargestellt sind, unterrichtet. Die erhobene Rute gilt als Sinnbild für die zu erlernenden *septem artes liberales* (lateinisch; „sieben freien Künste"). Auf der rechten Seite spiegelt sich die Szene auf niedrigerer Stufe. Hier unterrichtet ein Geistlicher zwei ärmlicher gekleidete Schüler.

Septem artes liberales

Das aus der Antike übernommene Konzept der *septem artes liberales* war Bildungsgrundlage der Universitäten. Nach antiker Auffassung sind damit Bildungsinhalte gemeint, die einem freien Manne würdig waren und nicht dem Broterwerb dienten. Die *Artes* sind zu differenzieren in das *Trivium* (lateinisch; „Dreiweg") und das *Quadrivium* („Vier-

Abbildung 13: Der Schulmeister von Esslingen. Miniatur aus der *Großen Heidelberger Liederhandschrift (Codex Manesse)* (frühes 14. Jahrhundert)

weg"). Zum Trivium zählten die Fächer Grammatik, Rhetorik und Dialektik (Logik), die durch das Wort als Bezugseinheit bestimmt wurden. Das Quadrivium hatte dagegen die Zahl als verbindendes Element und umfasste die Arithmetik, Geometrie, Astronomie und die ebenfalls als mathematische Wissenschaft geltende Musik. Die sieben freien Künste hatten die Funktion eines Grundstudiums, auf dem das weit umfangreichere theologische Studium aufbaute. An den Universitäten bildeten sich früh Schwerpunkte auch in anderen Fachbereichen aus: So war Bologna schon im 12. Jahrhundert für den Bereich der Rechtswissenschaft berühmt.

Außerhalb der Universität angesiedelt waren die praxisorientierten (unfreien) Eigenkünste, teilweise auch *artes mechanicae* genannt. Hierzu zählten Bereiche wie Seefahrt, Kriegswesen, Landbau, Jagd, Heilkunde oder die Hofkünste (etwa das Turnierwesen). Zu den verbotenen Künsten (lateinisch *artes incertae*) zählten Magie und Mantik (Wahrsagekunst). Eigenkünste

Die deutsche Literatur des Mittelalters spiegelt diese Bildungsinhalte in vielfältigster Form. So etwa in der Artes-Literatur, die bereits im Althochdeutschen einsetzte, oder im Fachschrifttum der mittelhochdeutschen und frühneuhochdeutschen Zeit. Einen Reflex des mittelalterlichen Bildungskanons findet sich im *Gregorius*, einer legendenhaften Erzählung Hartmanns von Aue über das Leben des späteren Papstes Gregor. Über die Ausbildung des sechsjährigen Gregorius heißt es da:

> *der abbet nam ez dô von in | zuo im in daz klôster hin | und* Beispiel *Gregorius*
> *kleidete ez mit solher wât | diu pheflîchen stât | und hiez ez diu*
> *buoch lêren. | [...] an sîme einleften jâre | dô enwas zewâre | de-*
> *hein bezzer grammaticus | danne daz kint Grêgôrjus. | dar nâch in*
> *den jâren drin | dô gebezzerte sich sîn sin | alsô daz im dîvînitas |*
> *garwe durchliuhtet was: | diu kunst ist von der goteheit. | swaz im*
> *vür wart geleit | daz lîp und sêle vrumende ist, | des ergreif er ie*
> *den houbetlist. | dar nâch las er von lêgibus | und das kint wart*
> *alsus | in dem selben liste | ein edel lêgiste: | diu kunst sprichet*
> *von der ê.* (V. 1159–1163, 1181–1197)

(„[...] nahm der Abt es von ihnen weg zu sich ins Kloster und gab ihm Kleider, die Geistlichen anstehen, und befahl, es zu unterrichten. [...] Als er elf Jahre alt war, gab es tatsächlich keinen, der besser in Grammatik war als der Junge Gregorius. In den drei Jahren darauf bildete sich sein Verstand weiter aus, so sehr, dass er die Theologie glasklar verstand – das ist die Wissenschaft von Gott. Bei allem, was man ihm vortrug und was Leib und Seele nützt, erfasste er immer sofort die Hauptsache. Dann studierte er die Rechte, und das Kind wurde dadurch auch in diesem Fach ein vorzüglicher Rechtskundiger – diese Wissenschaft handelt vom Gesetz." Neumann / Fritsch-Rößler 2011)

Fragen und Anregungen

- Beschreiben Sie das Verfahren zur Herstellung von Pergament und Papier.

- Erläutern Sie den Prozess zur Herstellung eines Kodex.

- Benennen Sie die hauptsächlichen Schrifttypen des Mittelalters und beschreiben Sie deren Spezifika.

- Skizzieren Sie das mittelalterliche Bildungssystem und erläutern Sie dabei auch den Begriff der *septem artes liberales*.

Lektüreempfehlungen

Forschung

- **Bernhard Bischoff: Paläographie des römischen Altertums und des abendländischen Mittelalters.** Mit einer Auswahlbibliographie 1986–2008 von Walter Koch, Berlin 1979, 4., durchgesehene und erweiterte Auflage 2009. *Einschlägiges Standardwerk – nicht nur für Germanisten –, das einen sehr fundierten Einblick in die Thematik vermittelt. Mit Schriftproben.*

- **Bernhard Dietrich Haage / Wolfgang Wegner: Deutsche Fachliteratur der Artes in Mittelalter und Früher Neuzeit,** Berlin 2007. *Grundlegende und fast enzyklopädisch erschöpfende Darstellung, mit Beispieltexten und einer ausführlichen Bibliografie.*

- **Karin Schneider: Paläographie und Handschriftenkunde für Germanisten. Eine Einführung,** Tübingen 1999, 2., überarbeitete Auflage 2009. *Sehr instruktive Einführung in die Paläografie und Kodikologie der deutschsprachigen Schriftzeugnisse. Mit zahlreichen Schriftproben.*

- **Vera Trost: Skriptorium. Die Buchherstellung im Mittelalter,** Stuttgart 1991, Neuauflage 2011. *Schmales Bändchen, das vor allem wegen der zahlreichen Abbildungen interessant ist.*

4 Handschrift und Edition

2 *Reichston*

A: I – III
BC: I III II   Text nach A

I   Ich saz ûf eime steine   8,4
und dahte bein mit beine.
dar ûf sazte ich den ellenbogen,
ich hete in mîne hant gesmogen
5 mîn kinne und ein mîn wange.
dô dâht ich mir vil ange,
wes man zer welte solte leben.
dekeinen rât konde ich gegeben,
wie man driu dinc erwurbe,
10 der deheinez niht verdurbe.
diu zwei sint êre und varnde guot,
daz dicke ein ander schaden tuot.
daz dritte ist gotes hulde,
der zweier übergulde.
15 die wolte ich gerne in einen schrîn,
jâ leider des enmac niht sîn,
daz guot und welt/iche êre
und gotes hulde mêre
zesame in ein herze komen.
20 stîg und wege sint in benomen:
untriuwe ist in der sâze,
gewalt vert ûf der strâze,
fride und reht sint sêre wunt.
diu driu enhabent geleites niht, diu zwei enwerden ê gesunt.

II

---

2 *Diesen und die folgenden Töne bis 7 überliefern B und C aufgrund einer gemeinsamen Quelle* *BC.
I *43 A, 18 B, 1 C.*
2 do dahte ich *BC.*   3 den] min *BC.*   5 das kinne *BC.*   7 wes] wie *BC.*   8 ich mir
BC.   12 der ietweders dem andern *BC.*   16 des mag niht gesin *BC.*   17 weltiche *A.*   19 in
ainen schrin mv́gin komen *BC.*   20 genomen *BC.*   22 vert] ist *BC.*   23 sêre] baide *BC.*   24
habent *BC.* werden *B,* werdent *C.*

---

2 I 5 daz kinne *Hgg.*   7 wes] wie *Hgg.*   10 keines *La Kr Mau,* keinez *Wi/Mi.*   16 gesin *Hgg.*
außer Wi/Mi.   19 zesamene *Hgg.*

Abbildung 14: Walther von der Vogelweide, *Reichston* (um 1200) Kritische Edition (Cormeau
1996, S. 11)

An der kritischen Edition des sogenannten „Reichstons" Walthers von der Vogelweide von Christoph Cormeau (1996) lassen sich die gängigen Standards der mediävistischen Editionswissenschaft und Textkritik gut erkennen. Zuverlässig edierte Texte sind die notwendige Grundlage jeder ernstzunehmenden inhaltlichen Auseinandersetzung mit der mittelalterlichen Literatur.

Der Beginn der germanistischen Editionswissenschaft fällt in die Anfangszeit der wissenschaftlichen Germanistik überhaupt, also ins frühe 19. Jahrhundert. Er ist verbunden mit dem Namen Karl Lachmanns, dessen editionsphilologische Arbeiten bis heute nachwirken. So bilden etwa Lachmanns Editionen der „Gedichte Walthers von der Vogelweide" aus dem Jahr 1827 nach wie vor die Basis der heutigen Ausgaben.

Von der handschriftlichen Überlieferung mittelalterlicher Texte bis zu ihrer Form als wissenschaftlich zitierfähige Buchausgabe bzw. als digitalisierte Internet-Version ist der Bogen weit gespannt. Grundsätzliche Positionen zur Frage des Originals sowie die Kriterien und Methoden der Textkritik müssen ebenso geklärt werden wie etwa die Frage, was die Siglen, Abkürzungen und Zahlenfolgen in der abgebildeten Beispieledition von Walthers *Reichston* eigentlich konkret bedeuten. Neben solchem methodischen und praktischen Wissen ist für den Umgang mit Editionen auch die Kenntnis wichtiger mittelalterlicher Handschriftentypen und Überlieferungsformen relevant.

4.1 Ziele und Methoden der Textkritik

Allen Philologien gemeinsam ist die Arbeit mit Texten. Gerade für ältere Sprachstufen und besonders bei einer Überlieferung in unterschiedlichen Varianten stellt sich aber die Frage, welcher Text Basis der wissenschaftlichen Auseinandersetzung bzw. der Veröffentlichung im Sinne einer Edition sein soll. Die zunächst naheliegende Berufung auf das Original wird dabei aus verschiedenen Gründen erschwert oder muss gänzlich scheitern: So sind in der mittelalterlichen deutschsprachigen Überlieferung zunächst einmal kaum originale Autorhandschriften vorhanden. Vielmehr sind die meisten Werke (nur) aus Abschriften bzw. Abschriften von Abschriften bekannt. Diese sind „jeweils nur fixe Momentaufnahmen einer Textgeschichte" und können beträchtliche Abweichungen zeigen (Bein 2011, S. 20).

Die Frage des Originals

Ursache können Abschreibefehler oder auch bewusste Anpassungen des Kopisten oder Bearbeiters an den eigenen Sprachstand sein. Die Folge sind unterschiedliche Lesarten (Varianten) eines Werks. Als Schwierigkeit kommt hinzu, dass die mittelalterliche Literatur in beträchtlichen Teilen in einem bi- bzw. intermedialen Zwischenraum von Mündlichkeit und Schriftlichkeit lebt. Gerade das Moment der mündlichen Entstehung und Überlieferung (wie etwa der Heldenepik; → KAPITEL 9) sowie des mündlichen Vortrags (z. B. im Minnesang; → KAPITEL 11) begründet prinzipielle Zweifel an der Vorstellung von Textidentität. Plausibel ist vielmehr eine je nach Aufführungssituation unterschiedliche Textfassung.

So kann die Fixierung auf ein Original, gedacht als eine statische Ausgangsgröße der Textüberlieferung (Urtext), auch in editionstheoretischer Sicht als problematische methodische Verkürzung betrachtet werden. Dies gilt natürlich besonders dann, wenn die Variabilität der Überlieferung als geradezu konstitutives Element der mittelalterliche Textproduktion angesehen wird, wie dies in der sogenannten New Philology geschieht. Aber auch eine solche wissenschaftshistorisch moderne Auffassung enthebt den Editor nicht der Frage, wie Texte dem wissenschaftlich interessierten Leser verfügbar gemacht werden können.

Unzweifelhaft besteht die Notwendigkeit, Texte editorisch zu bearbeiten. Quellen-Unmittelbarkeit, also die direkte Lektüre der Handschrift, und sei es auch nur in der Form von Reproduktionen (Faksimiles), ist aus unterschiedlichen Gründen unpraktikabel. Sie wäre vor allem im Bereich der historischen Literaturwissenschaft, die stärker am Inhalt als an der Form interessiert ist, eine unnötige Er-

Notwendigkeit der Editionen

schwernis. Erforderlich sind vielmehr edierte Texte als wissenschaftlich gesicherte Basis der Lektüre wie auch der interpretatorischen Beschäftigung. Schon aus arbeitspraktischen Gründen ist dabei die Referenz auf einen anerkannten Text wünschenswert, statt sich mit unterschiedlichen Fassungen auseinandersetzen zu müssen. Dies gilt in besonderem Maße für den akademischen Unterricht und die hier benötigten Studienausgaben. Für den Sprachhistoriker kann es dagegen wichtig sein, sich unmittelbar mit der Handschrift (bzw. Faksimiles, auch etwa in Form einer Mikroverfilmung) zu befassen.

Aufgaben und Voraussetzungen

Einen Text edieren heißt zumindest, ihn dem Rezipienten in einer typografisch lesbaren Form zu präsentieren. Eine Edition wird – je nach Anspruch – zudem die Geschichte des Textes unter Einschluss nachvollziehbarer Wertungen in Hinblick auf Autor- und Originaltreue vermitteln. Dazu bedarf es auf der Seite des Editors der Fähigkeit, Texte zu sichten, zu ordnen, zu interpretieren und zu rekonstruieren.

Fragen der Textedition standen bereits am Anfang der Germanistik im frühen 19. Jahrhundert. Das literarische Interesse richtete sich in dieser Frühphase praktisch ausschließlich auf mittelalterliche Texte. Aufgrund systematischer Suche in alten Bibliotheken und Archiven wurden nach und nach immer neue Texte zutage gefördert; womit die Frage im Raum stand, wie mit diesen Texten editorisch umzugehen sei.

Lachmannsche Methode

Zu den Pionieren und Wegbereitern der Germanistik zählt Karl Lachmann (1793–1851), dessen Arbeiten auf dem Gebiet der Editionswissenschaft und Textkritik wegweisend waren und als Lachmannsche Methode bekannt sind. Lachmann war von seiner Ausbildung und seiner Tätigkeit als Professor her nicht nur Germanist, sondern auch Altphilologe. Deswegen lag es für ihn nahe, editorische Prinzipien der antiken Quellenkunde auf die mittelalterlichen, namentlich mittelhochdeutschen Handschriften zu übertragen.

Aufgaben der Textkritik

Wesentliche Punkte der Lachmannschen Methode ergeben sich aus den spezifischen Anforderungen seiner Textkritik, deren Ziel es war, eine möglichst originalgetreue Fassung eines Textes (Archetyp) zu rekonstruieren. Der Archetyp ist mit dem Original zwar nicht identisch, steht diesem aber mutmaßlich am nächsten. Problematisch ist diese Methode insofern, als ,gute' (autornahe) von weniger ,guten' oder ursprünglichere von weniger ursprünglichen Handschriften unterschieden werden müssen. Bei Liedern sind zudem unter Umständen echte von unechten (nicht vom angegebenen Autor stammenden) Strophen zu unterscheiden. Grundvoraussetzung hierfür ist eine sichere Kenntnis des formalen Stils des mittelalterlichen Autors (etwa in Metrik und Reim) wie auch seiner inhaltlichen Positionen.

Die Arbeit der Textkritik lässt sich formal in die folgenden Arbeitsschritte gliedern:

Schrittfolge der Textkritik

Manchmal sind Texte nur in einer Handschrift überliefert. Einen solchen *Codex unicus* hat man etwa beim *Erec* (→ KAPITEL 8.3), einem Artusroman des späten 12. Jahrhunderts, der eben nur in einer Handschrift aus dem frühen 16. Jahrhundert überliefert wurde (→ KAPITEL 4.3). Häufig sind aber mehrere Abschriften oder Fragmente eines Textes überliefert. Aufgabe der Recensio, wie der erste Schritt der textkritischen Arbeit bezeichnet wird, ist es in jedem Fall, zunächst den Gesamtbestand der handschriftlichen Überlieferung eines Textes zu sammeln und auf der Grundlage des Vergleichs (Kollation) die Abhängigkeitsverhältnisse (Filiationen) der Handschriften zu bestimmen.

Recensio

Ausschlaggebend hierfür sind sogenannte Leitfehler. Oft sind das Verschreibungen oder Zeilenverluste, die in mehreren Handschriften erscheinen und sinnvoll nur durch die Übernahme des Fehlers durch spätere Abschreiber erklärt werden können. Daraus ergibt sich ein Indiz für die Abhängigkeit dieser Handschriften. Wenn weitere Handschriften diese Fehler nicht haben oder dafür andere, so gehören sie offensichtlich einem gesonderten Überlieferungszweig an. In einem differenzierteren Sinne lassen sich Bindefehler, die die Abhängigkeit verschiedener Handschriften zeigen, von Trennfehlern, die auf gesonderte Vorlagen schließen lassen, unterscheiden.

Auf der Grundlage dieser und weiterer Sortierungskriterien kann dann ein Überlieferungsstammbaum, ein sogenanntes Stemma, gezeichnet werden. Dieses bildet die hypothetisch erschlossenen Filiationsverhältnisse grafisch ab. Relativ einfach ist die Erforschung der Abhängigkeitsverhältnisse, wenn die Abschreibekette geradlinig verläuft, also als lineare Folge A zu B zu C etc. Man spricht hier von vertikaler Überlieferung. Ein größeres Problem ist dagegen die horizontale Überlieferung, die vorliegt, wenn ein Schreiber mehrere Vorlagen benutzte und diese in seiner Fassung gemischt hat (Kontamination).

Mit der Recensio eng verknüpft ist die Examinatio. Deren Ziel ist es, die verschiedenen Lesarten (Textvarianten) gegeneinander abzuwägen, indem diese nach Kriterien wie Sprache, Stil und Gedankenwelt beurteilt werden. Sofern die Überlieferung nur eine Lesart bietet, kann sie im Zweifelsfall nur insgesamt verworfen werden. Bei unterschiedlichen Lesarten gilt es, offensichtliche Fehler aufzudecken und sie textkritisch zu werten. Als grundlegendes Prinzip gilt die Lectio

Examinatio

difficilior (lateinisch; „schwierigere Lesart"), also die Bevorzugung einer schwierigen vor einer leichteren, vordergründig näherliegenden Variante. Dem unterliegt die Annahme, dass der Prozess des Abschreibens eher den umgekehrten Weg begünstigt, die einfachere Variante also die jüngere ist.

Emendatio Die in der Examinatio als sogenannte bestbeglaubigte (verlässlichste) Handschrift erkannte Textfassung wird nun nach bestimmten Regeln verbessert (emendiert). Dieser Schritt wird Emendatio genannt. Dabei werden bestimmte ‚Fehler' in Grammatik, Metrik oder Stilistik, die mutmaßlich nicht vom Autor stammen, getilgt. Zu unterscheiden sind hier die Emendation im engeren Sinne (eine evidente Korrektur) und die Konjektur als eine Verbesserung, die nur auf einer plausiblen Vermutung basiert. Zu den ‚Fehlern' gehört auch der Sonderfall der Interpolation (lateinisch *interpolare* „einschieben"). Gemeint sind Einschübe (Verse, Abschnitte) in einen Text, die nicht als authentisch bewertet werden. Manchmal ist der Text aber auch derart verderbt (korrupt), dass eine Korrektur nicht mehr möglich ist. Hier spricht man von einer Crux (lateinisch; „Kreuz"); sie wird im kritischen Editionstext mit dem entsprechenden Symbol (†) bezeichnet.

Gerade im Bereich der Emendation besteht die Gefahr, dass der Editor über das Ziel hinausschießt und eine übertriebene Normtreue zum Maßstab macht. So ging Lachmann bei den Dichtern der mittelhochdeutschen Blütezeit um 1200 noch davon aus, dass sie bereits eine über den Regionalsprachen stehende einheitliche Standardsprache verwendet hätten, ein „unwandelbares Hochdeutsch" (Lachmann 1820, S. VIII). Die weitere Entwicklung, so seine kulturpessimistische Grundüberzeugung, hätte dann einen Rückfall in regionale Zersplitterung und einen Verlust der in der Blütezeit gültigen strengen formalen Standards nach sich gezogen. Solche Ansichten sind in dieser Rigorosität aufgrund der heutigen Forschungslage inzwischen nicht mehr aufrechtzuerhalten.

Normalisiertes Mittelhochdeutsch Mit Lachmann verbindet sich auch die bis heute übliche Praxis, mittelhochdeutsche Texte in Form eines normalisierten Mittelhochdeutsch zu edieren. Das normalisierte Mittelhochdeutsche ist durch grafische Konventionen bestimmt, die das Lesen und Lernen des Mittelhochdeutschen sehr erleichtern, der historischen Schriftrealität aber nur bedingt entsprechen. Zu diesen Konventionen gehört etwa, dass Langvokale durch Zirkumflex markiert sind (*â, ê, î, ô, û*) und die langen Umlaute durch Ligaturen bzw. Vokalkombinationen (*æ, œ, iu*), die Schreibung der Diphthonge (*ei, ou, öu, ie, uo, üe*) vereinheit-

Abbildung 15: Beginn des Nibelungenlieds (Blatt 1r Nibelungen-Handschrift C, 2. Viertel 13. Jahrhundert) (Ausschnitt)

licht ist, ebenso die des *s*-Lautes und anderes mehr. Auch Abkürzungen sind im normalisierten Mittelhochdeutsch aufgelöst.

Deutlich wird das im Vergleich der ersten Strophe der *Nibelungenlied*-Handschrift C (→ ABBILDUNG 15; vollständiger Abdruck der Seite → KAPITEL 9, ABBILDUNG 27) mit einem diplomatischen Abdruck und dem kritischen Editionstext:

Ein diplomatischer Abdruck hat zum Ziel, den handschriftlichen Text Zeichen für Zeichen zu transkribieren. Für den Auszug aus dem *Nibelungenlied* ergibt sich entsprechend (näherungsweise) die folgende zeilengetreue Form:

Vergleich:
Faksimile …

U N S· I S T· *Jnalten mæren.*
wnd^s *vil geſeit. von heleden lobebæren. vō*
grozer arebeit. von frevde vñ hochgeciten
von weinen vñ klagen. von kvner rec
ken ſtriten. mvget ir nv wnd^s *horen ſa*
gen.

… diplomatischer
Abdruck …

Der normalisierte Text zeigt dagegen die folgende Form:

Uns ist in alten mæren	*wunders vil geseit*
von helden lobebæren,	*von grôzer arebeit,*
von fröuden, hôchgezîten,	*von weinen und von klagen,*
von küener recken strîten	*muget ir nu wunder hœren sagen.*

… kritischer
Editionstext

Lachmanns Methode der Fixierung auf ein Original und der rekonstruierenden Eingriffe in die konkrete handschriftliche Vorlage hat einerseits auch auf andere Philologien (Romanistik, Hispanistik, Italianistik, Anglistik) gewirkt, provozierte auf der anderen Seite aber auch innerhalb der Germanistik Gegenkonzepte. Schon seit dem 19. Jahrhundert steht der Lachmannschen Methode als alternative Editionspraxis das Leithandschriftenprinzip gegenüber. Dabei wird die Fixierung auf ein zu rekonstruierendes hypothetisches Original zugunsten der Konzentration auf eine als besonders ‚gut‘, im Hinblick auf formale und inhaltliche Kriterien verlässlich beurteilte Handschrift abgelöst, die dann als Leithandschrift fungiert. Referenzgröße der Editionsarbeit ist so der tatsächliche Überlieferungsbestand und nicht mehr ein dahinter vermutetes Original.

Natürlich bleibt auch bei diesem Zugriff die Frage zu beantworten, nach welchen objektiven Kriterien eine Handschrift gegenüber anderen als Leithandschrift klassifiziert werden kann. Der auf Grundlage des Leithandschriftenprinzips edierte, kritisch hergestellte Text bleibt zudem keineswegs ohne verbessernde Eingriffe; diese werden insgesamt aber zurückhaltender, man könnte auch sagen, mit größerer Bescheidenheit, vorgenommen. Mithilfe des Lesartenapparates lassen sich die ursprüngliche Textform und die Lesarten anderer Handschriften rekonstruieren (→ KAPITEL 4.2).

Wie kontrovers die Frage nach der besten Handschrift beantwortet werden kann, zeigt die Geschichte der Edition des *Nibelungenliedes*. Im Zentrum stand und steht die Frage, welche der drei prominentesten Handschriften – A, B oder C – als die originalnächste bzw. als Leithandschrift gelten soll. Darüber entwickelten sich seit dem 19. Jahrhundert erbitterte Forschungsfehden (→ KAPITEL 9.1). Das Prinzip der Leithandschrift wirkte sich seit den 1970er-Jahren vor allem auf die Edition lyrischer Texte aus. Beispielhaft hierfür steht die Neuedition von *Minnesangs Frühling* durch Helmut Tervooren und Hugo Moser ([MF], 1977).

4.2 Traditionelle Philologie und New Philology

Eine noch stärkere, ja geradezu prinzipielle Abkehr von der Fixierung auf ein einziges Original und dessen Rekonstruktion verbindet sich mit der Auffassung der New Philology. Diese stellt die Veränderlichkeit und das Prozesshafte der mittelalterlichen Überlieferung als geradezu konstitutiv heraus. Angeregt wurde das Konzept der New Philo-

Leithandschriften-prinzip (margin note)

Kontroversen um die beste Handschrift (margin note)

New Philology (margin note)

logy zunächst durch den Essay *Éloge de la variante. Histoire critique de la philologie* (Lobrede auf die Variante. Kritische Geschichte der Philologie) des französischen Sprach- und Literaturwissenschaftlers Bernard Cerquiglini aus dem Jahr 1989 (vgl. Cerquiglini 1989). Indirekt vermittelt über die Rezeption in der US-amerikanischen Mediävistik, fand die New Philology dann seit den 1990er-Jahren auch innerhalb der Germanistischen Mediävistik breite Beachtung.

Als innovativ darf die ‚neue' Philologie auch deshalb gelten, weil sie Anschluss findet an die im Rahmen der allgemeinen Literaturtheorie diskutierten poststrukturalistischen und dekonstruktivistischen Ansätze, die sich etwa mit den Namen der Philosophen Jacques Derrida, Michel Foucault oder Julia Kristeva verbinden. Ihnen gemeinsam ist die Kritik an, ja die Auflösung von Kategorien wie Autor und Werk.

Bezogen auf die Literatursituation des Mittelalters wurde allerdings auch methodenkritisch gefragt, ob hier nicht die Extremposition der Fixierung auf das Original durch ein andere abgelöst werde, die apodiktisch auf einen unfesten, variablen Text setzt (vgl. etwa Stackmann 1994).

Kritik

→ ABBILDUNG 16 vermittelt auf anschauliche Weise den Gegensatz zwischen ‚traditioneller' Philologie, die hier sowohl auf die Methode Lachmanns wie auch auf das Leithandschriftenprinzip bezogen ist, und der ‚New' Philology. Neben unterschiedlichen theoretischen Voraussetzungen und praktischen Arbeitsverfahren unterscheiden sich beide Richtungen auch hinsichtlich des bevorzugten Dokumentationsmediums. So setzt die traditionelle Philologie vor allem auf das Buch, während die New Philology stark auf die Möglichkeiten der Computertechnologie zugreift. Eine digitalisierte Aufbereitung der Handschriften kann deren Variabilität anschaulicher dokumentieren bzw. zum ersten Mal überhaupt adäquat darstellen.

Mit der allgemeinen Verfügbarkeit von Computern und Internet eröffnen sich sowohl für den Editor mittelalterlicher Texte als auch für den Rezipienten völlig neue Perspektiven. Ein praktischer Vorteil ist dabei die Möglichkeit, über entsprechende Navigieroptionen oder Verweismodi (Hypertexte oder Hyperlinks) die unterschiedlichen Handschriften etwa als Bilddateien, als Transkriptionen oder als Editionen verfügbar zu machen. Prinzipiell erlauben Hyperlinks vielschichtige unmittelbare Verbindungen von Einzelwörtern oder Textstellen mit Apparaten, Kommentaren und dergleichen.

Computer und Internet

Das Editionsprojekt des *Parzival* Wolframs von Eschenbach der Universität Bern (Web-Adresse: www.parzival.unibe.ch) bietet sich als Beispiel für die neuen Möglichkeiten an. Wie in den Editionspro-

Beispiel *Parzival*-Projekt

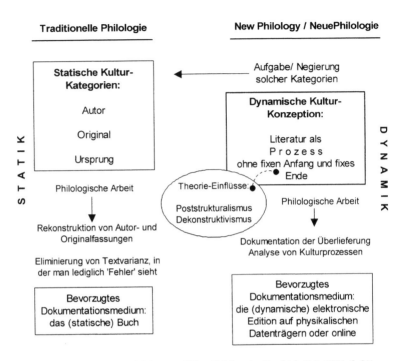

Abbildung 16: Traditionelle Philologie und New Philology im Vergleich (Bein 2011, S. 91)

ben erkennbar, werden über die Teilung des Bildschirms in vier Felder unterschiedliche Informationsebenen kombiniert. Auf einen Blick sichtbar werden so die Handschrift selbst (als Digitalfaksimile der Münchner Wolfram-Handschrift Cgm 19), der kritische Editionstext, der Variantenapparat und die entsprechende Kontextstelle. Hinzu kommt teilweise die Option, die neuhochdeutsche Übersetzung des jeweiligen Abschnitts aufzurufen.

Neue Möglichkeiten   Grundsätzlich bieten sich für den Rezipienten, und das heißt auch für den Studierenden, seit einigen Jahren höchst komfortable Möglichkeiten, Handschriften ‚unmittelbar' in Augenschein zu nehmen: So etwa unter der Web-Adresse www.manuscripta-mediaevalia.de, die nicht nur eine Vielzahl digitalisierter Handschriften verfügbar macht, sondern auch verschiedene Dienste rund um die mediävistischen Wissenschaften bereit hält. Sehr umfangreiche Möglichkeiten bietet außerdem etwa das Portal *Mediaevum.de. Mediävistik im Internet* (Web-Adresse: www.mediaevum.de). Inzwischen sind auch zahlreiche Texteditionen via Internet verfügbar.

Allerdings ist hier mitunter Vorsicht geboten. Zum Teil deshalb, weil aus Gründen des Copyrights veraltete Auflagen ins Netz gestellt werden, zum Teil aber auch deshalb, weil die Quelle von Transkriptionen oder Übersetzungen nicht immer deutlich erkennbar ist. Das schränkt den Wert für den wissenschaftlichen Gebrauch und die Zitierfähigkeit stark ein. So bleibt für die wissenschaftliche Beschäftigung aus praktischen Gründen einstweilen trotz allem die ‚gute alte‘ kritische Buchausgabe. Für den Studierenden ist es wichtig, diese in ihrer Komplexität verstehen und nutzen zu können.

Was ist damit gemeint? Im Mittelpunkt von Walthers *Reichston*-Edition (→ ABBILDUNG 14) steht die erste Strophe (links durch I markiert) des als *Reichston* (gemeint ist eine bestimmte Strophenform) bezeichneten Gedichts Walthers von der Vogelweide in normalisiertem Mittelhochdeutsch. Wie allgemein üblich, ist hier eine Zeilenzählung in Fünferschritten angebracht, die der besseren Orientierung und Verweisbarkeit dient. Daneben findet sich eine Fülle an zusätzlichen Informationen. So der Hinweis, dass Handschrift A als Leithandschrift fungiert. Die Handschriften B und C werden dazu in Kontrast gesetzt. Diesen beiden gemeinsam ist eine abweichende Strophenfolge, nämlich I, III, II.

Beispiel

Reichston

Die am rechten Rand angebrachte Zahl 8,4 verweist auf die ursprüngliche ‚Lachmann-Zählung‘, den Auffindungsort der Strophe in der Edition Karl Lachmanns (Lachmann ²1843).

Im unteren Teil der Seite findet sich der textkritische Apparat. Eingerückt steht zunächst der Hinweis auf eine gemeinsame Textquelle, der Handschriften B und C, die mit der Sigle *BC bezeichnet wird. Der Asterisk (*) signalisiert, dass diese Vorstufe nur eine hypothetisch erschlossene ist. Ferner ist angegeben, an welcher Stelle die Strophe in den drei Handschriften jeweils zu finden ist.

Textkritischer Apparat

Sehr informationsreich ist der sich anschließende Lesartenapparat, aus dem sich die genaue Form der Strophe in den Parallelhandschriften B und C rekonstruieren lässt. Dabei verweist die angegebene Zahl jeweils auf die Zeilenzählung im edierten Text. In B und C lautet die zweite Zeile demnach *do dahte ich bein mit beine* statt *und dahte bein mit beine*. Lesarten werden in der Regel nicht normalisiert. B und C haben statt *den* (die eckige Klammer zeigt das zu ersetzende Wort an) *min* (normalisiert wäre die Schreibung *mîn*). Interessant ist Zeile 17, weil hier die Editoren eine Verbesserung der Leithandschrift vorgenommen haben. Das *weltiche* der Handschrift A konjizierten sie zu *weltliche* und kursivierten das eingefügte l, um ihren Eingriff kenntlich zu machen.

Lesartenapparat

Forschungsapparat

Unter dem zweiten Spiegelstrich findet sich der Forschungsapparat, der Aufschluss über Abweichungen der aktuellen Edition gegenüber den maßgeblichen früheren gibt. Dabei steht „La" für die Ausgabe Lachmann ²1843, „Wi / Mi" für die Ausgabe Wilmanns / Michels 1924 usw. Stimmen alle älteren Herausgeber (gegen die aktuelle Edition) überein, erfolgt der Hinweis „Hgg.".

Die genaue Analyse einer solchen textkritischen Ausgabe vermittelt also einen sehr präzisen Einblick in die Variabilität der Textüberlieferung, gleichzeitig aber auch in die Geschichte ihrer editorischen Bearbeitungen.

4.3 Überlieferungstypen

Arbeitsgrundlage der Textkritik ist der jeweilige Gesamtbestand der handschriftlichen Überlieferung. Wie hoch der Anteil der heute noch vorhandenen gegenüber der im Mittelalter produzierten Textmenge ist, lässt sich nur schwer abschätzen. Sicher ist mit beträchtlichen Überlieferungsverlusten zu rechnen, häufig infolge von Kriegen, Bränden, Wurmfraß oder unsachgemäßer Lagerung. Auch die Tatsache, dass Handschriften als veraltet und nutzlos angesehen wurden, führte zu deren Vernichtung oder wenigstens Wiederverwertung, etwa für die Herstellung von Buchdeckeln und Buchrücken (→ KAPITEL 3.1).

Textbestand

Die Beschreibung des Textbestandes hat zunächst zwischen vollständigen und – sehr häufig – nur fragmentarisch überlieferten Texten zu unterscheiden. Äußerst selten sind Originalhandschriften. Die Wiener Handschrift (Sigle V) der *Evangelienharmonie* Otfrids von Weißenburg aus dem 9. Jahrhundert gilt etwa als eine der raren Ausnahmen (→ KAPITEL 5.4).

Sammelhandschriften

Prominentester Überlieferungstyp ist die Sammelhandschrift. Sie ist Produkt eines vereinigenden und ordnenden Bemühens, das sich häufig auf ein literarisches Thema oder eine Gattung konzentriert. Gleichzeitig sind Sammelhandschriften oft auch Zeugnisse der Rückschau und der Dokumentation vergangener literarischer Höchstleistungen. So entstanden etwa die bedeutendsten Sammelhandschriften der mittelhochdeutschen Liebeslyrik erst Ende des 13. oder am Anfang des 14. Jahrhunderts und damit deutlich nach der Blütezeit des Minnesangs. Hervorzuheben sind die folgenden drei Liederhandschriften:

Kleine Heidelberger Liederhandschrift

- Die Liederhandschrift A wird auch Kleine Heidelberger Liederhandschrift genannt und entstand vermutlich noch Ende des 13. Jahrhunderts. Sie umfasst rund 800 Strophen von 34 Dichtern.

- Die Liederhandschrift B (Weingartner Liederhandschrift) entstammt dem frühen 14. Jahrhundert und umfasst rund 750 Strophen. Diese sind 25 namentlich genannten, durch ganzseitige ‚Porträts‘ präsentierten und drei nicht genannten Dichtern zugeordnet. Daneben stehen noch einige nicht sangbare Texte.

Weingartner Liederhandschrift

- Liederhandschrift C, die bereits vorgestellte Große Heidelberger Liederhandschrift (der Codex Manesse), ist die bedeutendste Sammelhandschrift im Bereich der Liebeslyrik. Sie umfasst etwa 6 000 Strophen, die 144 Dichtern zugewiesen sind, und zwar geordnet nach deren gesellschaftlichem Status. Am Beginn steht daher ein Lied des Stauferkaisers Heinrich VI. (1165–97). Die Handschrift entstand in der ersten Hälfte des 14. Jahrhunderts. Eindrucksvoll sind auch die 137 ganzseitigen stilisierten Dichterporträts (→ ABBILDUNGEN 4, 13, 21, 25, 28, 30, 33).

Große Heidelberger Liederhandschrift

Offenbar besteht ein innerer Zusammenhang zwischen den drei Liederhandschriften. Zu vermuten sind sowohl für A und C als auch für B und C gemeinsame Vorlagen aus der 2. Hälfte des 13. Jahrhunderts.

Einen thematisch ganz anderen Schwerpunkt hat das Ambraser Heldenbuch. Es wurde zwischen 1504 und 1516 vom Bozener Zollschreiber Johannes Ried im Auftrag von Kaiser Maximilian I. (1459–1519) angefertigt. Vereinigt sind unterschiedliche Werke der Heldenepik sowie der höfischen Epik, vor allem des 13. Jahrhunderts. Darunter auch das *Nibelungenlied* oder die *Kudrun*. Der Wert der Handschrift bemisst sich vor allem auch aus der Tatsache, dass sie etliche Unikate enthält, so auch den ersten deutschen Artusroman, den *Erec* Hartmanns von Aue, der weitgehend vollständig nur in dieser Handschrift überliefert ist.

Ambraser Heldenbuch

Sammelhandschriften, die die Werke unterschiedlicher Autoren vereinen, stehen (seltene) Autorhandschriften gegenüber, die das Œuvre eines Autors in einem Kodex bündeln. Beispielhaft kann eine Sammlung mit Werken Wolframs von Eschenbach aus dem 13. Jahrhundert genannt werden, bekannt unter der Sigle Cgm 19 der Bayerischen Staatsbibliothek. Auch Mischformen sind überliefert, wie etwa die Riedegger *Neidhart*-Handschrift R (um 1300), die rund 400 Strophen Neidharts von Reuental neben Hartmann von Aues Artusroman *Iwein* (→ KAPITEL 8.3) und schwankhafter Kleinepik versammelt.

Bei genügend umfangreichen Texten wie etwa der Bibel wurden auch Einzelhandschriften, die nur einen Text umfassen, angefertigt.

Fragen und Anregungen

- Erläutern Sie die Bedeutung Karl Lachmanns für die mediävistische Editionswissenschaft.

- Beschreiben Sie die Besonderheiten des diplomatischen Abdrucks und des Normalmittelhochdeutschen.

- Nennen Sie die Hauptunterschiede der traditionellen Philologie und der New Philology.

- Rekonstruieren Sie die Textfassung BC des *Reichstons* mithilfe des textkritischen Apparats (→ ABBILDUNG 14).

- Nennen und charakterisieren Sie die hauptsächlichen Überlieferungstypen der mittelhochdeutschen Epik und Lyrik.

Lektüreempfehlungen

Quellen
- **Walther von der Vogelweide: Leich, Lieder, Sangsprüche**, 14., völlig neubearbeitete Auflage der Ausgabe Karl Lachmanns [1827] mit Beiträgen von Thomas Bein und Horst Brunner, hg. von Christoph Cormeau, Berlin / New York 1996. *Geeignete Beispiel-Edition mit detaillierter Einleitung.*

- **Große Heidelberger Liederhandschrift**, Web-Adresse: http:// diglit.ub.uni-heidelberg.de/diglit/cpg848. *Digitalisierte Fassung.*

Forschung
- **Thomas Bein: Textkritik. Eine Einführung in Grundlagen germanistisch-mediävistischer Editionswissenschaft. Lehrbuch mit Übungsteil**, Frankfurt a. M. u. a. 2008, 2., überarbeitete und erweiterte Auflage 2011. *Sehr instruktiver mit vielen Schautafeln und Textproben versehener Band mit Ausrichtung auf eine studentische Leserschaft.*

- **Karl Stackmann: Neue Philologie?**, in: Joachim Heinzle (Hg.), Modernes Mittelalter. Neue Bilder einer populären Epoche, Frankfurt a. M. / Leipzig 1994, S. 398–427. *Einschlägiger Aufsatz zur kritischen Rezeption der New Philology in Deutschland.*

- **Ruth Weichselbaumer: Mittelalter virtuell. Mediävistik im Internet**, Stuttgart 2005. *Knapper Überblick über Entwicklung und Möglichkeiten der Computerisierung in der Editionswissenschaft. Zahlreiche geordnete und kommentierte Internet-Adressen.*

5 Periode des Althochdeutschen

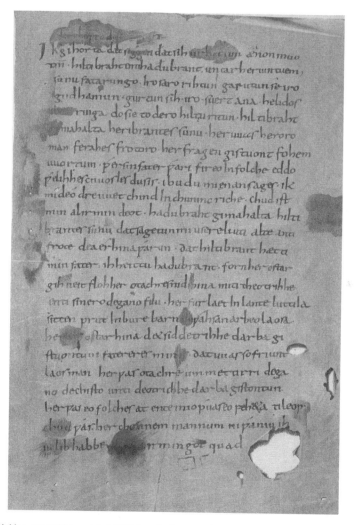

Abbildung 17: Hildebrandslied / Hildebrand erkennt Hadubrand (um 830)

Das „Hildebrandslied" ist das einzige erhaltene, gleichwohl fragmentarische Zeugnis eines Heldenliedes aus althochdeutscher Zeit. Zu sehen ist das erste Blatt einer Handschrift, die um 830 auf die leer gebliebene Vorderseite des ersten Blattes und die Rückseite des letzten Blattes eines lateinischen Kodex aus dem Kloster Fulda eingetragen wurde, ein sogenannter Füllseleintrag. Dieser Umstand verweist auf eine wohl zufällige Überlieferung, vielleicht im Zusammenhang einer Schreibübung. Das Gedicht ist auf sorgfältig vorlinierten Zeilen in karolingischer Minuskel aufgezeichnet worden, der damals am häufigsten genutzten Schriftart. Auffällig ist die fast durchgängige Verwendung der Rune ᚹ für den w-Laut (etwa in Zeile 9, erster Buchstabe), wohl eine Reminiszenz an die angelsächsische Tradition des Klosters.

Ab der Mitte des 8. Jahrhunderts wurden Schriftzeugnisse nicht mehr ausschließlich in Latein, sondern vermehrt auch in der Volkssprache verfasst. Sie markieren so den Beginn einer deutschen Schriftsprache und Literatur überhaupt. Eine angemessene Darstellung dieser ersten (Experimentier-)Phase der deutschen Literatur hat die wichtigsten Zeugnisse der althochdeutschen Literatur vorzustellen und darüber hinaus auch die medialen, formalen und sprachlichen Bedingungen zu benennen, vor deren Hintergrund sich eine nichtlateinische volkssprachliche Schriftlichkeit entwickelt.

5.1 Rahmenbedingungen des Althochdeutschen

Althochdeutsche Schriftlichkeit entstand um die Mitte des 8. Jahrhunderts im Umfeld eines allgemeinen Analphabetentums, zudem in einer Situation nahezu totaler Bindung an die lateinische Sprache und ihre Trägerschicht, den Klerus, und zwar weit überwiegend im Dienste der Lateinaneignung und zum Zwecke der Glaubensvermittlung. Konsequenterweise waren die ersten Texte zumeist Übersetzungshilfen bzw. Übertragungen zentraler Sakraltexte, wie z. B. des Vaterunsers oder des Taufgelöbnisses. Es bedurfte etlicher Schreibergenerationen sowie verschiedener Anläufe und Rechtfertigungen gegenüber einer lateinisch orientierten Kritik, bis sich das Althochdeutsche als schriftwertig zu etablieren vermochte.

> **Bindung an die lateinische Sprache**

Die Kulturtechnik des Lesens und des Schreibens beschränkte sich lange Zeit weitestgehend auf das Lateinische und war bis ins Hochmittelalter hinein im Wesentlichen dem Klerus vorbehalten. Die Kleriker bildeten somit die noch schmale Schicht der *litterati*, also der Schriftkundigen, die der Masse der *illitterati* gegenüberstand, die weder lesen noch schreiben konnte. Die Funktion der *litterati* bestand nicht nur darin, das Buchwissen zu verwalten, sondern vor allem, es im Sinne der Missionierung und Seelsorge zu vermitteln.

> *Litterati* und *illitterati*

Schreibstätten waren in dieser Zeit neben den Domschulen zumeist die Klöster. Diese waren die Zentren der Gelehrsamkeit, gleichzeitig aber auch wichtige Größen der organisatorischen und reichspolitischen Herrschaftspraxis. Zahlreiche dieser Klosteranlagen lassen sich unmittelbar zurückführen auf unterschiedliche Missionierungswellen von außen. Historisch dokumentiert ist die irische Mission seit dem 7. Jahrhundert um den Mönch Kolumban, gefolgt von der angelsächsischen Mission um Wynfrith, dem späteren Bischof Bonifatius, seit dem 8. Jahrhundert. Klostergründungen wie St. Gallen (614), die Reichenau (724), Murbach im Elsass (727), Fulda (744) oder Lorsch (764) gehen auf diese Missionierung zurück. Damit sind bereits wesentliche Überlieferungsorte der althochdeutschen Schriftlichkeit benannt. Zählt man weitere wichtige Klöster wie Trier, Echternach oder Mon(d)see hinzu, so kommt man insgesamt auf kaum mehr als zwanzig Zentren, die für das Aufkommen der althochdeutschen Literatur von herausragender Bedeutung waren.

> **Klöster als Überlieferungsorte**

Nicht nur die Anzahl der Überlieferungsorte ist gering, gering ist auch die Zahl der namentlich bekannten Dichter, Glossatoren oder Übersetzer. Meist waren es gelehrte Mönche, darunter auch Äbte und Bischöfe, die den Grundstein einer deutschsprachigen Literatur

> **Einzelpersönlichkeiten**

legten. Herauszustellen ist hier Hrabanus Maurus (784–865), Lehrer und Abt des Klosters Fulda und späterer Erzbischof von Mainz, unter dessen Leitung um 830 der *Althochdeutsche Tatian*, eine Evangelienübersetzung, entstand. Als erster namentlich bekannter deutscher Dichter gilt Otfrid von Weißenburg, der zwischen 863 und 871 eine eigene umfangreiche Evangelienharmonie, eine Synopse der vier Evangelien, schuf. Spätere ‚Berühmtheiten‘ sind vor allem Notker III. von St. Gallen und Williram von Ebersberg (nach 1000–85), der bereits an der Grenze zum Mittelhochdeutschen steht (→ KAPITEL 5.4).

Eminent wichtig für die Herausbildung des Althochdeutschen war weiterhin die politisch-dynastische Ebene. Ihre zentrale Gestalt ist **Karl der Große** (742–814), in dessen langjähriger Amtszeit das Frankenreich seine größte Bedeutung erlangte. Der Franke Karl, Weihnachten 800 zum römischen Kaiser gekrönt, regierte ein Vielvölkergebilde, für dessen Zusammenhalt und Einheit die Kirche Garant war.

Neben seiner Frömmigkeit war es dieses machtpolitische Kalkül, das Karl veranlasste, alles zu befördern, was zur Festigung und Ausbreitung der Kirche beitrug. Bezeichnet werden diese Bestrebungen mit dem Begriff der „Karlischen" (Betonung der Einzelpersönlichkeit) oder „Karolingischen" (Betonung der Dynastie) Bildungsreform oder Renaissance. Unterstützt durch die größten Gelehrten der Zeit (darunter der Angelsachse Alkuin, der Italiener Petrus von Pisa, der Langobarde Paulus Diaconus und der Franke sowie spätere Karl-Biograf Einhard), die Karl um sich versammelte, zielte sein Bemühen zunächst auf die Revision und (Neu-)Normierung des von ‚Verwilderung‘ bedrohten Lateins, die Vereinheitlichung des Klosterwesens und des christlichen Ritus sowie der Ausbildung der Priesterschaft.

Eindringlich mahnte er bei den Klerikern die Verbesserung ihrer Schreibkompetenz und Lateinkenntnisse an und drohte andernfalls mit Amtsenthebung. Berühmt geworden ist seine *Admonitio generalis* (Allgemeine Ermahnung) vom 13. März 789 mit Vorschriften zur Amts- und geistlichen Lebensführung der Priester und Bischöfe: Diese sollten regelmäßig predigen und die zentralen Heilsbotschaften vermitteln. Indirekt kann in diesem Zusammenhang auf einen verordneten Gebrauch der Volkssprache geschlossen werden. Gefordert wird nämlich weiter, dass die Geistlichen selbst verstehen müssten, was sie predigen, und die Gläubigen verstehen sollten, was ihnen gepredigt wird.

Gerade in der Ermahnung zur Verständlichkeit der christlichen Verkündigung liegt eine wesentliche Ursache für das Aufkommen der

Karl der Große

Karlische oder Karolingische Bildungsreform

Admonitio generalis

frühen althochdeutschen Schriftlichkeit. Diese manifestierte sich entsprechend in volkssprachlichen Übersetzungen zentraler kirchlicher Gebrauchstexte, wie des Vaterunsers, des Taufgelöbnisses oder von Beichtformeln. Das geschriebene Deutsch ist somit zunächst Missionierungssprache. Mit Karl verbindet sich nicht zuletzt eine Schriftreform, nämlich die konsequente Einführung der karolingischen Minuskelschrift (→ KAPITEL 4.1).

Einhard, der Biograf Karls, berichtet zudem in seiner lateinischen *Vita Karoli* (Das Leben Karls): „Auch die uralten heidnischen Lieder [*barbara et antiquissima carmina*], in denen die Taten und Kriege der alten Könige besungen wurden, ließ er aufschreiben, um sie der Nachwelt zu erhalten." Leider finden sich keine sonstigen Spuren zu diesem Projekt. Weiter erzählt Einhard von den Bemühungen des Herrschers um eine (geregelte) volkssprachliche Grammatik. Viel zitiert ist der Satz: *Inchoavit et grammaticam patrii sermonis* („Außerdem begann er mit einer Grammatik seiner Muttersprache" Firchow 2001, Kap. 29).

Der Zusammenhang zwischen der Bildungsreform Karls und der Entwicklung der althochdeutschen Literatur ist evident. Auch unter den nachfolgenden Karolingern setzte sich das produktive Interesse an der althochdeutschen Schriftlichkeit zunächst fort. Mit der Übernahme der Herrschaft durch das Geschlecht der Ottonen (ab 919 durch Heinrich I.), die als der eigentliche Beginn einer nationalen deutschen Geschichte gilt, reißt die Produktion deutscher Schriften paradoxerweise wieder weitgehend ab, ein Umstand, den die Forschung bis heute nicht befriedigend erklären kann. Es folgt eine lange Phase des ‚Schweigens' deutscher Literatur, unterbrochen nur durch einzelne bedeutende Werke.

Karolingische Minuskelschrift

Heldenlieder und Grammatik

5.2 Probleme der Verschriftlichung

Da vor allem Geistliche, also die Trägerschicht der lateinischen Schriftgelehrsamkeit, begannen, in der Volkssprache zu schreiben, war der Gebrauch der lateinischen Schrift für das Althochdeutsche geradezu zwingend. Die Verwendung des germanischen Runenalphabets kam daher nicht in Betracht.

Die Anwendung des lateinischen Alphabets auf die deutsche Volkssprache war aber mit erheblichen Schwierigkeiten verbunden. Unterschiedliche Lautinventare zwangen dazu, den althochdeutschen Lauten, die im Lateinischen nicht vorkommen, neue Schriftzeichen zuzuordnen (etwa für den *th*-Laut, das bilabiale *w* oder *z*).

Anpassung des lateinischen Alphabets

Weit schwerer wog aber das inhaltliche Problem, die lateinisch-spätantike und vor allem christliche Vorstellungs- und Bildungswelt in eine Sprache zu übertragen, der zunächst noch der nötige Wortschatz fehlte. Die frühen Schreiber des Althochdeutschen mussten also die benötigten Wörter durch innere Entlehnung (Lehnprägung) zum Teil selbst kreieren. Nach Werner Betz lassen sich folgende Arten der Lehnprägung unterscheiden (vgl. Betz 1974):

Innere Entlehnung /
Lehnprägung

Lehnbedeutung

- Lehnbedeutungen verändern die Bedeutung eines bereits vorhandenen Wortes nach dem semantischen Vorbild der Fremdsprache. Althochdeutsch *toufan* (neuhochdeutsch „taufen") etwa bedeutete zunächst „untertauchen", erhielt aber mehr und mehr die heutige sakramentale Bedeutung.

Lehnformung

- Lehnformungen schaffen neue Wörter durch Nachbildung des Ausgangswortes mit Mitteln des eigenen Forminventars. Ist die Form-für-Form-Übertragung mit der Ausgangssprache formal identisch, spricht man von Lehnübersetzung, ist sie dagegen nur ähnlich, von Lehnübertragung. Lehnübersetzungen sind die Wochentagsnamen Sonntag und Montag. So ist althochdeutsch *sunnūntag* aus lateinisch *solis dies* lehnübersetzt; „Montag" geht zurück auf althochdeutsch *mānatag*, von lateinisch *lunae dies* (vgl. französisch *lundi*). Beispiel für eine Lehnübertragung ist althochdeutsch *wola-tāt* („gutes Handeln, Verdienst"), das dem lateinischen *bene-ficium* (wörtlich „gut gemacht") entspricht.

Lehnschöpfung

- Lehnschöpfungen sind ebenfalls Neubildungen von Wörtern aus dem Formenbestand der eigenen Sprache, allerdings ohne formale Orientierung an der Fremdsprache. Beispiel ist etwa althochdeutsch *findunga* („Erfahrung") aus lateinisch *experimentum*.

Lehnformung und Lehnschöpfung werden auch unter dem Begriff der Lehnbildung zusammengefasst.

Lehnbildung

Die althochdeutsche Epoche war demnach ein sprachliches Experimentierstadium. Nicht immer glückten die Übersetzungen und wurden allgemein gebräuchlich. Neben möglichen Überlieferungsverlusten ist auch dies ein Grund dafür, dass im Althochdeutschen die Zahl der Hapaxlegomena – Wörter, die nur ein Mal überliefert sind – relativ hoch ist.

Hapaxlegomena

Der Einfluss des Lateinischen auf die Herausbildung der deutschen Literatursprache betraf auch die Syntax. Auch hier war das Latein Muster, das – zumal in der Anfangszeit – oft allzu schematisch auf die Volkssprache übertragen wurde.

Ältere
Lehnbeziehungen

Lehnbeziehungen zum Lateinischen lassen sich bis weit in die Zeit vor der Verschriftlichung der Volkssprache zurückverfolgen. Bereits die Germanen hatten im Zuge Jahrhunderte währender Beziehungen zu den Römern eine Reihe von Wörtern und Sachen durch äußere Entlehnung übernommen. So etwa „Kirsche" (vulgärlateinisch *ceresia*), „Wein" (lateinisch *vinum*), „Korb" (*corbis*), „Pfeil" (*pilum*), „Kessel" (*catinus*), „Mauer" (*murus*), „Küche" (*coquina*) und viele Begriffe mehr.

5.3 Die Zweite Lautverschiebung

Je weiter der zeitliche Abstand zwischen zwei sprachlichen Entwicklungsstufen ist, desto größer ist auch ihr grammatisch-systemischer Unterschied. Zwischen dem Althochdeutschen und der Gegenwartssprache liegt eine Zeitspanne von über 1 000 Jahren, in der sich das Deutsche in vielfältiger Weise gewandelt hat. Auf lautlicher Ebene gilt dies besonders für den Vokalismus, weniger drastisch dagegen für den Konsonantismus. Dessen spezifische Ausprägung entwickelte sich bereits im Übergang vom Germanischen zum Althochdeutschen im Zuge der sogenannten Zweiten oder Hochdeutschen Lautverschiebung. Sie vollzog sich in einen ungefähren Zeitraum vom 5. bis zum 8. Jahrhundert n. Chr. Die veränderte Sprache, die daraus hervorging, wurde später mit dem Begriff Deutsch belegt. Demgegenüber fand die Erste oder Germanische Lautverschiebung bereits im Übergang vom Indogermanischen zum Germanischen im ersten Jahrtausend v. Chr. statt.

Sprachveränderungen

Deutsch ist in diesem (engen) Sinne die Sprache, die an der hochdeutschen Lautverschiebung teilhatte, also die Sprache des hochdeutschen Sprachraums. Der Begriff Nieder-‚Deutsch' ließe sich unter diesem Gesichtspunkt problematisieren.

Die Wirkung der Zweiten Lautverschiebung war regional auch innerhalb des hochdeutschen Sprachraumes sehr unterschiedlich. Am stärksten hat sich die Lautverschiebung im Südosten, dem oberdeutsch-bairischen Raum, ausgeprägt. In Richtung Westen und Norden wird ihre Wirkung dagegen immer geringer, bis sie an der Benrather Linie (*maken-machen*-Linie), die das südliche Hochdeutsche vom nördlichen Niederdeutschen trennt, schließlich endet.

Regionale Ausprägungen

Die räumliche Gliederung der althochdeutschen Dialekte entspricht grob der heutigen Dialektsituation (→ KAPITEL 1.2, ABBILDUNG 2), ergänzt um das Altsächsische im heutigen niederdeutschen Raum und die bereits im 9./10. Jahrhundert verloschenen hochdeutschen Varietäten (Westfränkisch, Langobardisch) in der Romania.

Die Zweite Lautverschiebung umfasst die Veränderung der stimmlosen Verschlusslaute (Tenues) *p*, *t*, *k* sowie der stimmhaften Verschlusslaute (Medien) *b*, *d*, *g*.

Tenuesverschiebung
- Die Tenues (Singular: die Tenuis) *p*, *t*, *k* werden je nach Lautkontext zu unterschiedlichen Produkten verschoben:
  a) Im Anlaut (Wortbeginn) und nach Konsonant werden *p*, *t*, *k* zu den Affrikaten *pf*, *tz*, *kch*, und zwar in deutlicher landschaftlicher Staffelung.
  b) Nach Vokalen dagegen werden *p*, *t*, *k* zu den Doppelfrikativen *ff*, *zz*, *hh*, und zwar annähernd einheitlich im gesamten hochdeutschen Sprachgebiet.

Medienverschiebung
- Die durch die Tenuesverschiebung entstandene Lücke im Lautsystem wird im Zuge der Medienverschiebung wieder behoben, indem nämlich *b*, *d*, *g* – wieder mit deutlichen landschaftlichen Unterschieden – zu *p*, *t*, *k* werden.

Bezogen auf die Dialektverhältnisse gelten die landschaftlichen Differenzierungen bis heute. Im Zuge der überregionalen Vereinheitlichung hat die neuhochdeutsche Standardsprache die Verschiebungsprodukte (jedenfalls bezogen auf die Tenuesverschiebung) zu einem großen Teil übernommen. In allen übrigen germanischen Sprachen hat sich der alte (unverschobene) Lautstand dagegen bewahrt, sodass sich ein systematischer Kontrast gegenüber dem Deutschen ergibt.

Vergleich mit dem Englischen
Das zeigt z. B. der Vergleich mit dem Englischen, in dem die anlautenden und postvokalischen *p*, *t*, *k* heute noch existieren, wohingegen sie in der jeweils neuhochdeutschen Entsprechung im Zuge der Tenuesverschiebung größtenteils verändert wurden (→ ABBILDUNG 18).

	Anlautend		Postvokalisch	
p	pound	Pfund	open	offen
t	ten	zehn	water	Wasser
k	Corn	Korn	make	machen

Abbildung 18: Die Zweite Lautverschiebung: Vergleich Englisch und Deutsch

5.4 Von den Glossen zur freien Literaturform

Eine systematische Darstellung der althochdeutschen Literatur kann sich unterschiedlicher Ordnungskriterien bedienen. So kann etwa die

geistliche Literatur der germanisch ererbten weltlichen gegenübergestellt werden oder die Prosaform dem End- (und Stab-)reim. Da sich
das Althochdeutsche ab dem 8. Jahrhundert ja erst stufenweise entwickelte, scheint es sinnvoll, die Darstellung der althochdeutschen Literatur an diesem Entwicklungsgang zu orientieren. Auch wenn sich
hier keine völlig geradlinige Entwicklung zeigt, kann dennoch (ange-
lehnt an Sonderegger 2003) generalisierend von einem Fortschreiten **Entwicklung**
kleiner und kleinster Literaturzeugnisse zu immer komplexeren litera- **zur Komplexität**
rischen Formen gesprochen werden, das sich bei zunehmender Eman-
zipation von der lateinischen Ausgangssprache vollzieht.

Vor dem Hintergrund der etablierten lateinischen Schriftkultur beginnt die deutsche Literatur mit kleinsten Formen, sogenannten Glos- **Glossen**
sen (in dieser Bedeutung mit langem o gesprochen). Glossen sind
volkssprachliche Einsprengsel in lateinische Texte, die als Übersetz-
zungshilfen gebraucht wurden. Je nach Platzierung unterscheidet man
Interlinearglossen (zwischen den Zeilen), Marginalglossen (am Blattrand) und Kontextglossen (die bereits beim Schreiben des lateinischen
Textes inseriert wurden). Eine besondere Form ist die Griffelglosse,
die nicht mit Tinte ausgeführt, sondern – auf den ersten Blick unsichtbar – farblos in das Pergament gedrückt oder geritzt wird. Glossie-
rungen sind in den frühen Quellen äußerst häufig. So weisen deutlich
mehr als 1 000 lateinische Kodizes, wenn auch in unterschiedlichem
Ausmaß, diese Form der ‚Verdeutschungsarbeit‘ auf.

Auch geordnete Zusammenstellungen von Glossen, sogenannte
Glossare, die die Funktion eines Übersetzungs-Lexikons haben, finden **Glossare**
sich bereits sehr früh. Dabei können die Einträge (Lemmata) alphabetisch oder nach Sachgruppen angeordnet sein (*Vocabularius Sancti
Galli*, 8. Jahrhundert).

Berühmtestes Beispiel für ein alphabetisches Glossar ist der *Abrogans*, der oft auch als erstes deutsches Buch bezeichnet wird. Es handelt sich um die deutsche Bearbeitung eines lateinischen Synonymen-
lexikons, welches um 765 im bairischen Raum entstand, und zwar
zunächst noch als interlineare Glossierung. Spätere Umschriften bieten dagegen in linearer Anordnung abwechselnd lateinische Aus-
gangswörter und althochdeutsche Übersetzungen – so zum Beispiel
die St. Galler Handschrift aus dem ausgehenden 8. Jahrhundert
(→ ABBILDUNG 19).

Der Ausschnitt zeigt, dass *Abrogans* (siehe die verzierte Majuskel)
der erste und damit titelgebende Eintrag ist. Übersetzt ist das lateinische Wort mit *dheomodi* („demütig“). Dann folgt *humilis*, übersetzt
als *samft moati* („sanftmütig“) usw.

Interlinearversionen

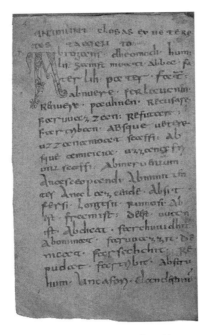

Abbildung 19: Ausschnitt aus dem *Abrogans* (8. Jahrhundert)

Einen weiteren Schritt Richtung zunehmender Komplexität bieten die Interlinearversionen. Das sind Texte, die die lateinische Quelle Form für Form und damit nicht selten ohne Rücksicht auf die Eigengesetzlichkeit der Volkssprache übertragen. So entsteht eine Art Rohübersetzung. Beispiele hierfür sind die *Murbacher Hymnen* (frühes 9. Jahrhundert) die *Althochdeutsche Benediktinerregel* (St. Gallen, frühes 9. Jahrhundert) und das *Trierer Capitulare* (10. Jahrhundert).

Interlinearartige Texte

Eine Weiterentwicklung (in anderen Einteilungen ebenfalls der Gruppe der Interlinearversionen zugeordnet) sind sogenannte interlinearartige Texte. Diese lösen sich bereits stärker vom Quelltext und gestalten die Übersetzung formal eigenständiger. Der freiere Gebrauch des Althochdeutschen lässt vermuten, dass die Erfassung des Sinns der lateinischen Vorlage wichtiger war als ihre quellengetreue Nachkonstruktion. Zu den interlinearartigen Texten gehören Fassungen zentraler Glaubenstexte aus dem 8. und frühen 9. Jahrhundert, wie des Vaterunsers und des Glaubensbekenntnisses.

Prominentes Beispiel ist der *Althochdeutsche Tatian*, ein um 830 in Fulda entstandener Großtext, der als umfangreichste neutestamentale Bibelübersetzung in althochdeutscher Zeit gilt. Er ist die ostfränkische Übersetzung einer lateinischen Evangelienharmonie, die ihrerseits zurückgeht auf ein griechisches oder syrisches Original des im 2. Jahrhundert wirkenden syrischen Autors Tatian.

Selbstständige Übersetzungsprosa

Eine nächste Stufe bildet die selbstständige Übersetzungsprosa. Für sie war Latein nicht mehr Fessel, sondern Ausgangspunkt einer formal eigenständigen Gestaltung. Zu ihr zählen einige der bedeutendsten Texte des Althochdeutschen. Herauszustellen ist die bereits um 800 entstandene sogenannte Isidor-Sippe, Schriften, die ein erstaunliches Niveau der Sprachbeherrschung und der Eigenständigkeit gegenüber dem Lateinischen aufweisen. Haupttext ist die Übersetzung einer theologisch-polemischen Streitschrift des Kirchenvaters Isidor von Sevilla (um 560–636) zum Zweck der Verteidigung der Dreifaltigkeitslehre. In entwicklungsgeschichtlicher Sicht müssen diese Zeugnisse einer früh vollendeten Wissenschaftsprosa als Verfrühungsphänomen betrachtet werden: Sie blieben ohne unmittelbare Nachfolge, und es dauerte zwei Jahrhunderte bis mit Notker von St. Gallen eine ähnlich sprachgewaltige Persönlichkeit in Erscheinung trat wie der anonyme Verfasser der Isidortexte.

Besagter Notker (um 950–1022), der auch als Notker III., Labeo oder Teutonicus bekannt ist, war Mönch und Lehrer im Kloster St. Gallen. Sein Verdienst besteht darin, das Althochdeutsche zu einer nahezu vollendeten Wissenschaftssprache in nahezu allen Bereichen der *septem artes* (→ KAPITEL 3.2) entwickelt zu haben. Sein Schaffensspektrum reicht von der Verdeutschung der philosophischen Schriften des Boëthius († 524) bis zu einem vollständigen althochdeutschen Psalter im Umfang von 578 Folioseiten. Notkers subtile Sprachführung ist ebenso herausragend wie sein rhythmisches Sprachgefühl, was in einer eigenständigen Interpunktion wie auch einem differenzierten Akzentsystem zum Ausdruck kommt.

Notker von St. Gallen

Bereits an der Grenze zum Mittelhochdeutschen steht das Werk Willirams von Ebersberg (nach 1000–85). Sein Hauptwerk ist eine Paraphrase auf das *Hohelied* (um 1060). Williram schuf zunächst eine in Hexametern gedichtete lateinische Fassung, der er anschließend eine althochdeutsche Prosafassung gegenüberstellte.

Williram von Ebersberg

Eine teilweise bemerkenswert selbstständige Übersetzungsprosa zeigt sich auch im Bereich des Rechts. So etwa in einem Überlieferungsfragment der *Lex Salica* (lateinisch; Gesetz der salischen Franken) vom Anfang des 9. Jahrhunderts oder in sogenannten Markbeschreibungen, die den Zweck hatten, territoriale Grenzen urkundlich zu fixieren. Bemerkenswert sind die sogenannten *Straßburger Eide* aus dem Jahr 842. Sie dokumentieren das Bündnis der Erben Karls des Großen nach der Teilung des Gesamtreichs. Die Brüder Ludwig der Deutsche (König des Ostreichs) und Karl der Kahle (König des Westreichs) verbündeten sich gegen ihren dritten Bruder Lothar. Der vom Karlsbiografen Einhard überlieferte Text verzeichnet neben der althochdeutschen auch die altfranzösische Eidformel.

Rechtstexte

Freie dichterische Gestaltung gegenüber dem Lateinischen, aber teilweise auch bereits unabhängige Eigenschöpfung sind Kennzeichen christlicher Hymnen- und Legendendichtung (Lobpreisungen auf Heilige und Fürsten). Prominentestes Beispiel ist das *Ludwigslied* (→ AB-

Christliche Hymnen- und Legendendichtung

BILDUNG 20), ein Preislied auf den westfränkischen König Ludwig III. (862–882), das den historisch verbürgten Sieg Ludwigs über die Normannen am 3. August 881 bei Saucourt zum Hintergrund hat. Es stellt Ludwig noch als Lebenden vor. Da dieser am 5. August 882 starb, lässt sich das Datum der Abfassung zwischen beiden Terminen außergewöhnlich präzise bestimmen. Ein unbekannter Dichter hat das Lied, bestehend aus 27 (zwei- und dreizeiligen) binnengereimten Langzeilen-Strophen, in rheinfränkischem Dialekt verfasst. Überliefert ist es als späterer Eintrag in einem lateinischen Kodex, zusammen mit dem ersten literarischen Text in altfranzösischer Sprache, der sogenannten *Eulaliasequenz*.

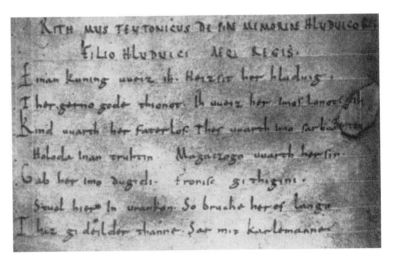

Abbildung 20: Ludwigslied (881/82) (Ausschnitt)

Der lateinischen Überschrift folgt der Beginn des althochdeutschen Textes:

RITHMUS TEUTONICUS DE PIAE MEMORIAE HLUDUI-
CO REGE FILIO HLUDUICI AEQUE REGIS
Einan kuning uueiz ich, Heizsit her Hluduig,
Ther gerno gode thionot: Ih uueiz her imos lonot.
(„,Deutsches' Gedicht zum frommen Gedenken an König Ludwig, den Sohn Ludwigs, der ebenfalls König war
Ich kenne einen König: Ludwig ist sein Name, er dient Gott mit ganzem Herzen. Ich bin gewiss, er wird es ihm lohnen." Schlosser 2004, S. 124f.).

Als erster ‚deutscher' Dichter gilt Otfrid von Weißenburg (um 800 bis nach 870). Er ist gleichzeitig der einzige namhafte Vertreter einer althochdeutschen endgereimten Bibeldichtung. Stark vereinfachend ließe sich sagen, dass mit ihm der germanische Stabreim zugunsten des Endreims abgelöst wurde. Er greift damit der Reimform der sich anschließenden mittelhochdeutschen Zeit voraus. Otfrids in südrheinfränkisch-elsässischer Sprache verfasste Evangelienharmonie, eine Synopse der vier kanonischen Evangelien, entstand zwischen 863 und 871 und ist das einzige größere endgereimte Werk des Althochdeutschen. Inhaltlich steht die Bibeldichtung offensichtlich in einem Traditionszusammenhang zum *Althochdeutschen Tatian* und dem Kloster Fulda. Neben Otfrids Werk steht als endgereimte Bibeldichtung nur noch der Kurztext *Christus und die Samariterin* aus dem 10. Jahrhundert.

Bibeldichtung Otfrids von Weißenburg

5.5 Germanisch-mündliche Überlieferung

In der Schriftlichkeit markieren die Glossen und die sich aus diesen Anfängen entwickelnden lateinisch basierten Texte den Anfang der deutschen Literatur. Davor und daneben existierte eine unabhängige germanisch-heidnische Dichtungstradition in der Mündlichkeit. Einige Relikte davon haben den Weg in die althochdeutsche Schriftlichkeit gefunden. Offenbar waren es wiederum Mönche, die diese Texte, aus welchem Interesse auch immer, meist als Füllseleinträge in leere Stellen lateinischer Kodizes eingetragen haben. Manche von ihnen vermitteln noch die alte germanische Stabreimtradition. Andere zeigen bereits starke formale und inhaltliche Überformungen der neuen Zeit.

Germanisch-heidnische Tradition

Recht umfangreich ist die Überlieferung sogenannter Zaubersprüche und Segensformeln, was auf eine weite Verbreitung in althochdeutscher Zeit hindeutet. Gemeint sind Notsprüche zum Zweck der Abwehr von Gefahr und Krankheit und zur Erzwingung von Heilung. Dem zugrunde liegt der Glaube an die magische Kraft des Wortes. Prominentestes Beispiel hierfür sind die *Merseburger Zaubersprüche*, die um 950 in ein Messbuch des Domstifts Merseburg eingetragen wurden und den ursprünglich paganen (heidnischen) Charakter noch ganz bewahren. Der erste Teil vermittelt einen Lösezauber zur Befreiung von Fesseln. Der zweite *Merseburger Zauberspruch* berichtet in der Exposition von einer (Fuß-)Verletzung, die sich das Pferd Balders (mutmaßlich ein germanischer Gott) bei einem

Zaubersprüche und Segensformeln

Ritt im Wald zugezogen hat. Abhilfe schafft Gott Wotan mit Worten magischer Beschwörung:

sose benrenki, sose bluotrenki, sose lidirenki,
ben zi bena, bluot zi blouda, lid zi geliden, sose gelimida sin.

(„[w]ie die Verrenkung des Knochens, so die des Blutes, so die des ganzen Gliedes! Knochen an Knochen, Blut zu Blut, Glied an Glied, als ob sie zusammengeleimt wären!" Schlosser 2004, S. 132f.)

Die Formel hatte in der Alltagspraxis offenbar die Funktion eines göttlich autorisierten Heilmittels, das den Eingeweihten in ähnlichen Fällen von Not und Gefahr helfen sollte.

Christlich geprägte Spruchformeln

Andere Spruchformeln sind – als Segenssprüche – schon stark christlich geprägt, was sich dadurch erklären lässt, dass auch im Christentum der Glaube an die Kraft des geoffenbarten Wortes wesentlich ist. Überliefert sind vielfältigste Sprüche gegen Augenkrankheiten, Fallsucht, Krätze, Würmer, Nasenbluten, den Teufel, aber auch für Bienen, den Schutz von Hunden vor Wölfen und vieles andere mehr.

Kosmogonie und Eschatologie

Formale Anklänge an eine überkommene germanische, noch durch den Stabreim definierte Formtradition im hochdeutschen Raum zeigen sich auch in den Bereichen der Kosmogonie (Weltentstehung) und der Eschatologie (Weltende). Beispiele sind das archaisch wirkende *Wessobrunner Gebet*, ein Schöpfungsgedicht aus dem frühen 9. Jahrhundert, sowie das fragmentarische *Muspilli*, ein Text des späteren 9. Jahrhunderts, der das Weltende und das Schicksal der Seele nach dem Tod thematisiert.

Hildebrandslied

Einen deutlichen Bezug zur germanischen Tradition zeigt das *Hildebrandslied* (→ ABBILDUNG 17), der einzig erhaltene Textzeuge eines Heldenliedes aus althochdeutscher Zeit. Der relativ kurze, auf etwa 80 Langzeilen zu berechnende Text bricht in der 68. Zeile abrupt ab. Die um 830 im Kloster Fulda verfasste Handschrift ist in einer schwer erklärbaren Mischredaktion aus hochdeutschen und altsächsischen Elementen verfasst. Rudimentär tradiert er noch das germanisch ererbte Stabreimgefüge. Der Text findet seinen gattungskonstitutiven historischen Bezug in der Völkerwanderungszeit um die Mitte des ersten Jahrtausends. Beleg hierfür ist bereits die Nennung der Gotenkönige Theoderich und Odoakar und der Hinweis auf die Hunnen (→ KAPITEL 9). Geschildert wird ein schicksalhaft tödlicher Kampf zwischen Vater und Sohn (Hildebrand und Hadubrand), die sich als Krieger zwischen ihren Heeren gegenüberstehen. Das Lied beginnt wie folgt:

Ik gihorta dat seggen,
dat sih urhettun ænon muotin:

Hiltibrant enti Hadubrant untar heriun tuem.
sunufatarungo iro saro rihtun
(„Ich hörte [glaubwürdig] berichten, dass zwei Krieger, Hildebrand und Hadubrand, [allein] zwischen ihren beiden Heeren,
aufeinanderstießen. Zwei Leute von gleichem Blut, Vater und
Sohn, rückten da ihre Rüstung zurecht." Schlosser 2004, S. 68f.)

Fragen und Anregungen

*   Erläutern Sie die Frage der Abhängigkeit der althochdeutschen Li-
    teratur vom Latein.

*   Beschreiben Sie die Funktion Karls des Großen für die Herausbil-
    dung der althochdeutschen Literatur.

*   Erläutern Sie die Relevanz der Zweiten Lautverschiebung für das
    Deutsche.

*   Skizzieren Sie Entwicklungslinien und Gattungsformen der alt-
    hochdeutschen Literatur.

Lektüreempfehlungen

*   **Althochdeutsche Literatur. Mit altniederdeutschen Textbeispielen.**   Quellen
    Auswahl mit Übertragungen und Kommentar, hg. von Horst Die-
    ter Schlosser, Berlin 1998, 2., überarbeitete und erweiterte Auflage
    2004. *Gut lesbare Ausgabe eines repräsentativen Ausschnitts der*
    althochdeutschen Literatur, mit Übersetzung und jeweils knappen
    einleitenden Kommentaren.

*   **Althochdeutsches Lesebuch,** zusammengestellt und mit Wörter-
    buch versehen von Wilhelm Braune, Halle a. S. 1875, fortgeführt
    von Karl Helm, 17. Auflage bearbeitet von Ernst A. Ebbinghaus,
    Tübingen 1994. *Traditionelles Lektürebuch mit unterschiedlichs-*
    ten althochdeutschen Textproben.

*   **Wolfgang Haubrichs: Die Anfänge. Versuche volkssprachiger**   Forschung
    Schriftlichkeit im frühen Mittelalter, Tübingen 1988, 2., durch-
    gesehene Auflage 1995. *Umfassende, detailreiche Gesamtdarstel-*
    lung der althochdeutschen Literatur, ihrer Vorgeschichte und kul-
    turellen Einbettung.

- Dieter Kartschoke: Geschichte der deutschen Literatur im frühen Mittelalter, München 1990, 3., aktualisierte Auflage 2000. *Kompakte, gut lesbare Überblicksdarstellung der althochdeutschen Literatur, ihrer Vorgeschichte und kulturellen Einbettung.*

- Stefan Sonderegger: Althochdeutsche Sprache und Literatur. Eine Einführung in das älteste Deutsch. Darstellung und Grammatik, Berlin / New York 1974, 3., durchgesehene und wesentlich erweiterte Auflage 2003. *Kompakte Darstellung von Literatur und Sprache des Althochdeutschen. Zahlreiche Abbildungen, Tabellen und Grafiken.*

6 Periode des Mittelhochdeutschen

Abbildung 21: Heinrich von Veldeke. Miniatur aus der *Großen Heidelberger Liederhandschrift (Codex Manesse)* (frühes 14. Jahrhundert)

Heinrich von Veldeke gilt als Gründervater der höfischen Epik in Deutschland. Veldeke, der einer niederrheinisch-brabantischen Ministerialenfamilie entstammte, übernahm als erster die neue Formkunst des höfischen Versromans aus Frankreich. Er steht mit seinem Eneasroman „Eneit" (begonnen 1170) am Anfang einer Blütezeit mittelalterlicher deutscher Literatur. Spätere Dichter lobten ihn ausdrücklich für diese Leistung. Auch als Lyriker erwarb sich Heinrich von Veldeke Verdienste, was ihm einen Platz in der berühmten Großen Heidelberger Liederhandschrift (Codex Manesse) aus dem frühen 14. Jahrhundert einbrachte. Ihr ist das stilisierte Dichterporträt entnommen.

Dieses Kapitel hat ein zweifaches Ziel: Zum einen soll ein allgemeiner Überblick über Entstehung und Ausprägung der mittelhochdeutschen Literatur die vertiefenden Folgekapitel vorbereiten. Zum anderen werden verschiedene zentrale sprachhistorische Erscheinungen thematisiert, die einige unverzichtbare Grundkenntnisse der mittelhochdeutschen Sprache vermitteln.

6.1 **Mittelhochdeutsche Literatur im Überblick**
6.2 **Literaturgattungen**
6.3 **Die Sprache des Mittelhochdeutschen**

6.1 Mittelhochdeutsche Literatur im Überblick

Innerhalb der Germanistischen Mediävistik kommt der mittelhochdeutschen Sprach- und Literaturperiode die Hauptrolle zu. Im Verhältnis zum Althochdeutschen und zum Frühneuhochdeutschen bildet das Mittelhochdeutsche eine literarische Blütezeit, wobei sich als kreativste Phase die Jahrzehnte um 1200 erwiesen haben. Pointiert wird diese Zeit, die sich mit Berühmtheiten wie Walther von der Vogelweide, Hartmann von Aue, Wolfram von Eschenbach oder Gottfried von Straßburg verbindet, auch als Erste deutsche Klassik bezeichnet. Blütezeit

Das Mittelhochdeutsche umfasst insgesamt die Zeitspanne zwischen 1050 und 1350. Bei näherer Betrachtung ergibt sich aber eine Binnendifferenzierung in das Frühmittelhochdeutsche (1050–1170) und das Spätmittelhochdeutsche (1250–1350). Dazwischen liegt die besagte Blütezeit, die einige Dichtergenerationen lang andauerte. Je nachdem, welches Charakteristikum dieser literarischen Hochphase betont werden soll, spricht man vom hochhöfischen Mittelhochdeutschen (mit Betonung des Adressatenkreises, aber auch der stilistischen Prägung), dem klassischen Mittelhochdeutschen (mit Betonung der Vorbildhaftigkeit und dauerhaften Wertschätzung) oder dem staufischen Mittelhochdeutschen (mit Betonung des Herrschergeschlechts der Staufer). Periodisierung

Gegenüber der althochdeutschen Periode, in der Klöster und Domschulen im Zentrum standen, gewannen in mittelhochdeutscher Zeit die weltlichen Fürstenhöfe an Bedeutung für die Literaturproduktion. Das führte zu einem stärkeren Gebrauch der deutschen Volkssprache, auch wenn Latein über das gesamte Mittelalter hin die Hauptschriftsprache blieb. In der Adelsgesellschaft zeigte sich gleichzeitig ein deutlich gesteigertes Interesse an repräsentativer Hofhaltung, das stark vom französischen Vorbild geprägt war. Insbesondere seit dem letzten Drittel des 12. Jahrhunderts erfasste die damit verbundene Erneuerungswelle nach und nach nahezu alle Bereiche des adligen und repräsentativ-öffentlichen Lebens: Kultur, Mode, Sitten, Kleidung, Architektur, Kunst, Waffen, Rüstung – und eben auch die Literatur. Vom Kloster zum Hof

Das neue Literaturinteresse ging einher mit einer deutlichen Verschiebung von einer älteren, stark religiös orientierten zu einer ,modernen' weltlichen Literatur. Diese neue, ,höfische' Literatur hatte in unterschiedlichen Aspekten die höfische Welt zum Thema: sei es bezogen auf die Frage der idealen Herrschaft, der Legitimation von Gewalt und Krieg, der Ehe und Liebe oder überhaupt der gesellschaft- Vom Religiösen zum Höfischen lichen Werte und Normen. Religiöse Literatur, zumeist von Geistlichen verfasst, entstand daneben in großem Umfang weiter. Aber das Neue, Weltliche, Höfische trat eben mit großer Wucht hinzu und erlangte zunehmend an Bedeutung.

Höfische Literatur

Höfische Literatur wurde so zu einem bedeutenden Moment aristokratischer Selbstinszenierung, wobei in Deutschland vor allem die Artusepik und der Minnesang mit größtem Interesse aufgenommen wurden. Die neue Dichtkunst zeichnete sich in Form und Inhalt durch eine bis dahin unerreichte Virtuosität und Souveränität aus. Deutlich wird dies etwa dadurch, dass jetzt der reine Reim zum Standard wurde. Die in frühmittelhochdeutsche Zeit noch akzeptierten Halbreime (*waldes : goldes*, *toufen : gelouben*) genügten den gesteigerten ästhetischen Ansprüchen der Blütezeit nicht mehr.

Grund und gleichzeitig auch Folge dieser Entwicklung war das vermehrte Auftreten von Laiendichtern (Laie als Gegensatz zum Kleriker), die neben die geistlichen Autoren traten. Als bedeutsame Trägerschicht mittelhochdeutscher Literatur etablierten sich insbesondere

Die Ministerialen

die Ministerialen. Sie bildeten in der mittelalterlichen Feudalgesellschaft zunächst eine gesellschaftliche Schicht zwischen dem Adel und dem Stand der Unfreien, die rechtlich von einem Herrn abhängig waren. Aufgrund ihrer Fähigkeiten und der ihnen übertragenen Aufgaben am Hof gewannen sie im Verlauf des Hochmittelalters zunehmend an Einfluss und stiegen so nach und nach in den (niederen) Adel auf. Ministeriale leisteten als Ritter den Heeresdienst, übten aber auch die wichtigsten Verwaltungsfunktionen an den Höfen und in den Landesherrschaften aus. Zu den bedeutendsten literarisch tätigen Ministerialen zählten die vorrangig als Epiker tätigen Dichter Heinrich von Veldeke, Hartmann von Aue und Rudolf von Ems.

Im Vergleich dazu war im Minnesang aber auch der hohe Adel verstärkt literarisch tätig. Neben diesen trat ein – privilegiertes –

‚Berufsdichter'

‚Berufsdichtertum', zu dem als prominentester Vertreter Walther von der Vogelweide gehörte. Eine weitere Gruppe bildeten fahrende Sänger und Spruchdichter ohne feste Bleibe, die als sozial Deklassierte (Randständige) angesehen werden müssen. Die insgesamt nur sehr spärlich überlieferten biografischen Daten lassen bei den meisten mittelhochdeutschen Dichtern eine genaue ständische Zuordnung jedoch kaum zu.

Die Staufer

Das für die mittelhochdeutsche Literatur bedeutendste Adelsgeschlecht waren die Staufer. Sie regierten von ihrem Stammland Schwaben aus das damalige Römisch-deutsche Reich über fünf Generationen (1138–1254). Die Staufer waren Vorreiter bei der Übernahme französischer Gesellschafts- und Repräsentationsformen. Mitglieder des Herrscherhauses betätigten sich nicht nur als bedeutende Literaturmäzene, sondern profilierten sich auch selbst als Dichter. Eindrucksvolles Zeugnis hierfür ist die – ständisch gegliederte – Große Heidelberger oder Manessische Liederhandschrift. Sie beginnt mit Liedern des Stauferkaisers Heinrich VI. (→ ABBILDUNG 4) und seines Enkels Konradin.

Als verbindendes Leitkonzept der mittelalterlichen Feudalgesellschaft vom Hochadel bis zur Ministerialität bildete sich das Rittertum heraus. In ihm kristallisierte sich der neue verfeinerte Verhaltenskodex des hochmittelalterlichen Aristokraten. Der Ritter verstand sich idealtypisch als *miles christianus* (lateinisch; „christlicher Kämpfer"), der einzutreten hatte für Frieden und Recht, zum Schutz der Witwen und Waisen, zur Verteidigung des Christentums und zum Wohle seines Herrn. Seine herausragende Eigenschaft war die *hövescheit* (mittelhochdeutsch; „höfische Erziehung und Gesinnung"), die sich auch in den Tugenden der *mâze* („maßvolles kontrolliertes Verhalten"), *zuht* („gute Erziehung") und *triuwe* („Treue und Aufrichtigkeit") niederschlugen. Zum Ethos des idealen Ritters gehörten außerdem Tapferkeit, Gerechtigkeit und Weisheit. Gerade in der Artusepik spiegelt sich dieser Selbstentwurf in mannigfaltiger Weise.

Der Ritter als Leitbild

6.2 Literaturgattungen

Die höfische Literatur um 1200 findet ihre prägnantesten Ausprägungen in der Artusepik und dem Minnesang. Beide setzen sich deutlich ab von einer vorhöfischen Literatur der frühmittelhochdeutschen Zeit und einer ‚nachklassischen‘ Literatur im späteren Mittelalter. Gemeinsam ist ihnen der Anstoß aus dem benachbarten Frankreich, was sich an den neuen Inhalten (Artusstoffe, Minnekonzeption) und Formen (Kurzzeile, reiner Reim) ablesen lässt. Ihrer Bedeutung entsprechend, wird darauf in gesonderten Kapiteln eingegangen (→ KAPITEL 8, 10, 11). Hier soll genügen, einen allgemeinen Überblick über Kernbereiche mittelhochdeutscher Literatur zu geben.

In der Frühphase dominierten zunächst noch die Dichtungen geistlicher Autoren mit religiös orientierten Inhalten. Zu nennen ist in diesem Zusammenhang etwa das anonym überlieferte *Annolied* (um 1180), eine Verherrlichung des Kölner Erzbischofs Anno II. (1056–75) (→ ABBILDUNG 1), oder Priester Wernhers *Marienleben* (1172). Auch das *Rolandslied* des Pfaffen Konrad (um 1170) gehört hierher, weist aber,

‚Vorhöfische‘ Literatur

da es auf einer französischen Vorlage beruht, schon ein Charakteristikum der ‚neuen' Literatur auf. Diese war eben vorgeprägt im französischen Raum und erreichte über Beziehungen der Adelshöfe, aber sicher auch durch persönliche, grenzüberschreitende Kontakte der Dichter um 1170 Deutschland.

Der deutschsprachige Raum war insofern in erster Linie Rezeptionslandschaft, in der man dem westlichen Vorbild nacheiferte. Die Abhängigkeit vom französischen Muster, dies gilt für Epik und Lyrik gleichermaßen, war zu Beginn am stärksten. Nachdem sich die neuen Formen und Inhalte in Deutschland etabliert hatten, wurden diese aber zunehmend unabhängig vom französischen Vorbild weiterentwickelt. Allerdings wurde auch keineswegs das gesamte Spektrum der in Frankreich populären Literatur adaptiert, vielmehr erfolgte die Übernahme der Stoffe durchaus selektiv.

Das Hauptinteresse des adligen Publikums war auf die *matière de Bretagne* gerichtet, Stoffe des britannisch-keltischen Überlieferungsraumes. Hierzu gehörten die Erzählungen um König Artus und seine Tafelrunde, aber auch von Tristan und Isolde oder der Gralsroman um Parzival. Diese bildeten gleichzeitig das Kernstück des höfischen Romans (altfranzösisch *roman courtois*).

Übernommen wurde auch der Antikenroman (*roman d'antiquité*), wobei der Eneasroman (*Eneit*) des niederdeutschen Dichters Heinrich von Veldeke besonders herauszustellen ist. Er prägte nämlich die neue Form des höfischen Romans in Deutschland entscheidend vor, weswegen er von den Dichtern der nachfolgenden Generation als Vorbild gepriesen wurde. So heißt es bei Gottfried von Straßburg bewundernd: *er inpfete das êrste rîs in tiutischer zungen* („Er pfropfte der deutschen Sprache das erste Reis auf" *Tristan*, V. 4736f.). Veldeke begann seinen Roman bereits 1170. Weil ihm das fast fertige Manuskript aber gestohlen und erst viel später zurückgegeben wurde, konnte er ihn erst 1185 vollenden. Zu den antikisierenden Romanen zählt daneben das *Liet von Troye* (Lied von Troja), das Herbort von Fritzlar (mutmaßlich) um 1210 dichtete. Der Stoff wurde später von Konrad von Würzburg nochmals aufgegriffen und zu einem riesigen, dennoch unvollendeten Werk von über 40 000 Versen ausgedehnt. Auch der Alexanderroman erfuhr unterschiedliche deutsche Bearbeitungen. So war der *Alexander* des Pfaffen Lamprecht (um 1150/60) zwar der erste deutsche Roman nach einer französischen Vorlage, aber stilistisch rasch veraltet. Mehr Beachtung fand dagegen eine anonyme Bearbeitung, der sogenannte *Straßburger Alexander* (um 1170).

Vorbild Frankreich

Matière de Bretagne

Antikenromane

Weniger interessiert zeigte sich das adlige deutsche Publikum dagegen an den *chansons de geste* („Heldenliedern"), der französischen Heldenepik, die in Frankreich die zahlenmäßig größte Gattung war. Hierher gehören auf deutscher Seite immerhin das bereits genannte frühmittelhochdeutsche *Rolandslied* des Pfaffen Konrad und der – allerdings zunächst unvollendet gebliebene – *Willehalm*, ein Kreuzzugsepos Wolframs von Eschenbach (um 1210/20). Zudem wurden auch Karlsepen (gemeint ist Karl der Große) adaptiert, so etwa *Karl und Galie* (1215/20) oder *Morant und Galie* (um 1220/30).

Chanson de geste

Auch im Bereich der Lyrik war Frankreich musterbildend. Dort entwickelte sich die neue Form der Lyrik zunächst bei den provenzalischen *Trobadors*, um bald danach von den nordfranzösischen Sängern, den *Trouvères*, übernommen zu werden. Ab der zweiten Hälfte des 12. Jahrhunderts zeigte sich ihr Einfluss auch in Deutschland und prägte von nun an die mittelhochdeutsche Lyrik, vor allem in Form des Minnesangs in entscheidender Weise mit. Übernommen wurde dabei das neue Konzept der Hohen Minne mitsamt einer Vielzahl von Metaphern und Vergleichen. Insbesondere auf formaler Ebene (Reimtechnik, Metrik, Strophenbau) folgten Dichter wie Friedrich von Hausen, Heinrich von Morungen, Reinmar (von Hagenau) oder Walther von der Vogelweide, um nur einige der bedeutendsten zu nennen, dem Vorbild Frankreichs. Daneben haben Sonderformen wie das Kreuzzugslied oder das Tagelied hier ihre Wurzeln. Aber auch in der Lyrik war die Auswahl letztlich selektiv. So wurde die in Frankreich sehr beliebte Pastourelle kaum rezipiert, ebenso wenig das politische Lied (*Sirventes*) und das Klagelied (*Planh*).

Entwicklung der Lyrik

Unter Minne ist die Liebe von Mann und Frau in der Sphäre des Höfischen zu verstehen. Ursprünglich bedeutete das mittelhochdeutsche Wort *minne* „freudiges Gedenken", veränderte seine Bedeutung aber nach und nach zu dem, was heute unter „Liebe" (in einer Paarbeziehung) verstanden wird. Minne wurde zur zentralen Größe höfischer Literatur überhaupt und bestimmte als Kernelement sowohl die epische wie auch die lyrische Literatur. In unterschiedlichsten Konstellationen wurde Minne als Motiv gegenseitiger Anziehung zwischen dem adligen Mann und der hochgestellten Frau (mittelhochdeutsch *vrouwe*) ausgebreitet und zur Quelle literarischer Tätigkeit. In fast allen bedeutenden Werken der hochmittelalterlichen Adelsliteratur finden sich solche Verbindungen: Iwein und Laudine oder Erec und Enite in den Epen Hartmanns von Aue (→ KAPITEL 8). Im *Nibelungenlied* (→ KAPITEL 9.2) kann die Minnebeziehung zwischen Siegfried und Kriemhild geradezu als Zeichen für die Höfisierung des Heldenepos

Grundbegriffe der höfischen Literatur

Minne

gelten. Minne als höfischer Begriff korrespondiert grundsätzlich mit einem respektvollen, kultivierten und zurückhaltenden Gestus. Literarische Spannung kann aus dem Moment der verbotenen Liebe erwachsen, wie etwa bei Tristan und Isolde (Gottfried von Straßburg) oder auch in der Lyrik (z. B. im Tagelied). Verwickelt und vielschichtig ist die Situation im *Parzival* Wolframs von Eschenbach, da Minne hier auch in ihrer destruktiven, pervertierten und übersteigerten Form vorgestellt wird (→ KAPITEL 10.1). Die Handlungsrollen sind im Normalfall klar verteilt: Der Mann ergreift die Initiative oder wird von der Minne zur Initiative getrieben, während die Frau einen eher statischen, reagierenden Part einnimmt. Daraus ist aber nicht notwendigerweise eine Dominanz des Mannes ableitbar. Im Konzept der Hohen Minne, das für die mittelhochdeutsche Lyrik prägend ist, hat die *vrouwe* die übergeordnete Funktion gegenüber dem Mann, ihrem Minnediener, inne (→ KAPITEL 11.2). Dass mittelhochdeutsche Lyrik in bedeutenden Anteilen Minnelyrik ist, unterstreicht noch die wesensbestimmende Relevanz der Minne für die Literatur der Blütezeit.

Aventiure

Der mittelhochdeutsche Begriff *aventiure* ist formal verwandt mit dem heutigen „Abenteuer", kann aber nicht synonym verwendet werden. *Aventiure* bedeutet eigentlich „Wagnis, Herausforderung" und ist auf die Welt des fahrenden Ritters bezogen. Zum Vorstellungsgehalt des Begriffs gehört das Zufällige, das sich dem Ritter als risikoreiches Geschehnis ereignet und durch Kampf zu meistern ist. Gegner können dabei andere Ritter sein, genauso gut aber auch Monstren in menschlicher (Riesen, Zwergen, Höhlenweiber) wie tierischer Gestalt (Drachen) oder einfach bedrohliche Situationen (Unwetter, Zaubernebel), die es zu überstehen gilt. Die Aventiure-Fahrten, die den Ritter wegführen vom (Artus-)Hof, oft hinein in eine übernatürliche ‚Anderwelt', sind das eigentliche Betätigungsfeld des Ritters. Sie bieten ihm Gelegenheit, Tapferkeit und Kampfesmut unter Beweis zu stellen, oft auch stellvertretend für Schutzbedürftige und Bedrängte.

Neben der höfischen Literatur französischer Herkunft gehören

Weitere Gattungsformen

auch andere Gattungsformen zum Kernbestand der mittelhochdeutschen Literatur, ohne jedoch im engeren Sinne der höfischen Literatur anzugehören:

Heldenepik

Eine bedeutende ‚einheimische' Literaturgattung ist die Heldenepik, deren Grundlage in einer zunächst rein mündlichen (oralen) Überlieferung zu sehen ist, die bis in die Zeit der Völkerwanderung zurückverweist. Das hierher gehörende *Nibelungenlied* zählt zweifellos zu den bedeutendsten Literaturdenkmälern der Zeit um 1200.

Auffällig ist in diesem Text die Verbindung der vorhöfischen Stoffe mit Elementen des Höfischen, wie der Minne, der Darstellung des Hofes oder der Kleidung. Zur Heldenepik gehört außerdem die ab dem 13. Jahrhundert überaus beliebte Dietrichepik, die um die Figur Dietrichs von Bern (historisch der Gotenkönig Theoderich der Große) kreist.

Auch einige dem Begriff Spielmannsepik zuzuordnende Werke basieren wohl letztlich auf oraler Überlieferung und zeigen insofern eine Verwandtschaft zur Heldenepik. Am prominentesten sind *König Rother* (um 1160/70) und *Herzog Ernst* (erste Fassung um 1160/70), beides legendenhafte Werke der frühmittelhochdeutschen Periode. Ihren Namen erhielt die Gattung aufgrund der wohl irrigen Ansicht, sie sei das Werk sogenannter Spielleute, worunter man fahrende Sänger minderen Ranges verstand. Konstitutiv für die Spielmannsepik sind das Motiv der Brautwerbung, das allerdings nicht immer voll entfaltet ist, sowie der Hang zum Burlesk-Komischen und Fantastisch-Übertriebenen. Verarbeitet wurden dabei in noch eher sorgloser Sprachbehandlung und Versführung Motive aus dem Kontext der Kreuzzüge und der Begegnung mit dem Heidentum, wobei das Unterhaltungsmotiv, das Interesse am Exotischen prägend blieb. Zumindest genannt seien die Werke *Oswald*, *Orendel* sowie *Salman und Morolf*, die wohl ebenfalls im 12. Jahrhundert entstanden, aber erst im 15./16. Jahrhundert überliefert wurden, sowie der – offenbar wiederum französisch beeinflusste – *Graf Rudolf* (um 1185).

Spielmannsepik

Zur Dichtung der mittelhochdeutschen Zeit gehören daneben chronikale und ihrem Anspruch nach historiografische Werke. Prominentestes Beispiel ist die wohl um die Mitte des 12. Jahrhunderts in Reimen verfasste, aber unvollendete *Kaiserchronik*. Sie thematisiert die ideelle römisch-deutsche Reichsgeschichte von Cäsar (100–44 v. Chr.) bis zum staufischen König Konrad III. (1092–1152), wobei ein dezidiert christliches, damit heilsgeschichtliches Weltbild unterlegt ist. Der oder die unbekannten Dichter der *Kaiserchronik* griffen auf unterschiedlichste Quellen zurück. So zeigt sich etwa eine enge Verbindung mit dem bereits genannten *Annolied*, der ersten deutschsprachigen Geschichtsdichtung überhaupt, aus dem ganze Teile übernommen sind. Zur chronikalen Dichtung zählt daneben etwa auch die *Reimchronik der Stadt Köln* von Gottfried Hagen (abgeschlossen 1270), die zugleich ältester Zeuge einer Stadtchronik ist und bereits in eine bürgerlich-städtische Sphäre verweist.

Geschichtsdichtung

Ab der zweiten Hälfte des 12. Jahrhunderts entstand ein sehr umfangreiches geistliches Schrifttum in deutscher Sprache, das „von der

Geistliche Dichtung

Mariendichtung

Spiritualität der Zisterzienser, Franziskaner und Dominikaner seine besondere Prägung erhielt" (Bumke 2004, S. 37f.) Hervorzuheben sind die der Gottesmutter Maria gewidmeten Mariendichtungen mit vielfältigsten Ausprägungen in Umfang, Form und Inhalt. Allein die pure Aufzählung der zugehörigen Gattungsformen macht das deutlich: man unterscheidet Gebets- und Lobsprüche, Rosenkranzgedichte, Marienpreislieder, Mariengrüße, Mariengebete, Marienklagen, Marienleben, Marienlegenden, Marienmirakel, Marienspiele, Marienleichs (der Leich ist eine sangbare lyrische Großform), Marienlob (vgl. Stackmann 1988).

Autoren und Publikum

Wichtigste Inspirationsquelle der vielfach anonym überlieferten geistlichen Dichtung war die lateinische Literatur. Entsprechend wird angenommen, dass viele der Verfasser lateinkundige, gebildete Geistliche waren, die ihr Publikum auf der Seite der Laien und wohl insbesondere der Frauen hatten, die des Lateins nicht mächtig waren.

Eine klare Trennung zwischen geistlicher und höfischer Literatur ist kaum zu ziehen, denn auch an den Höfen wurde geistliche Lyrik (meist Marienlyrik) und religiöse Erzählliteratur verfasst. Geistliche Lieder haben zudem Eingang gefunden in die großen Sammelhandschriften (z. B. die erwähnte Manessische Liederhandschrift) und stehen dort neben weltlicher Liedlyrik. Die Verfasser der religiösen Hofliteratur waren meist dieselben Dichter, die auch für die weltliche Literatur stehen. So verbindet sich die literarisch anspruchsvolle Form des Marienleichs etwa mit Namen wie Walther von der Vogelweide, Reinmar von Zweter, Konrad von Würzburg oder dem Dichter Frauenlob. Nicht zuletzt auf dem weiten Feld religiöser Spruchdichtung (→ KAPITEL 11.1) war Walther von der Vogelweide führend.

Geistliche Epik

Neben vielfältigen lyrischen sind auch unterschiedliche epische Formen geistlicher Literatur tradiert. Zu diesen gehören Bibeldichtungen, die als Bearbeitungen alttestamentlicher Stoffe entstanden, etwa die *Judith* (möglicherweise 1221), häufiger jedoch unter Anlehnung an das Neue Testament. Beispielhaft hierfür steht *Der Saelden Hort* (Der Schatz der Seligkeit; spätes 13. Jahrhundert), der von einem anonymen Schweizer Dichter ganz offensichtlich in Konkurrenz zur weltlichen höfischen Dichtung verfasst wurde. Neben die Bibelepik ist die Legendenepik zu stellen, die das Leben und Sterben der Heiligen und Märtyrer schildert. Namhaftester Legendendichter war Konrad von Würzburg, von dem drei Legenden überliefert sind. Auch Legendare (Legendensammlungen) entstanden nach lateinischen Vorbildern, wie die *Legenda aurea* im späten 13. Jahrhundert. Hervorzuheben ist das *Passional*, das von einem unbekannten Pries-

ter geschrieben wurde und mit 110 000 Versen das umfangreichste
Dichtwerk des gesamten 13. Jahrhunderts darstellt.

Geistliche Spiele (→ KAPITEL 13.1), etwa Passionsspiele, gehören
ebenso in den Bereich der religiösen (Vers-)Dichtung, genauso wie
die didaktischen und allegorischen geistlichen Reden, Tugend- und
Sündenlehren.

Geistliche
Schauspiele

Daneben steht eine höchst umfangreiche geistliche Prosaliteratur,
zu der auch Texte der Frauenmystik wie *Das fließende Licht der
Gottheit* von Mechthild von Magdeburg (um 1207–82) zählen. Zu
verweisen ist schließlich auf Predigten. Genannt werden soll hier der
Franziskaner Berthold von Regensburg (um 1210–72), der als be-
rühmtester Prediger des 13. Jahrhunderts gilt. Von ihm sind umfangreiche Predigtsammlungen in deutscher und lateinischer Sprache
überliefert.

Geistliche
Prosaliteratur

6.3 Die Sprache des Mittelhochdeutschen

Im Gegensatz zum Althochdeutschen ist das Mittelhochdeutsche
auch ohne größere Vorkenntnisse wenigstens ein Stück weit verständlich. Der Strukturunterschied zum Neuhochdeutschen ist näherungsweise vergleichbar mit dem zwischen der neuhochdeutschen
Standardsprache und einem Dialekt. Das hat natürlich Vorteile, weil
das Verstehen der alten Texte so grundsätzlich erleichtert wird. Aber
es gibt auch Nachteile wegen des Phänomens der sogenannten ‚falschen Freunde‘. Damit sind mittelhochdeutsche Wörter gemeint, die
zwar neuhochdeutschen Wörtern ähneln, aber in ihrer Bedeutung
dennoch stark abweichen. Einige Beispiele dafür wurden implizit bereits erläutert: So ist etwa *vrouwe* nicht mit „Frau" zu übersetzen,
sondern mit „Herrin". Gemeint ist immer die adlige hochgestellte
Dame. Für die schichtneutrale Bezeichnung steht im Mittelhochdeutschen das Wort *wîp* zur Verfügung. Dieses darf wiederum nicht einfach mit „Weib" übersetzt werden, weil die damit heute verbundene
Negativwertung im Mittelhochdeutschen eben noch nicht galt. Auch
aventiure ist, wie bereits erwähnt, nicht einfach „Abenteuer", sondern eher „Wagnis" oder „Herausforderung". Meist bleibt *aventiure*
als Fachbegriff aber einfach unübersetzt und man spricht etwa von
Aventiure-Ketten im *Iwein* Hartmanns von Aue (→ KAPITEL 8.3). *arbeit*
heißt nicht einfach „Arbeit", sondern eher „Mühe, Anstrengung,
Not". Die Liste dieser ‚falschen Freunde‘ ließe sich fast beliebig er-
weitern. Dem zugrunde liegt die Tatsache, dass sich die Wortbedeu-

‚Falsche Freunde‘

tung (Semantik) im Laufe der Zeit verändern kann. Für diesen Bedeutungswandel lassen sich zwei Grundkategorien benennen:

Bedeutungswandel

1. Quantitativer Bedeutungswandel, also Veränderungen im Umfang des mit einem Wort Bezeichneten. Man unterscheidet:
   a) die Vergrößerung des Umfanges (Bedeutungserweiterung) oder
   b) die Verringerung des Umfangs (Bedeutungsverengung).
2. Qualitativer Bedeutungswandel, also eine Veränderung im Hinblick auf die Wertung eines Begriffes. Man differenziert zwischen:
   a) einer Abwertung (Pejoration, von lateinisch *pejor* „weniger") und
   b) einer Aufwertung (Melioration, von *melior* „besser").

Beispiele

Da mit *vrouwe* im Mittelhochdeutschen nur adlige erwachsene Damen gemeint waren, mit „Frau" heute aber jede erwachsene weibliche Person, ist eine Bedeutungsvermehrung (1.a) eingetreten. Ein Beispiel für eine Bedeutungsverengung (1.b) ist etwa das Wort *hôchzît*, das im Mittelhochdeutschen noch ganz allgemein für „Fest" oder auch „große Freude" steht, heute aber weitgehend auf die Bedeutung „Heirat" eingeschränkt ist. Beim Wort *wîp* (formal „Weib"), das im Mittelhochdeutschen neutral jede erwachsene Frau bezeichnet, ist eine Pejoration (2.a) erkennbar. Eine Melioration (2.b) zeigt sich beim Wort *marschalc* („Marschall"), das zunächst einfach „Pferdeknecht" bedeutete, aber im Laufe des Mittelalters zur Bezeichnung des Heerführers avancierte.

Wortschwund

Während ein Teil der Wörter ihre Bedeutung veränderte, schwanden andere über die Jahrhunderte völlig. So das hochfrequente Verb *jehen* („sagen") oder *erbeizen* („absitzen"), *erbelgen* („zornig werden"), *bîten* („warten") oder *gouch* („Kuckuck, Narr"), um nur einige wenige zu nennen. Auch das Wort *minne* gehört ja im Grunde hierher.

Daneben fanden sich im Mittelhochdeutschen zeitweilig ein Reihe von Begriffen, die mit der Literatur und den neuen Lebensformen aus dem Französischen entlehnt werden, so etwa *tjost* („ritterlicher Zweikampf mit dem Speer") oder *bûhurt* („Ritterspiel").

Entlehnung

Im Mittelhochdeutschen fallen eine Reihe von Sonderschreibungen und ungewöhnlichen Lautkombinationen auf:

Aussprache

- Langvokale sind durch Zirkumflex markiert: â, ê, î, ô, û.
- Für langes *ä*, *ö* und *ü* stehen die Schreibungen *æ*, *œ* und *iu*.
- Im Gegensatz zum Neuhochdeutschen, das nur drei Diphthonge (vokalische Doppellaute) kennt (*au, ei, äu/eu*), hat das Mittelhochdeutsche deren sechs. Es sind *ie* (kein langes *i*!), *uo* und *üe* sowie *ei, ou, öu*. Zu lesen sind die Diphthonge jeweils als Lautabfolge der beiden Teile.

- Alle übrigen Vokale sind kurz zu lesen, etwa die Wörter *jugende* („Jugend"), *sagen*, *mir* usw.
- Im Bereich des Konsonantismus sind die Buchstabenkombinationen *st* und *sp* in allen Positionen als Verbindung des *s*-Lautes mit dem *t*-Laut oder *p*-Laut zu lesen (wie heute noch im Hamburgischen).
- Der Buchstabe *h* ist niemals Dehnungszeichen, sondern muss immer gesprochen werden: entweder als Hauchlaut (*hûs* „Haus") oder als Reibelaut (*kneht* „Knecht").
- Die Buchstaben *v* und *f* vertreten beide den *f*-Laut.

Mit diesen Ausspracheregeln ist es möglich, das Mittelhochdeutsche korrekt zu lesen.

An *vrouwe* erkennt man zum Beispiel deutlich, wie sehr sich auch die Ausdrucksseite im Laufe der Jahrhunderte verändern kann. *Vrouwe* und das sich daraus entwickelte „Frau" haben nur *r* und *u* gemeinsam. Alles Übrige variiert. Dennoch ist für den Sprachhistoriker der etymologische Zusammenhang zwischen beiden Wortformen evident, weil die Unterschiede sich aufgrund systematischer Lautentwicklungen quasi errechnen lassen. So wird mittelhochdeutsch *ou* regelmäßig zu neuhochdeutsch *au* (etwa auch in *boum* > „Baum", *troum* > „Traum"). Man nennt dieses Phänomen Diphthongwandel (oder Diphthongöffnung). Zum Diphthongwandel gehört auch die Entwicklung von mittelhochdeutsch *öu* zu neuhochdeutsch *äu/eu* und mittelhochdeutsch *ei* (gesprochen wie in *Spray*) zu *ei/ai*. So beispielsweise bei *böume* > „Bäume" oder *bein* > „Bein". Eine andere Regel besagt, dass mittelhochdeutsch *w* zwischen bestimmten Vokalen (nach *û*, *ou* oder *iu*, *öu* und vor *e*) regelmäßig wegfällt, z. B. *vrouwe* > „Frau" wie *siuwe* > „Säue". Häufig fällt auch das *e* am Ende aus. Man spricht hier von Apokope. Fällt ein *e* im Wortinnern aus, heißt dies Synkope. Im Beispiel *gelücke* > „Glück" zeigt sich eine Kombination beider Phänomene. Analysiert man das lauthistorische Verhältnis von *vrouwe* > „Frau", zeigt sich demnach sowohl ein Diphthongwandel, ein intervokalischer *w*-Schwund als auch eine Apokope. Zu ergänzen ist der Hinweis, dass die Festlegung der Verteilung von *v* und *f* erst nach dem Mittelhochdeutschen erfolgte, ebenso die generelle Großschreibung von Substantiven.

→ ABBILDUNG 22 bietet einen Überblick über die wichtigsten Vokalveränderungen im Übergang vom Mittelhochdeutschen zum Neuhochdeutschen.

Lautwandel vollziehen sich natürlich nicht von heute auf morgen. Vielmehr laufen die Entwicklungen über viele Generationen ab, ver-

Lautwandel

Faktoren Zeit und Raum

Überblick Vokalwandel

	Bezeichnung	Entwicklung	Beispiele
1.	Neuhochdeutsche Diphthongierung	î > ei (ai) iu > äu/eu û > au	mîn > mein niuwes > neues hûs > Haus
2.	Neuhochdeutsche Monophthongierung	ie > ie (langes i) üe > ü (langes ü) uo > u (langes u)	lieber > lieber müeder > müder bruoder > Bruder
3.	Diphthongwandel/ Diphthongöffnung	ei > ei ou > au öu > äu/eu	bein > Bein boum > Baum böume > Bäume
4.	Dehnung in offener Tonsilbe (betonte Silbe, die auf Vokal endet)		si-gen > siegen tra-gen > tragen be-ten > beten
5.	Apokope		vrouwe > Frau siuwe > Säue
6.	Synkope		maget > Magd abbet > Abt

Abbildung 22: Vokalismus im Übergang vom Mittelhochdeutschen zum Neuhochdeutschen

lieren aber irgendwann an Wirkung. Normalerweise treten die Veränderungen zunächst in der Mündlichkeit auf, der sich die Schreibung dann nach und nach anpasst. Außerdem beginnen Lautwandel meist an einem Punkt und breiten sich von dort im Sprachraum über verschiedene Dialektlandschaften aus (→ KAPITEL 1.2). Warum sich solche Lautwandel ereignen und wer deren Urheber war, lässt sich in aller Regel nicht beantworten. Man kann aber davon ausgehen, dass viele Entwicklungen (durch Kettenreaktionen) in einem inneren Zusammenhang stehen. Einzelphänomene lassen sich so meist nur vor dem Hintergrund der gesamten Lautstruktur adäquat verstehen.

Beispiel Diphthongierung   Wie sich die Diphthongierung von *û* zu *au* vollzogen hat, zeigt → ABBILDUNG 23. Von einem Ausgangspunkt im bairisch-österreichischen Sprachraum breitete sich die neue Lautung über mehrere Jahrhunderte Richtung Norden und Westen aus, erreichte aber nicht alle Dialekträume. Der neue Laut ist in das Neuhochdeutsche übernommen worden, in verschiedenen Dialekten hat sich aber die alte Form erhalten: So heißt es im Ripuarischen (Kölner Raum) beispielsweise immer noch *Huus, Muus, Fuus* (mit langem *u*) für „Haus, Maus, Faust".

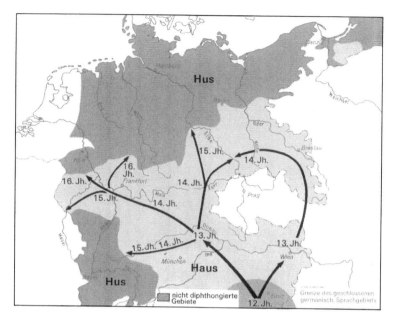

Abbildung 23: Die Ausbreitung der neuhochdeutschen Diphthongierung (König 2007, S. 146)

Wie für das Althochdeutsche (→ KAPITEL 5) ist auch für das Mittelhochdeutsche zu betonen, dass es im Mittelalter noch keine über-
regionale Einheitssprache gab, sondern nur ein Nebeneinander verschiedener Dialekte (die ja heute noch weiter existieren). Wenn das
Mittelhochdeutsch in den Leseausgaben, Grammatiken und Lexika   **Normalisiertes**
dennoch insgesamt einheitlich wirkt, so ist das darauf zurückzufüh-   **Mittelhochdeutsch**
ren, dass hier ein normalisiertes Mittelhochdeutsch verwendet wurde
(→ KAPITEL 4.1).

Fragen und Anregungen

- Charakterisieren Sie grundlegende Kennzeichen, die die mittelhochdeutsche Literatur von der althochdeutschen unterscheiden.

- Erläutern Sie, inwiefern die mittelhochdeutsche Literatur von der
  französischen beeinflusst ist.

- Beschreiben Sie die Hauptgattungen der mittelhochdeutschen Literatur.

- Charakterisieren Sie die unterschiedlichen Arten des Bedeutungswandels.

- Nennen und beschreiben Sie drei Lautwandelphänomene beim Übergang vom Mittelhochdeutschen zum Neuhochdeutschen.

Lektüreempfehlungen

Forschung

- **Joachim Bumke: Geschichte der deutschen Literatur im hohen Mittelalter**, München 1990, 5. Auflage 2004. *Sehr fundierter Überblick über die Literatur des Mittelhochdeutschen. Auch als Einstieg in die Thematik geeignet.*

- **Matthias Lexer: Mittelhochdeutsches Taschenwörterbuch**, Leipzig 1879, 38. Auflage Stuttgart 1992. *Gilt immer noch als Standardwörterbuch für das Mittelhochdeutsche.*

- **Hermann Paul: Mittelhochdeutsche Grammatik**, neu bearbeitet von Thomas Klein, Hans-Joachim Solms, Klaus-Peter Wegera, Ingeborg Schröbler und Heinz-Peter Prell, Tübingen 1881, 25. Auflage 2007. *Neubearbeitung der mittelhochdeutschen Standardgrammatik. Aufgrund umfangreicher Korpusanalysen auf dem neuesten wissenschaftlichen Stand und ein unerlässliches Hilfsmittel für das wissenschaftliche Arbeiten.*

- **Hilkert Weddige: Mittelhochdeutsch. Eine Einführung**, München 1996, 8., durchgesehene Auflage 2010. *Gut strukturierte und anschaulich gestaltete Einführung in die Sprache des Mittelhochdeutschen.*

- **Klaus-Peter Wegera / Simone Schultz-Balluff / Nina Bartsch: Mittelhochdeutsch als fremde Sprache. Eine Einführung für das Studium der germanistischen Mediävistik**, Berlin 2011. *Sehr benutzerfreundlich konzipiertes, mit zahlreichen, auch farbigen Abbildungen versehenes, an fremdsprachendidaktischen Methoden orientiertes Lehrwerk.*

7 Dichtung als Formkunst

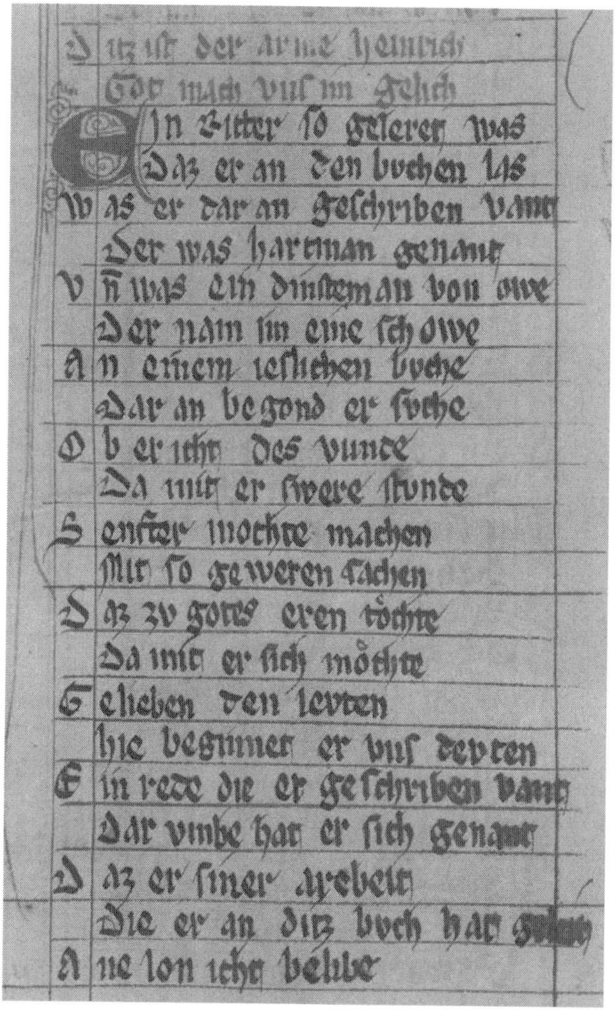

Diz ist der arme heinrich
Got mach vns im gelich
Ein Ritter so gelerer was
Daz er an den buchen las
Was er dar an geschriben vant
Der was hartman genant
Vn̄ was ein dinstman von owe
Der nam im eine schowe
An einem leslichen buche
Dar an begond er suche
Ob er ihtz des vunde
Da mit er swere stunde
Senfter mochte machen
Mit so gewerē sachen
Daz zv gotes eren tochte
Da mit er sich mohte
Geliben den levten
hie beginnet er vns deuten
Ein rede die er geschriben vant
Dar vmbe hat er sich genant
Daz er siner arebeit
Die er an ditz buch hat
Ane lon iht belibe

Abbildung 24: Hartmann von Aue: Der *arme Heinrich,* Prolog (1. Drittel 14. Jahrhundert)

„Der arme Heinrich", eine religiöse Beispielerzählung Hartmanns von Aue, entstand wohl nach 1190. In Handschrift B^a, die heute in der Universitätsbibliothek Heidelberg aufbewahrt wird, ist die charakteristische künstlerische Gestaltung der Erzählung in paargereimten Kurzzeilen deutlich erkennbar. Sie beginnt schon im Titel mit zwei Verszeilen:

> *Ditz ist der arme heinrich*
> *Got mach uns im gelich*

bevor der eigentliche Text einsetzt:

> *Ein Ritter so geleret was*
> *Daz er an den buchen las.*

Das Beispiel ist typisch, denn der weit überwiegende Teil der mittelhochdeutschen höfischen Literatur ist metrisch verfasst, und das nicht nur im Bereich der Lyrik. Das macht die Beschäftigung mit den Grundbegriffen der Metrik, ihren Beschreibungskriterien und Haupttypen unverzichtbar.

7.1 Reim

7.2 Vers

7.3 Strophe

7.1 Reim

In der Geschichte des Reimes in alt- und mittelhochdeutscher Zeit treten vor allem der Umbruch vom Stabreim zum Endreim und bei letzterem die Entwicklung zum reinen Reim in den Vordergrund (→ ASB FELSNER / HELBIG / MANZ).

Die althochdeutsche Überlieferung zeigt relikthaft noch die ursprüngliche, auf germanisch-vorchristliche Zeit zurückweisende Form des Stabreims. Beim Stabreim reimen die (betonten) Wortanfänge, so, wie man dies heute in der rhetorischen Form von Alliterationen in feststehenden Redewendungen wie „Haus und Hof", „Kind und Kegel" oder „mit Mann und Maus" kennt.

Stabreim

Die sich reimenden Anfangslaute werden auch Stäbe oder Ikten (lateinisch *ictus* „Schlag") genannt. Bei dem im Althochdeutschen verbreiteten Langzeilenvers verbinden sie beide Versteile, also Anvers und Abvers. Die Zahl der Stäbe schwankt dabei von zwei bis vier, wobei bedeutungsvolle Wörter, zumeist Substantive oder Adjektive, hervorgehoben werden. In diesen staben neben den identischen Konsonanten oder Konsonantengruppen (*sk, sp, st*) auch alle Vokale untereinander.

Das Formprinzip des Stabreimes war in der älteren Literaturüberlieferung unterschiedlicher germanischer Sprachen weit verbreitet. Einen Schwerpunkt bildeten insbesondere die skandinavische (altnordische) und die altenglische Dichtung. Die frühe deutschsprachige Literatur kennt den Stabreim vor allem im niederdeutschen Raum. Prominentestes Beispiel hierfür ist der *Heliand* (*Heiland*), eine Bibeldichtung aus der Mitte des 9. Jahrhunderts. In der althochdeutschen Literatur ist der Stabreim dagegen nur noch bruchstückhaft zu erkennen, ein produktives Mittel der Literaturformung war er in dieser Periode bereits nicht mehr.

Überlieferung des Stabreims

Viel zitiertes Beispiel für den Stabreim ist das althochdeutsche *Hildebrandslied* (um 830), in dem sich Reste des wohl ursprünglich durchgängig vorhandenen Stabreimgefüges noch erhalten haben (→ KAPITEL 5.5), etwa in den Zeilen 3 und 4.

Hiltibrant enti Hadubrant   untar heriun tuem.
sunufatarungo   iro saro rihtun.

([Ich hörte glaubwürdig berichten, daß zwei Krieger,] „Hildebrand und Hadubrand, [allein] zwischen beiden Heeren, aufeinanderstießen. Zwei Leute von gleichem Blut, Vater und Sohn, rückten ihre Rüstung zurecht," Schlosser 2004, S. 68f.).

Entstehung
des Endreims Für die mittelalterliche deutsche Literatur weitaus bedeutsamer als der Stabreim war der Endreim. Sein Aufkommen ist eng verbunden mit Otfrid von Weißenburg (→ KAPITEL 5.4) und dessen *Evangelienharmonie* (9. Jahrhundert). Hintergrund seiner Neuerung war mutmaßlich die christlich-lateinische Hymnendichtung (Lobgesänge auf Gott und die Heiligen). Seit Otfrid ist der Endreim das maßgebliche Formmittel der mittelalterlichen Literatur, und in der Lyrik ist er es – wenn auch nicht uneingeschränkt – bis heute.

Dabei lassen sich unterschiedliche Ausprägungen des Endreimes unterscheiden. Von größter Bedeutung und gleichzeitig am anspruchsvollsten ist der reine Reim. Er wird als Gleichklang zweier (oder mehrerer) Wörter ab dem letzten betonten Vokal definiert (*sagen : klagen; offen : betroffen; Herz : Schmerz*). Das Ideal des reinen Reims entwickelte sich im Verlauf der mittelhochdeutschen Periode nach und nach zur Norm. So finden sich etwa bei Hartmann von Aue fast durchgängig reine Reime:

Reiner Reim

> *Er lief nû nacket beider,*
> *der sinne unde der cleider,*
> *unz daz in zeinen stunden*
> *slâfende vunden*
> *drî vrouwen dâ er lac,*
> *wol umb einen mitten tac* (*Iwein*, V. 3359–3364)

Demgegenüber verfuhren die Dichtergenerationen in frühmittelhochdeutscher Zeit noch weitaus sorgloser, sodass sich bei ihnen sehr häufig noch ungenaue, primitive Reimformen finden – die in ihrer Zeit offenbar durchaus noch akzeptiert wurden. Dies wird mit dem Begriff der Halbreimlizenz ausgedrückt. Zu den Halbreimen zählen:

Halbreim

- der vokalische Halbreim oder Assonanz. Hier reimen nur die Vokale der Hauptsilbe:
> *Ez stuont ein vrouwe alleine*
> *und warte über heide*
> (Dietmar von Eist, *Ez stuont ein vrouwe alleine*, MF 37,4)

- der konsonantische Halbreim oder unreine Reim. Hier reimen nur die Konsonanten und eventuell der Endsilbenvokal:
> *Wurze des waldes*
> *und erze des goldes* (Herger, MF 30,27)

Weitere Reimformen

Daneben finden sich in der mittelalterlichen Literatur eine Reihe weiterer Reimformen, die aber von geringerer Bedeutung sind:
- Endsilbenreim. Hier reimen nur die Endsilben: *vuhten : brêchen*

- Identischer Reim. Die Reimwörter sind laut- und bedeutungs-gleich: *liep : liep*
- Rührender Reim. Hier reimen auch die dem betonten Vokal vo-rausgehenden Konsonanten: *wære : swære*
- Mehrsilbiger oder reicher Reim. Der Gleichklang erstreckt sich über mehr als zwei Silben oder Wörter: *douch mir baz : ouch ir haz.*

Eine Grundunterscheidung ist die zwischen männlichem Reim, der Hebungen (betonte Silben) aufeinander bezieht (*tôt : nôt*), und weib-lichen Reim, bei dem der Hebung noch eine Senkung (unbetonte Sil-be) oder Nebenhebung folgt (*schouwen : vrouwen*).

Während in der epischen Literatur der Paarreim (*aa, bb, cc, ...*) vorherrscht, finden sich in der Lyrik auch andere Reimstellungen. So etwa der Kreuzreim oder überschlagende Reim (*ab ab, cd cd, ...*), der umschließende oder umarmende Reim (*abba, cddc, ...*) oder auch der Schweif- oder Zwischenreim (*aab, ccb, ...*). Reimstellungen

Normalerweise stehen die Reimpartner jeweils am Ende der Zeile, bisweilen zeigen sich zusätzlich Reime in der Zeile selbst. Man spricht hier vom Binnenreim. Einige Strophen des *Nibelungenliedes* zeigen diese besondere Form, so etwa die erste Strophe: Binnenreim

Uns ist in alten mæren   wunders vil geseit,
von helden lobebæren,   von grôzer arebeit

Bisweilen finden sich auch Zeilen ohne Reimpartner, die Waisen ge-nannt werden. In metrischer Schreibung werden sie durch ein × markiert.

Der Begriff *rîm* („Reim") findet sich bereits im Mittelhochdeut-schen. Seine Bedeutung bezieht sich sowohl auf den Reim im heute vorherrschenden Sinne als auch auf den Vers, ähnlich wie wir heute noch den Begriff Kinderreim verwenden. In dieser metrischen Bedeu-tung ist *rîm* zuerst bei Heinrich von Veldeke in der Verslegende *Ser-vatius* (um 1170) bezeugt, und zwar als Rückentlehnung aus dem Französischen. Dorthin war das Wort zuvor aus dem Althochdeut-schen entlehnt worden, allerdings in der ursprünglichen Bedeutung „Zahl, Reihe, Reihenfolge". *Rîm*

7.2 Vers

Die Formensprache der mittelalterlichen, insbesondere der mittel-hochdeutschen Versliteratur beschränkt sich keineswegs auf den Reim. Dieser ist vielmehr eingebunden in das Regelsystem eines be-stimmten Metrums oder Versmaßes. Als Ordnungsprinzip des Vers- Metrum (Versmaß)

maßes kann grundsätzlich entweder die Silbenlänge (quantitierender Vers), die Silbenzahl (silbenzählender Vers) oder die Akzentuierung der Silbe (akzentuierender Vers) vorherrschen. Während die beiden ersten Prinzipien den Vers der Antike bzw. der romanischen Sprachen kennzeichnen, herrscht in den germanischen Sprachen der akzentuierende Vers vor. Das Metrum bildet sich hier durch eine kunstvolle regelhafte Abfolge von betonten Silben (Hebungen) und unbetonten Silben (Senkungen). Beim Vers, der – zumal in den Editionen – normalerweise einer Zeile entspricht, ist wiederum zu unterscheiden zwischen dem Kurzvers oder der Kurzzeile und dem Langvers oder der Langzeile. Letztere haben oft einen zweigliedrigen Aufbau, der durch Anvers und Abvers bestimmt ist, unterbrochen durch eine Zäsur (Sprechpause):

Vor einer vesperzîte [Anvers]   *huop sich grôz ungemach* [Abvers]
(*Nibelungenlied*, Str. 811,1)

Kurzzeile versus Langzeile Für die mittelhochdeutsche höfische Literatur ist insgesamt der Kurz(zeilen)vers prägend, während die Heldenepik den Lang(zeilen)vers bevorzugte. Da die Verse, vor allem in frühmittelhochdeutscher Zeit, oft nicht grafisch abgesetzt, sondern fortlaufend geschrieben wurden, ist nicht immer eindeutig zu erkennen, ob es sich um eine zäsurierte binnengereimte Langzeile oder eine paargereimte Kurzzeile. handelt. Die Frage der angemessenen Klassifizierung war in den 1960er- und 1970er-Jahren Anlass zu einer erbitterten Forschungskontroverse. Konsequentester Verfechter der Auffassung, die frühmittelhochdeutsche Dichtung sei in binnengereimten Langzeilen verfasst worden, war der Philologe Friedrich Maurer (vgl. etwa Maurer 1964). Als entschiedener Kontrahent und Vertreter der These, dass die kurzzeilige Endreimdichtung schon früh vorherrschte, profilierte sich Werner Schröder (vgl. etwa Schröder 1971). Dessen Ansicht folgt die neuere Forschung weitestgehend.

Bereits früher hatte auch Andreas Heusler, einer der bedeutendsten Altgermanisten des frühen 20. Jahrhunderts, die Kurzzeile als grundlegendes Formprinzip postuliert. Heusler, vom mutmaßlichen Hörerlebnis der Dichtung ausgehend, war dabei von der prinzipiellen Viertaktigkeit des Verses überzeugt (zum Takt weiter unten): „Sieben Jahrhunderte, bis auf Martin Opitz, herrscht in unserer Sprechdichtung der gereimte, zu Paaren verbundene Viertakter" (Heusler 1956, § 520). Obwohl derlei Aussagen heute als zu apodiktisch kritisiert werden müssen, ist das Heuslersche Modell – trotz seines Systemzwanges – insgesamt doch als Beschreibungsgrundlage für die mittelalterliche deutsche Literatur unentbehrlich geblieben.

Demnach gilt als Grundverstyp der (höfischen) Literatur der vier- **Grundverstyp**
hebig alternierende Reimpaarvers. Vierhebigkeit bezieht sich dabei
auf die Zahl der betonten Silben pro Vers, die mit der Zahl der Takte korrespondiert. Alternation oder Alternanz meint die regelmäßige
Abfolge von Hebungen und Senkungen. Diesen Grundverstyp gilt es
zu verstehen, will man sich der Formkunst der mittelalterlichen Dichtung nähern. Dabei sind die folgenden Grundelemente von Belang
(siehe hierzu auch → ASB FELSNER/HELBIG/MANZ):

- Silben sind Einheiten des natürlichen Redeflusses. Man unterschei- **Silbe**
  det offene Silben, die auf Vokal (V) enden, und geschlossene, auf
  Konsonant (K) endende Silben. Demnach hat die offene Silbe die
  Struktur KV, die geschlossene die Struktur VK. Die Gesamtzahl
  der Vokale und Konsonanten je Silbe ist hierbei nicht weiter be-
  rücksichtigt.
- Metrisch relevant ist dagegen die Unterscheidung in kurze und **Silbenlänge**
  lange Silben. Als metrisch kurz gelten im Mittelhochdeutschen allerdings nur kurze, vokalisch offene Silben, etwa die Erstsilben in
  den mittelhochdeutschen Wörtern *sa-gen, kla-gen* sowie Kleinwör-
  ter oder Vor- und Endsilben wie *ze, be-gap, leb-te*. Alle übrigen
  Silben gelten metrisch als lang! Also nicht nur offensichtliche
  Langsilben wie *sô, diu, neic, sleich*, sondern eben auch geschlossene (!) Silben wie *spil, noch, von* und dergleichen.
- Der Akzent gibt die Betonung der Silbe an. Normalerweise zeigt **Akzent**
  sich im natürlichen Redefluss eine Abfolge von Hebungen und
  Senkungen. Bei der metrischen Akzentuierung ist die natürliche
  Betonung zu beachten. Verstöße dagegen nennt man Tonbeugung;
  will man die mittelhochdeutsche Silbenbetonung rekonstruieren,
  sind Tonbeugungen zu vermeiden.
- Wichtigstes Gliederungselement des Verses ist der Takt. Dieser be- **Takt**
  ginnt vor einer Hebung und endet vor der nächsten. Notiert wird
  der Takt durch Schrägstriche (/ ... /). Jeder Takt ist gefüllt mit Silben, die nach der metrischen – an die Musik angelehnten –
  Quantitätsmessung in der Summe den Zeitwert einer Halben ergeben müssen. Üblich ist die Füllung des Taktes durch zwei Silben,
  Abweichungen hiervon sind aber keine Seltenheit. Es ist auch
  möglich, dass eine oder mehrere Silben vor dem ersten Takt stehen. Man spricht dann von Auftakt.

Unentbehrliches Hilfsmittel zur Beschreibung mittelhochdeutscher
Verse ist ein entsprechendes Notationssystem. Auch hier hat sich ins-
gesamt das System Andreas Heuslers, entwickelt auf Grundlage der
Musik, durchgesetzt. Folgende Notationen sind üblich:

Metrische Notation   ×   ein Viertel. Das Zeichen wird auch Mora (Plural Morae oder Moren) genannt. Es ist das Grundelement der Taktfüllung

–   eine Halbe (Doppelmora)

◡   ein Achtel

∧   ein pausierendes Viertel. Nicht selten sind Silben zwar sprachlich nicht realisiert, aber als Sprachpause Teil des metrischen Rahmens

´   Haupthebung

`   Nebenhebung

Taktfüllungen   Da ein Takt als quantitativer Wert immer eine Halbe beinhalten muss, ergeben sich folgende Kombinationsmöglichkeiten. Bei einigen sind metrische Quantitätsbedingungen zu beachten.

- / x́ × / = zwei Viertel:
  Er ist lasterlîcher schame
  / x́ × / x́ × / x́ × / ◡́ ◡ ∧ / (Hartmann von Aue, *Iwein*, V. 18)

- / – / = eine Halbe (Bedingung: lange Silbe):
  Sîne lantliute
  / x́ × / –́ / –́ / x̀ ∧ / (Hartmann von Aue, *Iwein*, V. 13)

Die Halbe kann auch zur Profilierung inhaltlich wichtiger Wörter oder Silben verwandt werden. Man spricht dann von beschwerter Hebung. Berühmt ist Wolfram von Eschenbachs Rhythmisierung des Namens *Condwiramurs* im *Parzival* (z. B. V. 187,21; 283,7):
/ –́ / –́ / –́ / –́ /

- / ◡́ ◡ ◡ ◡ / = vier Achtel (Bedingung: betonte Silbe kurz):
  stiez daz vingerl wider an ir hant
  / x́ × / x́ × / ◡́ ◡ ◡ ◡ / x́ ∧ /
  (Wolfram von Eschenbach, *Parzival*, V. 270,10)

- / ◡́ ◡ × / = zwei Achtel plus ein Viertel = gespaltene Hebung (Bedingung: betonte Silbe kurz):
  ich mac wol clagen mîn schœne wîp
  × / x́ × / ◡́ ◡ × / x́ × / x́ ∧ /
  (Hartmann von Aue, *Iwein*, V. 3993)

- / x́ ◡ ◡ / = ein Viertel plus zwei Achtel = gespaltene Senkung (Bedingung: betonte Silbe lang):
  nie wîbe mit manne wart sô wol
  × / x́ ◡ ◡ / x́ × / x́ × / x́ ∧ /
  (Ulrich von Türheim, *Tristan*, V. 1782)

Unter Kadenz oder Versausgang versteht man die Versgegend von
der letzten Haupthebung an. Zu unterscheiden sind volle Kadenzen
(v), die in den letzten Takt fallen, und klingende Kadenzen (k), die
auch den vorletzten Takt füllen. Eine Sonderform ist die stumpfe Kadenz (s): bei ihr ist der gesamte letzte Takt nicht realisiert. Insgesamt
lassen sich folgende Formen unterscheiden:

Kadenz

- Einsilbig (männlich) voll: . . . / x́ ∧ / (= 1v)
  Der Vers endet auf einer Hebung.
  daz man gerne hœren mac
  / x́ × / x́ × / x́ × / x́ ∧ / (Hartmann von Aue, *Iwein*, V. 26)

Einsilbig

- Zweisilbig (männlich) voll: . . . / ⌣́ ⌣ ∧ / (= 2v)
  Kurze betonte Silbe mit folgender unbetonter Silbe. Die Struktur
  entspricht der gespaltenen Hebung.
  doch müezen wir ouch nū genesen
  × / x́ ⌣ ⌣ / ⌣́ / x́ × / ⌣́ ⌣ ∧ /
  (Hartmann von Aue, *Iwein*, V. 53)

Zweisilbig

- Zweisilbig (weiblich) voll: . . . / x́ × / (= wv)
  Bedingung: letzte betonte Silbe lang. Einzige Kadenz mit vollen
  Takt, in der Epik aber sehr selten.
  Ich lobe got der sîner güete
  × / x́ × / x́ × / x́ × / x́ × /
  (Friedrich von Hausen, *Ich lobe got der sîner güete*, MF 50,19)

- Zweisilbig klingend: . . . / ⌣́ / x́ ∧ / (= 2k)
  Lange betonte vorletzte Silbe mit unmittelbar anschließender ne-
  benbetonter Silbe.
  Swer an rehte güete
  / x́ × / x́ × / ⌣́ / x̀ ∧ / (Hartmann von Aue, *Iwein*, V. 1)

- Dreisilbig klingend: . . . / x́ × / x́ ∧ / (= 3k)
  (Meist) kurze vorletzte betonte Silbe mit folgender Senkung und
  anschließender Nebenhebung im letzten Takt. Fließende Grenze
  zur einsilbig (männlich) vollen Kadenz.
  Diu schœne jugent, die lachende
  × / x́ × / ⌣́ ⌣ × / x́ × / x̀ ∧ /
  (Gottfried von Straßburg, *Tristan*, V. 3141)

Dreisilbig

- Stumpfe Kadenz: . . . / x́ ∧ / ∧ ∧ / (= s)
  Betonte Schlusssilbe, der drei pausierende Viertel folgen. Die
  stumpfe Kadenz wirkt konstruiert und ist nur vor dem theoretischen Hintergrund der Norm-Viertaktigkeit verständlich. Unter

Stumpf

anderen Voraussetzungen wäre hier von Dreihebigkeit auszugehen. Konstitutiv ist sie jeweils für die drei ersten Abverse der Nibelungenstrophe.

Uns ist in alten mæren   wunders vil geseit
× / x́ × / x́ × / –́ / x̀ ∧ /   / x́ × / x́ × / x́ ∧ / ∧ ∧ /
(*Nibelungenlied*, Str. C1,1)

Die bei weitem gängigsten Kadenzen der höfischen Dichtung sind
einsilbig (männlich) voll (1v), zweisilbig (männlich) voll (2v) und
zweisilbig klingend (2k).

Auf den optimalen viertaktigen Vers, so könnte man annehmen,
fallen jeweils acht Silben, also zwei pro Takt, wodurch sich das folgende Schema ergäbe:

(×) (×) / x́ × / x́ × / x́ × / x́ × /

In der Realität der Dichtung, dies zeigen auch die obigen Beispiele,
herrschte ein solch starrer Schematismus (zum Glück) jedoch nicht
vor. In der Regel machten die Dichter der hochhöfischen Periode
Füllungsfreiheit maßvollen Gebrauch von der Freiheit der Taktfüllung, und zwar
durch eine unterschiedliche Zahl von Silben (eine bis vier Silben).
Vergleicht man die wichtigsten Dichter, zeigen sich aber durchaus in-
dividuelle Unterschiede: So bevorzugten Hartmann von Aue und
Gottfried von Straßburg insgesamt den eher silbenarmen, schlanken
Vers, wohingegen Wolfram von Eschenbach mehr zum silbenreichen
Vers neigte.

In der frühmittelhochdeutschen Dichtung zeigt sich ein teilweise
exzessiver Gebrauch der Füllungsfreiheit (drei bis 18 Silben pro
Vers), während in der nachklassischen Dichtung des späten 13. Jahrhunderts, etwa bei Konrad von Würzburg, nach einer möglichst kon-
sequenten Ausformung metrischer Regelmäßigkeit gestrebt wurde.
Dadurch, dass die Freiheit der Taktfüllung im späteren 13. Jahrhundert immer weniger in Anspruch genommen wurde, wirken Verse
dieser Zeit allerdings etwas gekünstelt und allzu gleichförmig.

Um eine ebenmäßigere Alternation zu erreichen, haben sich die
Metaplasmen Dichter nicht selten der Möglichkeit von Wortverkürzungen und Wort-
verschmelzungen (Metaplasmen) bedient. Das Schriftbild weist dabei
unter Umständen eine höhere Silbenzahl auf, als der mündliche Vortrag mutmaßlich hatte. Erkennbar ist die Tendenz, in Hiatposition, also beim Aufeinandertreffen von zwei Vokalen im Auslaut des einen
und im Anlaut des folgenden Wortes, einen der Vokale zu tilgen. Folgende Phänomene treten häufig auf:

- Elision: Ausfall des auslautenden Vokals vor vokalischem Anlaut. Der ausgefallene Vokal wird in metrisch orientierten Darstellungen gewöhnlich unterpunktet.

  der milțe ein glîchiu wâge
  (Hartmann von Aue, *Der arme Heinrich*, V. 66)

- Aphärese: Wegfall des anlautenden Vokals nach Langvokal im Auslaut.

  nû ̦enist ez niht der liute site
  (Hartmann von Aue, *Der arme Heinrich*, V. 228)

- Synalöphe: Grafische Verschmelzung zweier Wörter.

  dô i̦ch > dôch

Die mittelhochdeutschen Dichter konnten das vorgegebene metrische Muster demnach relativ flexibel ausgestalten und dadurch einen lebendigen Vortrag bewirken. Die Aufgabe, Verse metrisch zu notieren, sollte ebenfalls von dieser Voraussetzung ausgehen. Dabei begegnet man den theoretischen Prämissen und der Anwendung der unterschiedlichen Regeln am besten mit einer gewissen spielerischen Grundhaltung. Nicht selten sind bei der Notation eines Verses unterschiedliche Resultate möglich. Solange diese regelkonform und somit stimmig sind, ist dagegen nichts einzuwenden. *(Notationspraxis)*

Dabei sind einige Tipps zu beachten. Ausgangspunkt der Analyse sollte immer die Normalbetonung sein. Auf dieser Grundlage lassen sich dann die Akzente (Hebungen) zunächst provisorisch verteilen. Oft gewinnt man so aber nur drei Akzente. Weil jedoch immer vier Takte zu notieren sind, bietet sich vielfach die Notation der klingenden Kadenz an.

Die metrische Analyse kann und sollte daneben auch über die Einheit des Einzelverses hinausgreifen und diesen in den weiteren Zusammenhang des Textflusses stellen. Dadurch treten das rhythmische Verhältnis aufeinanderfolgender Verse, die Relation von Vers und Satzstruktur sowie jene von Reim und Satzstruktur ins Blickfeld. *(Vers und Textfluss)*

Der Begriff Rhythmus ist vielschichtig und kann zum einen als allgemeine Gliederungsform des sprachlichen Kunstwerks wie auch der Alltagssprache verstanden werden, indem nach der Wiederkehr gleichförmiger Elemente gefragt wird. Zum anderen meint Rhythmus die individuelle Ausgestaltung vorhandener Gliederungsschemata. Der Rhythmus überlagert dadurch gewissermaßen das Metrum. Rhythmus und Metrum sind zwar eng aufeinander bezogen, können aber in ein Spannungsverhältnis zueinander treten und so einen be- *(Versrhythmus)* sonderen Reiz entfalten. Zu unterscheiden ist, ob der Rhythmus, hier verstanden als regelmäßige Alternation von Hebung und Senkung, über den Zeilenrand (Fugungsstelle) hinweggeführt wird oder nicht:

Synaphie Wenn der gleichmäßige Rhythmus auch über die Fugungsstelle hinweg gewahrt ist, spricht man von synaphischen oder auch gefugten Versen. Dazu kommt es, wenn ein Vers mit Hebung endet und der Folgevers mit Auftakt, der dann die Funktion der Senkung vertritt, beginnt. So etwa in der Struktur

$$\ldots / \acute{x} \wedge / \rangle \times / \acute{x} \times / \ldots$$

Synaphie liegt naturgemäß auch vor, wenn nach Senkung am Versende der Folgevers auftaktlos beginnt

$$\ldots / \acute{x} \times / \rangle / \acute{x} \times / \ldots$$

Problematisch ist die Beurteilung der zweisilbig vollen Kadenz ($\breve{}$ $\smile$ $\wedge$). Je nachdem, ob das unbetonte Achtel metrisch mit zur Hebung gezählt oder silbisch als Senkung interpretiert wird, wird das Ergebnis unterschiedlich ausfallen.

Trifft entweder eine Hebung am Versschluss auf eine Hebung beim Folgevers (kein Auftakt) oder treffen zwei Senkungen aufeinan-**Asynaphie** der, resultieren daraus asynaphische oder ungefugte Verse. So etwa in der Struktur

$$\ldots / \bar{-} / \grave{x} \wedge / \rangle / \acute{x} \times / \ldots \text{ oder}$$
$$\ldots / \acute{x} \times / \rangle \times / \acute{x} \times / \ldots$$

Vers und Wenn sich die syntaktische Konstruktion der Zeile anpasst, spricht
Satzstruktur man vom Zeilenstil. Zu unterscheiden sind hier der strenge Zeilenstil und der freie oder erweiterte Zeilenstil, wobei allerdings Definitionsunterschiede einzuräumen sind.

Zeilenstil Strenger (blockartiger) Zeilenstil liegt vor, wenn jede Zeile einem Hauptsatz entspricht. Dies wirkt über längere Passagen monoton und wurde von den Dichtern der höfischen Zeit, im Gegensatz zu denjenigen der frühmittelhochdeutschen Zeit, daher auch eher gemieden.

im was ein ander leben gegeben:
er was ein niuborner man.
ez huop sich êrste umbe in an.
er was dô geil unde vrô.
(Gottfried von Straßburg, *Tristan*, V. 8312–8315)
Beim freien oder erweiterten Zeilenstil können Zeilen dagegen auch durch Nebensätze gebildet werden, oder aber das Ende des Haupt-

satzes schließt jeweils Gruppen von mehreren Versen auch ohne strenge Gliedsatzstruktur ab.

Bei den Dichtern der höfischen Zeit findet sich ein in der Regel geschmeidiger Umgang hinsichtlich der Verbindung von Vers und Satz. So kann der Satz etwa bis in den nächsten Vers geführt werden. In solchen Fällen spricht man vom (Zeilen-)Enjambement, Zeilen- Enjambement sprung oder auch vom Haken- oder Bogenstil. Beim Enjambement im engeren Sinne greift der Satz ohne Einschnitt am Versende in die nächste Zeile hinüber und endet innerhalb der nächsten Zeile:

tuot mîn swester wider mich
  gnâde, daz ist billich (Hartmann von Aue, *Iwein*, V. 5729f.)

Beim Enjambement im weiteren Sinne fließt der Satz zwar auch über den Zeilenrand, endet aber am Schluss der nächsten oder übernächsten Zeile. Im Prinzip entspricht das dem freien oder erweiterten Zeilenstil.

Êrec eine binden brach
  abe sînem wâpenrocke sâ. (Hartmann von Aue, *Erec*, V. 4481f.)

Neben der Möglichkeit, dass Sätze den gleichen oder einen größeren Umfang haben als Zeilen, besteht auch die Möglichkeit, dass Sätze – oder auch herausgehobene Satzglieder – zu einer Binnengliederung Versteilung der Verse führen, also kleiner sind als eine Zeile. Hierfür steht der Begriff der Versteilung.

sî sprach | ‚herre, | ich hân verlorn
(Hartmann von Aue, *Iwein*, V. 1382)

Entweder kann die Satzstruktur parallel zur Reimstruktur verlaufen, Relation von Reim und Satzstruktur wofür der Begriff Reimbindung steht, oder die Satzstruktur verläuft quer zur Reimstruktur, was dann Reimbrechung genannt wird.

Da Reimbindungen über längere Partien hin eher eintönig wirken, Reimbindung verwendeten die mittelhochdeutschen Dichter den Kontrast der Reimbrechung sehr bewusst. So heißt es etwa bei Wolfram von Eschenbach:

ze machen nem diz mære ein man,
der âventiure prüeven kan
unde rîme künne sprechen,
beidiu samnen unde brechen. (*Parzival*, V. 337,23–26)

(„Da diese Geschichte freilich erst noch zu machen ist, braucht sie für alles Weitere einen Mann, der sich ihrer annimmt. Der muss einer sein, der was versteht von Abenteuern und der, wenn er Rei- me spricht, zu binden und zu brechen weiß." Knecht/Schirok 2003, S. 341)

Eine einseitige Bevorzugung der Reimbindung findet sich noch in der frühmittelhochdeutschen Literatur, die vergleichsweise blockartig und

Reimbrechung

schwerfällig wirkt. Demgegenüber zeigt die Dichtung der Blütezeit eine virtuose, ungezwungene Verwendung beider Formen. Reimbrechungen sind hier jedenfalls keine Seltenheit.

> *dô diu vrouwe von Nârisôn*
> *ir nôt überwant*
> *von sîner gehülfigen hant,*
> *do begunder urloubes gern.*

(Hartmann von Aue, *Iwein*, V. 3802–3805)

7.3 Strophe

Während im höfischen Roman fortlaufende Reimpaarverse überwiegen, ist die Heldendichtung prinzipiell strophisch gebaut. Ausnahmen gibt es allerdings in beide Richtungen. So dichtete Albrecht den (höfischen) *Jüngeren Titurel* (13. Jahrhundert) in Strophenform, während etwa die (heldenepische) *Klage* (1. Hälfte 13. Jahrhundert) eine Reimpaardichtung ist.

Nibelungenstrophe

Von besonderer Bedeutung ist die Nibelungenstrophe, da sie zum Grundmuster auch anderer Strophenformen wurde und selbst im Donauländischen Minnesang, namentlich im *Falkenlied* des Kürenbergers (um 1160), vorkommt oder hiervon abgeleitet ist (→ KAPITEL 11.3). Die Nibelungenstrophe besteht aus vier endgereimten Langzeilen. In den Anversen zeigt sich dabei in der Regel klingende Kadenz. Die drei ersten Abverse weisen stumpfe Kadenz auf und nur der vierte Abvers hat volle Kadenz. Diese Schlussbeschwerung markiert formal zugleich das Strophenende. Das findet seine Entsprechung auf der inhaltlichen Seite, denn die vierte Zeile enthält häufig Resümees, vor allem aber Vorausdeutungen.

Wiederum basierend auf Andreas Heusler lässt sich diese Struktur in folgendem Schema abbilden. Die Zahl 4 gibt die Anzahl der Takte an; k, s und v den Kadenztyp; a und b die Reimstellung:

4k. | 4s. a
4k. | 4s. a
4k. | 4s. b
4k. | 4v. b

Beispielhaft sei das an Strophe 42 des *Nibelungenliedes* gezeigt:

Den herren müeten selten   *deheiniu herzenleit.*
× / x́ × / x́ × / – / x̀ ∧ /   × / x́ × / x́ × / x́ ∧ / ∧ ∧ /

er hôrte sagen mære,   *wi ein schœniu meit*
× / x́ × / x́ × / – / x̀ ∧ /   / x́ × / x́ × / x́ ∧ / ∧ ∧ /

wære in Burgonden,   *ze wunsche wolgetân,*
/ x́ × / x́ × / – / x̀ ∧ /   × / x́ × / x́ × / x́ ∧ / ∧ ∧ /

von der er sît vil vreuden   *und ouch arbeit gewan.*
× / x́ × / x́ × / – / x̀ ∧ /   / x́ × / – / x̀ × / x́ ∧ /

Problematisch, aber durch die theoretische Vorannahme der prinzipiellen Viertaktigkeit begründet, ist die Konstruktion der stumpfen Kadenz, die drei virtuelle Silben am Zeilenschluss postuliert. Geht man dagegen rein beschreibend vor, zählt nur die realisierten Silben und differenziert ausschließlich nach weiblichem oder männlichem Versausgang, ergibt sich das folgende vergleichsweise einfache Schema (vgl. Paul / Glier 1993, S. 68):

3w | 3m a
3w | 3m a
3w | 3m b
3w | 4m b.

Das Mittelhochdeutsche bietet eine reiche Vielfalt unterschiedlicher Strophenformen. Mit der Nibelungenstrophe eng verwandt ist der sogenannte Hildebrandston. Wenngleich deutlich älter, ist er nach dem *Jüngeren Hildebrandslied* (verschiedene Fassungen ab dem 15. Jahrhundert) benannt. Im Hildebrandston wird das Bauprinzip der Nibelungenstrophe aufgenommen, aber so verändert, dass auch der vierte Abvers stumpfe Kadenz (4k | 4s b) aufweist, wodurch die Schlussbeschwerung wegfällt. Die Unterscheidung der Strophen macht dadurch eine entsprechende Schreibgliederung notwendig. Der Hildebrandston war über Jahrhunderte populär und wurde beispielsweise zur Grundlage unterschiedlicher Heldendichtungen der Dietrichepik. So etwa in *Alpharts Tod* oder im *Rosengarten zu Worms* aus dem 13. Jahrhundert bis zum *Hürnen Seyfrid* des 16. Jahrhunderts.

Hildebrandston

Von besonderer Relevanz waren Strophenformen für die lyrische Minne-Dichtung (→ KAPITEL 11). Weit sicherer als bei der mittelhochdeutschen Epik ist für sie von einer gesanglichen Vortragsform auszugehen, sodass die lyrische Strophe als Sangstrophe, mithin als metrisch-musikalische Einheit aufgefasst werden muss. Diese nennt man Ton (aus mittelhochdeutsch *dôn*). Töne bestehen so verstanden aus

Lyrische Dichtung

dem *wort* („Text") und der *wîse* („Melodie"), die aufs Engste inei-
nander verwoben waren. Die Strophe wurde auch als *liet* bezeichnet,
wobei mehrere *liet* einen *dôn* bilden konnten. Dabei ist die Vielfältig-
keit der Töne und Strophenformen kaum überschaubar.

Als Grundkonstituente vieler Strophenformen sind zunächst wiederum der viertaktige Kurzvers sowie die Langzeile der Epik auszuma-
chen. Seit dem letzten Viertel des 12. Jahrhunderts wurde der Vers –
nach französischem Vorbild – aber auch zu Acht-, Zehn-, Elf- oder
sogar Zwölftaktern erweitert. Ihnen standen kürzere Verse mit nur
zwei oder drei Takten gegenüber. Vielgestaltig sind im Minnelied daneben die Kadenzen sowie die Verwendung unterschiedlicher Reimbindungen. In Bezug auf die Reimstellungen zeigen sich unterschiedlichste, teils hochartifizielle Bauformen, die dem Schmuck dienten, nicht
selten aber auch die Funktion hatten, den Strophenbau zu gliedern.

In der mittelhochdeutschen Minnelyrik überwog zunächst noch
das einstrophige Lied mit einteilig (gleichförmig) gebauter Strophe.
Kanzone Zunehmende Verbreitung fand in der Folge die dreigliedrige Kanzo-
nenstrophe als strophisches Element meist mehrstrophiger Minnelieder. Kanzonen bestehen aus zwei identisch gebauten Teilen (Stollen)
– mit identischer Melodie. Die Stollen werden entweder als erster
und zweiter Stollen oder aber als Stollen und Gegenstollen bezeichnet. Zusammen bilden sie den Aufgesang. Diesem folgt als dritter
Teil der Abgesang – mit eigener Melodie. Der zeilen- und taktmäßige
Umfang der Stollen und des Abgesangs sind wiederum variabel.

Swes vröide an guoten wîben stât,	1. Stollen
der sol in sprechen wol	
und wesen undertân.	
daz ist mîn site und ouch mîn rât,	2. Stollen
als ez mit triuwen sol.	
daz kan mich niht vervân	
An einer stat,	Abgesang
dar ich noch ie genâden bat.	
dâ habe ich mich vil gar ergeben	
und wil dar iemer leben.	

(Hartmann von Aue, *Swes vröide an guoten wîben stât*, Str. 1,
MF 206,19)

Ist das Minnelied insgesamt durch Mehrstrophigkeit bestimmt, so ist
Sangspruchdichtung das Charakteristikum der Sangspruchdichtung grundsätzlich ihre Einstrophigkeit (→ KAPITEL 11.1), was Abweichungen von diesem Grund-
prinzip freilich nicht ausschließt. Vor allem die Spruchdichtung Walthers von der Vogelweide weist vielfach Mehrstrophigkeit auf. In

metrischer Hinsicht entspricht die Sangspruchdichtung ansonsten der Lieddichtung.

Die Formenfülle der mittelhochdeutschen Lyrik führte im 15. und 16. Jahrhundert der Meistersang fort (→ KAPITEL 13.1), der allerdings stärker normiert und reglementiert ist. Gleichzeitig übernahm im Meistersang der Gesang die dominierende Rolle.   Meistersang

Beim Roman setzte sich ab dem 14. Jahrhundert dagegen zuneh-   Prosaroman
mend Prosa als Formprinzip durch. Ablesbar ist das vor allem daran, dass viele höfische Versromane neu in Prosaform bearbeitet wurden.

Fragen und Anregungen

- Skizzieren Sie die Hauptetappen der Reimgeschichte im Deutschen.

- Benennen und beschreiben Sie die Hauptelemente des Verses.

- Erläutern Sie den Aufbau der Nibelungenstrophe.

- Analysieren Sie die folgenden Verse aus dem *Iwein* Hartmanns von Aue durch das Mittel der metrischen Notation:
  nû sprach sî zuo ir vrouwen
  ‚vrouwe, ir muget wol schouwen (V. 3397f.).

Lektüreempfehlungen

- **Herbert Bögl: Abriss der mittelhochdeutschen Metrik. Mit einem Übungsteil**, Hildesheim / Zürich / New York 2006. *Knappe, an der Unterrichtspraxis orientierte Einführung.*   Einführungen

- **Andreas Heusler: Deutsche Versgeschichte. Mit Einschluß des altenglischen und altnordischen Stabreimverses**, 3 Bände, Berlin 1925–29, 2., unveränderte Auflage 1956. *Obwohl in verschiedenen Punkten heute kritisiert, bleibt die Darstellung weiterhin das entscheidende Referenzwerk zur deutschen Metrik.*

- **Werner Hoffmann: Altdeutsche Metrik**, Stuttgart 1967, 2., überarbeitete und ergänzte Auflage 1981. *Detaillierte, chronologisch nach Epochen gegliederte Gesamtdarstellung.*

- **Helmut Tervooren: Minimalmetrik zur Arbeit mit mittelhochdeutschen Texten**, Göppingen 1979, 4., ergänzte Auflage 1997. *Sehr knappe, aber für eine Erstorientierung gut brauchbare Einführung.*

.

8 Artusepik

Abbildung 25: Hartmann von Aue. Miniatur aus der *Großen Heidelberger Liederhandschrift (Codex Manesse)* (frühes 14. Jahrhundert)

Hartmann von Aue gilt als ‚Vater' der Artusdichtung in Deutschland. Das fiktive Autorporträt, das mit „her hartman von Owe" überschrieben ist, stilisiert den Dichter als Ritter, der in prächtiger Rüstung paradiert. Der Adlerkopf, der Helm, Schild, Lanzenbanner und den Überwurf seines Pferdes ziert, erinnert an das Wappen des schwäbischen Herzogsgeschlechts der Zähringer, und es wird spekuliert, ob deren Hof zu den Mäzenen Hartmanns zählte.

Die Artusepik mit ihren abenteuerlichen Geschichten von König Artus und den Rittern der Tafelrunde faszinierte das höfische Publikum ab dem späten 12. Jahrhundert wie keine andere Literaturgattung. Die Erzählstoffe wurden aus dem westlich angrenzenden Frankreich übernommen und trafen – wie dort – auch in Deutschland auf ein Publikum, das sich begeistern ließ von der neuen, stilistisch ausgefeilten und inhaltlich optimistischen Literatur. Kein Wunder, dass der Hauptvertreter der Artusepik, Hartmann von Aue, mit seinem Werk rasch Berühmtheit erlangte und die literarische Welt um 1200 entscheidend beeinflusste.

Vor diesem Hintergrund stellen sich Fragen nach der Herkunftsgeschichte der Artusfigur wie nach dem strukturellen Aufbau der nach ihr benannten Literaturgattung. Diese Fragen stehen, konzentriert auf das Werk Hartmanns, im Mittelpunkt dieses Kapitels.

8.1 König Artus

Schattenhaft begegnet uns Artus als keltisch-britischer Heerführer bereits im 5. Jahrhundert n. Chr. Von hier aus spannt sich die Traditionslinie mit unterschiedlichen Namensformen – Artorius, Arturus, Arthur – bis hin zu Hartmann von Aue und der mittelhochdeutschen Literatur. Zu warnen ist aber vor einem Trugschluss: Weder ist die Artusepik Geschichtsdichtung noch ist der historische Artus, falls er je existierte, in der mittelalterlichen Artusdichtung wiedererkennbar.

Herkunft und Tradierung

Erstmals erwähnt wurde Artus um 820 in der *Historia Britonum* (Geschichte der Briten), und zwar als britischer Heerführer, der im 5. Jahrhundert zwölf Schlachten gegen die sächsischen Eroberer geschlagen haben soll.

Auf diese Quelle wie auch auf die mündliche Sagenüberlieferung gestützt, verfasste der Normanne Geoffrey von Monmouth (latinisiert Galfridus Monemuntensis) in Oxford seine berühmte *Historia regum Britanniae* (Geschichte der Könige Britanniens). In diesem 1136 vollendeten pseudohistorischen Werk wurde Artus als mächtigster König der Ahnenreihe vorgestellt. Geoffrey war zwar erkennbar bemüht, den Anschein historischer Verbindlichkeit zu erwecken, mit der Realität hatte seine fabulöse Darstellung dennoch nichts zu tun. So wurde Artus etwa als Eroberer beschrieben, der weite Teile Europas unterworfen und nur durch Verrat daran gehindert worden sein soll, auch Rom einzunehmen. Nach schwerer Verletzung, so berichtet Geoffrey, sei Artus nach Avalon, der Insel der Seligen, gebracht worden. Für die Entwicklung der Stoffgeschichte interessant ist die Nennung einiger der später zentralen Artusritter wie Gawein oder Iwein. Auch die Minnethematik, die die höfische Liebe zum Gegenstand hat, wurde hier bereits vorformuliert.

Geoffrey von Monmouth

Obwohl oder weil es sich bei Geoffreys ‚historischem' Bericht letztlich um nationale Geschichtsmythologie handelt, fand sein Werk rasch außerordentlich weite Verbreitung: Von über 200 überlieferten Handschriften stammt ein Viertel noch aus dem 12. Jahrhundert.

Der Normanne Wace übersetzte das Werk ins Altfranzösische. Er profilierte Artus, der jetzt erstmals in dieser Form genannt wurde, in seinem Versepos *Roman de Brut* (1155) als exemplarischen Helden von christlicher Prägung und großer moralischer Integrität. Wace erwähnte auch als erster die runde Tafel, Symbol für die Ranggleichheit aller Tafelritter.

Wace

Ein weiterer Traditionsstrang der Artusdichtung sind frühe keltische Kurzerzählungen voller märchenhafter Motive, sogenannte *Lais*,

Marie de France die von Marie de France in der zweiten Hälfte des 12. Jahrhunderts gesammelt wurden.

Chrétien de Troyes Aus diesen Grundlagen gestaltete Chrétien de Troyes, der größte französische Dichter des Mittelalters, seine auch für die deutsche Artusepik musterbildenden Romane, darunter *Erec et Enide* (*Erec und Enide*; um 1170), *Yvain ou Le chevalier au lion* (*Yvain oder Der Löwenritter*; abgeschlossen um 1180) und *Li contes del graal / Perceval* (*Die Gralserzählungen / Perceval*; 1181–88). Chrétiens Dichtungen sind Meisterwerke minutiös durchdachter Gesamtkomposition, was sich etwa an einer bewusst geplanten Parallelisierung sich steigernder Motivketten ablesen lässt. Der Dichter rühmte sich der *molt bele conjointure* (*Erec et Enide*, V. 14; „der sehr schönen Erzählfolge" oder „des wohlgeordneten Zusammenhangs") als einer Verbindung von gefälligem Erzählen und Belehren. Seine einen höheren Sinn vermittelnde Erzählweise setzte er dabei deutlich ab vom seines Erachtens belanglosen und sinnentstellenden Tun der umherreisenden Berufserzähler.

Die Artusdichtung traf den Nerv der Zeit und wurde ein enormer literarischer Erfolg, zunächst in Frankreich, dann aber auch in Deutschland. Mit Artus verbanden sich eine neue höfische Kultur, verknüpften sich staunenswerte

Abbildung 26: König Artus. Bronzefigur von Peter Vischer d. Ä. (1512 / 13) in der Hofkirche Kaiser Maximilians I. in Innsbruck

Formen königlicher Repräsentation in äußerer Prachtentfaltung mit einer meist souveränen inneren Haltung der Würde, Großzügigkeit und Gerechtigkeit. Der große, legendäre König erstrahlte in einem Glanz, der wohl auch auf die adligen Literaturförderer und Mäzene rechts des Rheins abstrahlen sollte. Wie nachhaltig dieser ‚Profit‘ beansprucht wurde, zeigt die Tatsache, dass der Habsburger-Kaiser Maximilian I. (1459–1519) Artus in seine Ahnengalerie einreihte (→ ABBILDUNG 26).

Innerhalb der Artusromane bleibt Artus dennoch eher Hintergrundgestalt und verkörpert den Typus des ‚ruhenden Herrschers‘. Er gibt der Gattung den Namen, ist aber nicht titelgebende Gestalt der einzelnen episodenhaften Romane. Dies sind vielmehr die Ritter seiner Tafelrunde, besonders Iwein, Erec, Wigalois und Parzival. Artus und sein Hof sind Ausgangspunkt für deren Aventiuren (mittelhochdeutsch; „gefahrvolle Unternehmungen"); hierhin kehren sie im Verlauf oder auch am Schluss des Romangeschehens zurück. Und auch dazwischen bleibt Artus beständiger Referenzpunkt der fernen Ritter – etwa indem sie Besiegten nur unter der Auflage ihr Leben schenken, dass sie dem König von ihrer Niederlage berichten und sich ihm zur Verfügung stellen. Der Artushof dient so der sozialen Ortsbestimmung, auf den hin die Ritter zentriert sind. Als Veranstaltungsort prächtiger Feste und Turniere ist er gleichzeitig Spiegelfläche ihrer Ruhmestaten.

Figurtyp ‚ruhender Herrscher‘

Artus wird als König gepriesen, dessen Ruhm über die Zeiten hin lebendig bleibt. Als Leitbild tugendhafter Lebensführung rückt er fast in den Rang eines Heiligen. Im Prolog des *Iwein*-Romans Hartmanns von Aue heißt es: *er ist lasterlîcher schame / iemer vil gar erwert, / der noch nâch sînem site vert.* (V. 18–20; „Derjenige, der sich Artus zum Vorbild nimmt, ist stets vor schandhaften Übeltaten gefeit."; Übers. d. Verf.)

Leitbild tugendhafter Lebensführung

Vollkommen ist Artus deswegen aber keineswegs. Im Gegenteil finden sich in den Romanen mancherlei Situationen, die ein eher problematisches Licht auf ihn werfen. So im *Iwein*, wo Artus die Entführung seiner Frau Ginover nicht verhindern kann. Auch den Erbstreit der zwei Schwestern vermag er nur wenig souverän durch eine List zu entscheiden. Ob, wie mitunter behauptet, in solchen Episoden wirklich eine Kritik an der Artusfigur intendiert ist, ist allerdings zweifelhaft, zumal sie von den Dichtern der Romane nirgends explizit formuliert wird. Immerhin wird deutlich, dass das Artusideal nicht allein auf statischer Repräsentation beruht, sondern sich in unterschiedlichsten, mitunter auch problematischen Situationen bewäh-

Kritik an der Artusfigur?

ren muss. Als Kritik an der Vorbildhaftigkeit Artus' und der Artusgesellschaft ernstzunehmender ist, dass im *Parzival* Wolframs von Eschenbach neben und über das Machtzentrum des Artushofes die Transzendenz der Gralswelt gestellt ist (→ KAPITEL 10.1).

8.2 Hartmann von Aue

Hartmann von Aue gilt zu Recht als bedeutendster Vertreter der Artusepik im deutschsprachigen Raum. Als historische Persönlichkeit lässt er sich – wie so oft in dieser Zeit – nur vage konturieren. Urkundliche Erwähnungen und gesicherte Lebensdaten fehlen ganz. Immerhin nennt er sich in einigen seiner Werke selbst beim Namen, und auch seine soziale Stellung teilt er dort mit:

Ein ritter sô gelêret was
daz er an den buochen las
swaz er dar an geschriben vant:
der was Hartman genant,
dienstman was er zOuwe. (*Der arme Heinrich*, V. 1–5)
(„Ein Ritter war so [aus-]gebildet, dass er alles lesen konnte, was er in Büchern geschrieben fand. Er hieß Hartmann und war Dienstmann zu Aue." Übers. d. Verf.)

Ministeriale Demnach gehörte Hartmann der Schicht der Ministerialen an (*dienstman*), ein deutlicher Hinweis auf eine Stellung bei Hofe. Auffällig und medienhistorisch aufschlussreich ist sein Selbstzeugnis als Schriftkundiger, was auch auf Lateinkompetenz schließen lässt. Die detaillierte Erfassung der komplexen Struktur seiner Vorlagen macht darüber hinaus eine weit reichende Kenntnis des Altfranzösischen wahrscheinlich. Urkundlich ist Hartmann nicht eindeutig bezeugt. Weder konnte die Forschung bislang eine Einigung darüber erzielen, welches Aue als Namenszusatz gemeint sein könnte (in Betracht kommen etwa das heutige Obernau, Weißenau oder die Reichenau), noch welches das dienstgebende Adelsgeschlecht des Dichters war (Zähringer oder Welfen). Klar ist immerhin, dass Hartmann im schwäbisch-alemannischen Raum beheimatet war. Auch war er bei seinen Dichterkollegen bekannt und hochgeschätzt, wie unterschiedliche Bezeugungen zeigen: von Wolfram von Eschenbach im *Parzival* (V. 143,21); von Gottfried von Straßburg im *Tristan* (V. 4621); von Wirnt von Grafenberg im *Wigalois* (V. 6309).

Œuvre Hartmanns Werk ist geprägt durch die beiden Artusromane *Erec* (um 1180) und *Iwein* (um/nach 1200). Ohne letzte Sicherheit lassen sich die übrigen Dichtungen Hartmanns dazwischen einordnen: *Die Klage*, ein Streitgespräch über die Minne, sowie *Gregorius* und *Der arme Heinrich*, zwei legendenhafte Erzählungen. Auch als Lyriker machte sich Hartmann einen Namen, was ihm einen Platz in der Großen Heidelberger Liederhandschrift mitsamt einem stilisierten Dichterporträt eingebracht hat (→ ABBILDUNG 25).

Die Bedeutung Hartmanns für die deutsche Literaturgeschichte liegt in seinem Rang als ‚Vater' der deutschen Artusepik (vgl. Johnson 1999, S. 258). Sein Prestige ist dabei auch in seinen formal-dichterischen Fähigkeiten begründet, die sich durch eine elegante Klarheit der Verse, im Verbund mit einer souveränen, abwechslungsreichen Verknüpfung von Metrik und Syntax auszeichnen. Hartmann führte die epische Dichtkunst auf eine bis dahin noch unerreichte Höhe. Nicht zu übersehen ist freilich ein Reifungsprozess, der von einem bereits meisterhaften Niveau im Frühwerk zur vollendeten rhetorisch-metrischen wie narrativen Geschliffenheit im Spätwerk führte. Für viele Dichter in und nach seiner Zeit wurde er zur dichterischen Leitgröße.

Literargeschichtliche
Bedeutung

8.3 *Erec* und *Iwein*

Erec ist der erste Artusroman in deutscher Sprache. Grundlage ist *Erec et Enide* von Chrétien de Troyes, seinerseits der erste altfranzösische Artusroman. Bemerkenswert ist, dass der *Erec* weitgehend vollständig nur in einer einzigen Handschrift überliefert wurde, und zwar im Ambraser Heldenbuch des frühen 16. Jahrhunderts. Ansonsten sind nur Fragmente dreier Handschriften aus dem 13. und 14. Jahrhundert erhalten geblieben.

Überlieferungslage

Ganz im Gegensatz zum *Erec* hat sich für den *Iwein* eine breite handschriftliche Überlieferung erhalten. Insgesamt 32 Handschriften, darunter 15 vollständige, sind über einen Überlieferungszeitraum vom 13. bis ins 16. Jahrhundert bekannt.

Hartmanns Bearbeitung der Vorlagen erschließt sich prinzipiell im Sinne einer *adaptation courtoise*, einem Begriff der französischen Germanistik zur Charakterisierung der Beziehung zwischen den französischen Vorbildern und den deutschen Bearbeitungen (vgl. Huby 1968, 1983). Die „höfische Adaptation" wird als Mittelweg zwischen einer wortwörtlichen Wiedergabe der französischen Quelle und einer freien Nachdichtung beschrieben. Offenbar ging es den deutschen Nachdichtern in erster Linie um die Vermittlung der Eigenart der französischen Werke. Ihre individuelle Leistung wäre demnach in erster Linie

Adaptation courtoise

in der künstlerischen Präsentation der Stoffe und nicht in inhaltlichen Veränderungen zu sehen. Verbunden damit ist die Frage, wie die fremden höfischen Stoffe an die Bedürfnisse und Vorkenntnisse des Publikums an den deutschen Höfen angepasst wurden.

Vergleich Chrétien – Hartmann

Die Antwort liegt in der durchaus unterschiedlichen Treue zum Ausgangstext. So finden sich im *Erec* weitaus größere Abweichungen und Freiheiten gegenüber der französischen Quelle als im *Iwein*, wobei letztere aufs Ganze betrachtet nicht weniger tiefgreifend sind. Die

Quantitative Differenzen

Verszahlen weisen diesen Unterschied aus: Während Chrétiens Roman 6 958 Verse zählt, hat Hartmanns *Erec* 10 135 Verse (plus 46 Prozent); Chrétiens *Yvain* verfügt über 6 818 Verse gegenüber 8 166 Versen im *Iwein* Hartmanns (plus 20 Prozent). Besonders eklatant sind die Abweichungen im Zusammenhang mit der Totenklage Enites, die Hartmann auf das Sechsfache ausdehnt und zu einer rhetorischen Glanzleistung formt. Die Schilderung des kostbaren Sattels und der darauf abgebildeten Szene aus der Äneassage wird um das Vierfache gedehnt. Der Zweikampf mit Mabonagrin hat in Hartmanns Bearbeitung die dreifache Länge gegenüber Chrétien, und auch die Schilderung des Turniers nach Erecs Hochzeit ist stark ausgedehnt. Vereinzelte Kürzungen der Quelle fallen demgegenüber kaum ins Gewicht.

Strukturelle Differenzen

Ein Teil des Zuwachses geht sicher auf das Konto eines prinzipiellen Anwachsens von Übersetzungen gegenüber ihrer Quelle, die durch das Bemühen um Verdeutlichung und Genauigkeit in der Zielsprache zu erklären sind. So verändert Hartmann die Erzählhaltung, indem er die Figurenrede (direkte Rede) reduziert, und zwar zugunsten einer Ausfaltung der Erzählerrolle. Das gibt ihm die Möglichkeit der erklärenden und deutenden Kommentierung – wohl eine Konzession an das gegenüber Frankreich literarisch noch vergleichsweise unerfahrene Publikum.

Dass die Differenzen gegenüber der Vorlage im *Iwein* quantitativ geringer ausfallen, kann durchaus als Indiz für den künstlerischen Fortschritt Hartmanns gewertet werden. Aufgrund zunehmender dichterischer Gewandtheit werden übersetzungstechnisch bedingte Abweichungen offenbar seltener erforderlich. Zudem ist das Publikum des späten Hartmann bereits routiniert im Umgang mit den Artusstoffen, sodass Verstehenshilfen hier eher überflüssig werden.

Inhaltliche Differenzen

Die quantitativen, teilweise sicher übersetzungstechnisch bedingten Differenzen zwischen Chrétien und Hartmann korrespondieren mit planvollen inhaltlichen Unterschieden. Erkennbar ist eine striktere Ausformulierung des Strukturschemas in den Hartmannschen Bearbeitungen, wozu auch deutlichere Kontrastierungen beitragen (→ KA-PITEL 8.4). Insgesamt ist bei Hartmann das durchgehende Bemühen spürbar, die Werke in Richtung einer stärkeren Moralisierung und religiösen Fundierung hin zu profilieren. Derartige akzentuierende Eingriffe finden sich an den unterschiedlichsten Stellen. So mildert Hartmann den bei Chrétien erhobenen frivolen Vorwurf, die Frauen seien wankelmütig, indem er dies zum Ausweis ihrer Güte erklärt:

ich weiz baz wâ vonz geschiht
daz man sî alsô dicke siht
in wankelm gemüete:
ez kumt von ir güete. (*Iwein*, V. 1 875–78)

(„Ich weiß besser, woher es kommt, dass man sie so oft wankel-mütig findet: Es kommt von ihrer Güte."; Übers. d. Verf.)

Auch die Integration von 80 Witwen in der *Joie de la cort*-Episode (*Erec*, V. 7788–9825) dient offensichtlich dem Zweck, Erec als be-sonders mitleidsvoll und edelmütig erscheinen zu lassen. Daneben können die Vergebungsszenen am Ende der Romane (*Erec*, V. 6792–6813 / *Iwein*, V. 8102–8138), die Hartmann zu wechselseiti-gen Bitthandlungen ausweitet, als humanisierendes Element begriffen werden.

8.4 Gattungstypologie und Struktur

Die grundlegenden Strukturmerkmale der Artusepik lassen sich am klarsten im Kontrast zur Heldenepik (→ KAPITEL 9) beschreiben:

- Im Gegensatz zur Heldenepik hat die Artusepik eine auf einen glücklichen Ausgang zulaufende Struktur, ohne dass diese Inten-tionalität in der Chronologie des Romanverlaufs immer erkennbar wäre. Der Fortgang der Handlung erschließt sich oft genug nicht in einer kausalen Relation der Einzelsituationen. Vielmehr wird deren Motiviertheit häufig erst im Nachhinein und eben vom glücklichen Ende her erfassbar. Was diesem dient, ist legitimiert und motiviert. [*Motivierung vom Ende her*]

- Die Artusepik ist darauf angelegt, die Gesellschaft ihrer Erzählun-gen zu stabilisieren, während die Heldenepik die Destruktion ge-sellschaftlicher Strukturen vorführt. Ein Ziel der Artusromane liegt in der Didaxe ihrer Zuhörer oder Leser, der Anleitung zu wahrem Ritter- und Herrschertum, die als komplexe und harmo-nische Verbindungen von privater und öffentlicher Sphäre vor-gestellt werden. In diesem Sinne ist die Artusepik eine optimisti- [*Anleitung zu wahrem Rittertum*] sche, das ‚gute‘ und ehrenvolle Leben mit seinen Möglichkeiten und Erfordernissen bejahende Literatur.

Fiktionalität

• Ein weiterer wesentlicher Unterschied ergibt sich aus der Fiktionalität der Artusromane gegenüber der Historizität der Heldenepik. Die Artusromane spielen sozusagen irgendwo im Nirgendwo. Die Handlungsorte sind meist ebenso ‚erdichtet‘ wie überhaupt die erzählten Geschichten Produkte schöpferischer Fantasie sind. Ihr Anspruch auf Wahrheit ist nicht historisch, sondern moralisch begründet.

Handlungsträger: der christliche Ritter

• Getragen wird die Artusdichtung durch die Instanz des Ritters. Er zeichnet sich – wie der Held – durch Mut und Kampfesleistung aus. Ritterlicher Kampf kann aber auch ein sportliches Kräftemessen in Turnieren sein, und selbst beim Ernstkampf wird dem unterlegenen (ritterlichen) Gegner das Überleben unter der Bedingung zugebilligt, dass er sich ergibt und unterordnet. Der Kampf der Helden ist demgegenüber grundsätzlich auf die Tötung und Vernichtung des Gegners angelegt. Insofern ist der Ritter eine dezidiert christlich geformte Figur, ist *miles christianus* (lateinisch; „christlicher Krieger“). Als solcher weiß er sich abhängig von göttlicher Gnade, ist jedoch auch bereit, selbst gnädig zu handeln. Gleichzeitig wird der Ritter so zum Garanten einer auf Gerechtigkeit und Ehre beruhenden wehrhaften Ordnung. Ein weiterer Aspekt des ritterlichen Ethos ist die ‚Minnehaltung‘, die Verpflichtung zur beständigen partnerschaftlichen Bindung aus *triuwe* (mittelhochdeutsch; „Treue“). Funktional wird man in der Idealgestalt des Ritters ein Identifikationsangebot an das adlige Publikum zu sehen haben, womit sich eine wichtige Sinndimension der Gattung erschließt.

Formaler Aufbau

• Auch in formaler Hinsicht bestehen deutliche Unterschiede zwischen Artusepik und Heldenepik. So sind die Artusromane im vierhebig alternierndem Reimpaarvers verfasst, während der strophische Aufbau zur Gattungstypik der Heldenepik zählt (→ KAPITEL 7).

Autornennung

• Ein weiteres differenzierendes Moment ist die selbstbewusste Autorennennung in der Artusepik gegenüber der prinzipiellen Anonymität der Heldendichtung.

Handlungsverlauf

Die Grundstruktur des Artusromans, besonders der Epen Hartmanns von Aue, besteht darin, dass ein Artusritter durch ruhmreiche Kämpfe zunächst rasch den Gipfelpunkt des Ruhmes erstürmt, indem er Gemahlin und Herrschaft gewinnt. Aber der Erfolg ist trügerisch und rasch vertan, da sich der Ritter als noch unfertige Persönlichkeit erweist, außerstande, die Komplexität seiner sittlichen Verpflichtungen zu begreifen. Die schockhafte Erkenntnis schuldhaften Versagens stürzt den Protagonisten in eine existenzielle Krise. Von diesem Nullpunkt aus findet er aber durch Bewährungsproben wieder hinauf zum Gipfel, den er jetzt – als gefestigte Persönlichkeit – zu Recht und dauerhaft einnimmt. Vereinfacht lässt sich diese Grundstruktur als N-Struktur oder N-Schema bezeichnen, da die Form des Buchstabens N sehr prägnant den Aufstieg, Fall und erneuten Aufstieg des Protagonisten veranschaulicht. $\qquad$ N-Schema

Im Grunde sind Artusromane demnach in gewisser Weise Entwicklungsromane. Angelpunkt der Erzählung ist dabei jeweils die komplexe und gleichzeitig fragile Relation zwischen der Verantwortung vor sich selbst und gegenüber der Gesellschaft, zwischen Privatem und Öffentlichem, Egoismus und Altruismus, dem Persönlichen und dem Politischen. Aufgabe des wahren Ritters ist es, beide Existenzbereiche in Harmonie zu bringen. Dabei kann der Kristallisationspunkt der Entwicklung variieren. Bei Erec bezeichnet das zentrale Motiv seiner Schuldverstrickung das *verligen* („falsch liegen" im Sinne einer trägen selbstbezogenen Abkehr vor der Verantwortung gegenüber der Gesellschaft). Bezogen auf die Paarkonstellation zwischen Erec und Enite wird dies flankiert durch die Problematik des rechtzeitigen Redens und Schweigens. Dem steht im *Iwein* antithetisch das, wie es die Forschung formulierte, inverse Motiv des ‚Verritterns' als Ausdruck der egoistischen Abkehr von den Verpflichtungen von Partnerschaft und Regentschaft gegenüber. Gleichzeitig wird hier die Frage des rechten Zeitpunktes und des eingelösten Versprechens zum poetologisch-strukturellen Referenzpunkt. Entwicklungsroman

Der Symbolgehalt der Romane liegt dabei jenseits der geschilderten Einzelschicksale. So ist der Wiederaufstieg eines exemplarischen Ritters aus einer krisenhaften Extremsituation, die etwa im *Iwein* Ehrverlust und Wahnsinn versinnbildlichen, im Ergebnis immer auch mit einer Stabilisierung der höfischen Welt- und Werteordnung verbunden. Die ritterliche Tat zur Wiedererlangung persönlicher Integrität ist zugleich ein Akt gesellschaftlicher Restauration im Kosmos des Romans. Außerhalb der Fiktion kann das Idealtypische der Artuswelt gleichzeitig als projektive Utopie verstanden werden, der es in der Realität nachzueifern gilt. Symbolgehalt

Hartmann erkennt und adaptiert ganz die Absicht Chrétiens, bereits die Struktur des Textes zum Sinnträger auszubauen (‚redende Struktur'). Ihr konstitutives Element ist eine sich überbietende Doppelung bzw. eine erhellenden Spiegelung des zentralen Erzählstrangs, ‚Redende Struktur' der, indem er sich wechselseitig kommentiert und erklärt, den Zuhörer oder Leser zum Vergleich veranlasst.

Beispiele sind die vielschichtigen Doppelungen und respondierenden Wiederholungen im *Erec*. Schon die zweifache Thronbesteigung am Hof von Karnant als Endpunkt der jeweiligen Aventiuresequenzen sowie der zweimalige Kampf gegen Guivreiz sind evidente Merkmale des „doppelten Cursus" (Kuhn 1948, S. 134). Aber auch im Kleinteiligeren offenbaren sich solche Doppelungen. So hat es der Ritter bei seiner Bewährungsfahrt in der ersten Serie mit zunächst drei, dann fünf Räubern zu tun und mit einem lüsternen Grafen, dem nur durch eine List zu entkommen ist. In der zweiten Sequenz sind die Räuber durch Riesen ersetzt und auch dem zweiten Grafen gegenüber ist nicht mehr mit List beizukommen: er wird von Erec getötet. Als Steigerungselement kommt hinzu, dass Erec in der ersten Reihung nur sich selbst verteidigt und eine bloß defensive Rolle innehat, während seine spätere Motivation die Hilfe für andere ist und er jetzt aus sozialer Verantwortung ‚ritterlich' die Handlungsrolle ergreift. Überhaupt ist im zweiten Zyklus die ganze Situation durch die Verwundung Erecs, seinen Scheintod und die parallele, brutal erzwungene Verheiratung Enites dramatisch auf die Spitze getrieben, wodurch aber gleichzeitig auch der Kulminationspunkt erreicht wird, der die Handlung in Versöhnung und gegenseitige Verzeihung umlenkt. Eine weitere sich spiegelnde Parallelisierung zeigt die Episode *Joie de la cort* („Freude des Hofes"). Wieder ist ein Paar vorgestellt, dass sich aus pervertierter Liebe vor der Welt verschließt und jede Störung rücksichtslos ahndet. Was Erec früher in Karnant für sich selbst noch nicht vermochte, nämlich die Befreiung aus sozialfeindlicher Isolation, vermag er jetzt für andere zu leisten, indem er das Paar in die soziale Welt zurückführt. *wan bî den liuten ist sô guot* (V. 9438; „denn in der Gesellschaft zu sein ist gut"; Übers. d. Verf.) ist die jetzt von Erec gewonnene Erkenntnis.

Iwein ist strukturell ebenfalls durch eine komplexe Klammertechnik geprägt. So sind zwischen den Hilfe- und Kampfversprechen des Protagonisten mehrmals räumlich verlagerte Hilfe-Aventiuren inseriert. Das akzentuiert deutlich den Aspekt der Terminnot und bietet die Folie, Iweins Bemühen um rechtzeitige Einhaltung seiner Zusagen zu veranschaulichen.

Das Prinzip des doppelten Cursus und der sinnhaltigen Struktur sollte aber nicht überstrapaziert werden. Überblickt man die sonstige Artusepik, findet sich dieses Strukturprinzip dort kaum noch.

,Doppelter Cursus'
im *Erec*...

... und im *Iwein*

N-Schema
nicht durchgängig

8.5 Weitere Artusromane im Überblick

Die Romane Hartmanns von Aue bilden das Zentrum der deutschen Artusepik. Daneben existieren noch eine ganze Reihe weiterer Werke, teilweise mit, teilweise aber auch ohne den Rückgriff auf französische Vorlagen. Hierzu zählt etwa der *Lanzelet* Ulrichs von Zatzikhoven (um 1200). Zeitlich nah ist auch der *Wigalois* Wirnts von Grafenberg entstanden, der bereits zu den ‚nachklassischen' Artusromanen zu zählen ist. Eine französische Vorlage ist hier nicht zu erkennen. Auszugehen ist vielmehr davon, dass Wirnt sich von unterschiedlichen Quellen zur kreativen Umgestaltung und Neudichtung hatte anregen lassen. Ähnliches gilt für die *Crône* Heinrichs von dem Türlin (um 1230). Eine stark parodistische Erzählbrechung kennzeichnet das Werk des sogenannten Strickers. Sein *Daniel von dem blühenden Tal* (um 1230/35) provozierte offensichtlich Widerspruch. Dieser artikulierte sich im *Garel (von dem blühenden Tal)*, einem Werk des Pleier (zwischen 1250 und 1280), das sich im Sinne einer ‚Re-Arturisierung' programmatisch an die Strukturprinzipien der klassischen Romane Hartmanns von Aue anlehnt.

> ‚Nachklassischer' Artusroman

Konstitutiv für den ‚nachklassischen' Artusroman ist die bewusste Aufgabe des anspruchsvollen Konzeptes einer sinnhaltigen Romanstruktur. Das N-Schema wurde zugunsten einer linearen Erzählstruktur aufgelöst. Der Ritter kennt nun keine schuldhaft verursachte Krise mehr, die es zu überwinden gälte. Man ist versucht, von diesen Strukturveränderungen auf die Zweitrangigkeit und Trivialität dieser Romane zu schließen. Typisch ist zudem eine Öffnung hin zu anderen Gattungen.

> Lineare Struktur

So finden sich Gattungsmischungen in den weiteren Werken des Pleier: *Tandareis und Floribel* etwa öffnet sich deutlich hin zum Minneroman. Im *Meleranz* ist dagegen der Rückgriff auf das Feenmärchen erkennbar, ein Erzählschema, welches dann im *Gauriel von Muntabel* des Dichters Konrad von Stoffeln (Ende 13. Jahrhundert) stark ausgebaut wurde. Nur erwähnt werden soll der anonym überlieferte *Wigamur* (1250/70). Einen Abschluss im dichterischen Umgang mit dem Artusstoff kann man im Monumentalwerk Ulrich Füetrers (neuerlich auch Fuetrer) sehen. Füetrer bearbeitete in der zweiten Hälfte des 15. Jahrhunderts eine Vielzahl von Romanen des Artus- und des Gralskreises. Sein *Buch der Abenteuer* (1473–81) kann mit seinen etwa 12 000 Strophen gewissermaßen als Summe und Abschluss der Gattung betrachtet werden.

> Gattungsmischung

Parzival und Tristan Einen engen Zusammenhang mit der Artusepik weisen, als Gralsroman, auch der *Parzival* Wolframs von Eschenbach sowie, als Minneroman, der *Tristan* Gottfrieds von Straßburg auf. Beide Werke sind bedeutend genug, sie in einem eigenen Kapitel zu erörtern (→ KAPITEL 10).

Fragen und Anregungen

- Skizzieren Sie den Überlieferungsweg vom ‚historischen‘ Artus zur mittelhochdeutschen Romanfigur.

- Erläutern Sie, warum es berechtigt ist, Hartmann von Aue als ‚Vater‘ des deutschen Artusromans zu bezeichnen.

- Beschreiben Sie die strukturellen Grundelemente der Artusepik.

- Nennen Sie zentrale Vergleichspunkte zwischen Hartmanns *Erec* und *Iwein*.

Lektüreempfehlungen

Quellen

- **Hartmann von Aue: Erec.** Mittelhochdeutscher Text und Übertragung von Thomas Cramer, Frankfurt a. M. 1973, 27. Auflage 2007.

- **Hartmann von Aue: Iwein.** Text der siebenten Ausgabe von G. F. Benecke und K. Lachmann, Übersetzung und Nachwort von Thomas Cramer, Berlin 1968, 4., überarbeitete Auflage 2001.

Forschung

- **Joachim Bumke: Der „Erec" Hartmanns von Aue. Eine Einführung,** Berlin / New York 2006. *Schmaler Band mit umfassendem Überblick über alle wesentlichen Aspekte des Romans.*

- **Christoph Cormeau / Wilhelm Störmer: Hartmann von Aue. Epoche – Werk – Wirkung,** München 1985, 3., aktualisierte Auflage 2007. *Gut strukturierte Einführung in Hartmanns Gesamtwerk, verbunden mit interpretatorischen Nacherzählungen.*

- **Volker Mertens: Der deutsche Artusroman,** Stuttgart 1998. *Sehr gut lesbare und fundierte Einführung in das Gesamtspektrum des deutschen Artusroman.*

9 Heldenepik

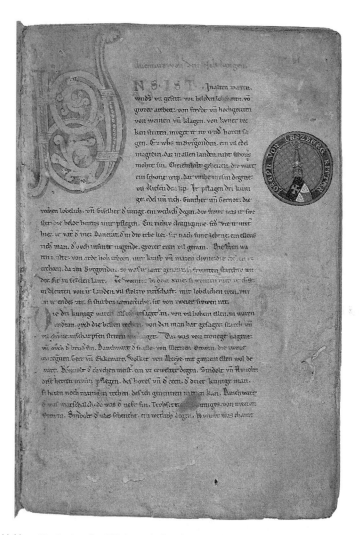

Abbildung 27: Beginn des Nibelungenlieds (Blatt 1r Nibelungen-Handschrift C, 2. Viertel 13. Jahrhundert)

Unter der Überschrift „Auentvre von den Nibelungen" leitet ein reich verziertes U die berühmte Eingangsstrophe des „Nibelungenlieds" ein: „Uns ist in alten mæren wunders vil geseit / von heleden lobebæ-ren von grôzer arebeit..." („Uns wurde in alten Erzählungen viel Wunderbares berichtet, von lobenswerten Helden, von großen An-strengungen..."). Bereits diese Eingangsverse verweisen programma-tisch auf Herkunft und Inhalt des Heldenepos. Die Nibelungenhand-schrift C zählt zu den ältesten vollständig überlieferten Fassungen des „Nibelungenliedes". In den wichtigen Handschriften A und B, die ebenfalls dem 13. Jahrhundert entstammen, fehlt die Eingangsstrophe dagegen.

Die Heldenepik gehört neben der Artusepik zu den bedeutendsten epischen Literaturgattungen des Mittelalters. Stoffgrundlage ist im Unterschied zur romanisch vermittelten Artusepik die germanische Sagenwelt mit einem erkennbaren historischen Bezugspunkt in der Völkerwanderungszeit des 5. Jahrhunderts. Die Frage der Historizität der Heldendichtung stellt sich daher genauso wie die nach ihren Funktionen.

Das *Nibelungenlied* ist der wichtigste Vertreter der mittelhoch-deutschen Heldenepik. Das Hauptaugenmerk der Forschung richtete sich auf das Vorleben des Textes in der mündlichen Sagentradition und seiner Verschriftlichung. Auch Fragen seiner Interpretierbarkeit und seiner Rezeptionsgeschichte galt das Interesse.

9.1 Geschichtlichkeit, Medialität und historische Funktionen
9.2 Das *Nibelungenlied*

9.1 Geschichtlichkeit, Medialität und historische Funktionen

Heldenepik (Heldendichtung) vermittelt Konfliktgeschichte als Schilderung kämpferischer Bewährung herausragender Einzelpersönlichkeiten. Der inhaltlich nah verwandte Begriff der Heldensage betont den Aspekt der mündlichen Überlieferung, der Begriff Heldenlied hingegen legt den Akzent auf die künstlerische Gestaltung des Stoffes. **Definitionen**

Hauptwerk der deutschen Heldenepik ist das *Nibelungenlied*, ein um 1200 in über 2 300 Strophen verfasster epischer Großtext eines anonymen Dichters. Seine Grundlage sind Heldensagen, die über etliche Jahrhunderte nur mündlich tradiert wurden. Frühere schriftliche Zeugnisse dieses Stoffkreises existieren kaum. Eine bedeutende Ausnahme bildet das althochdeutsche *Hildebrandslied* (um 830; → KAPITEL 5.5). Eher ein Kuriosum, weil nur lateinisch überliefert, ist der um 900 verfasste *Waltharius*. Motivgeschichtlich verwandt ist die Dietrichepik, heldenepische Texte, die sich um die Zentralgestalt Dietrich von Bern gruppieren. Diese Stoffe sind Teil einer umfassenderen Überlieferung der germanischen Heldensage, die Mittel- und Nordwesteuropa miteinander verband. Bedeutende Denkmäler finden sich in Form von Eddas und Sagas auch im skandinavischen Raum, überwiegend in Handschriften des 13. Jahrhunderts. Beispiele dieser nordischen Stofftradition sind die *Lieder-Edda* (auch *Ältere Edda* oder *Codex Regius*), die *Snorra-Edda* (auch *Jüngere Edda* oder *Prosa-Edda*), die *Völsungasaga* sowie die *Thidreksaga*. **Stoffkreis**

Kennzeichnend für den Handlungsträger der Heldenepik, den ,Helden', sind seine Stärke und sein Kampfesmut, die er in den Dienst der Existenzsicherung der jeweiligen Stammesgemeinschaft stellt. Sein Handeln dient insofern nur am Rande persönlichen Belangen, durchaus aber dem Bestreben, sich ein rühmliches Andenken in der Nachwelt zu sichern. Heldisches Ethos orientiert sich an Kampf, Rache und Ehre. Das schließt christliche Werthaltungen wie Feindesliebe und Vergebung weitestgehend aus, auch da, wo die Helden selbst Christen sind. Schicksalsgläubigkeit und Schicksalsverachtung gehören zur Grundausstattung des Helden. Wenn uns diese Prägung heute als roh und unzivilisiert erscheint, so ist das eine anachronistische Betrachtungsweise. Für die archaische Gesellschaft, aus deren Mitte die Helden stammten, waren die Taten ihrer Anführer unter Umständen Voraussetzung, um zu überleben oder doch wenigstens ruhmreich unterzugehen. **Handlungsträger ,Held'**

Heroic Age

Heldenepische Werke finden sich in unterschiedlichen Kulturen. Ihr historischer Bezugspunkt ist das jeweilige heroische Zeitalter (englisch *heroic age*) einer Gemeinschaft als einer Epoche des konflikthaften und existenzbedrohenden Umbruchs. Entsprechend sind die zentralen Motive der Heldenepik Kampf und Auseinandersetzung auf Leben und Tod. Für die Griechen war das *heroic age* das Zeitalter der Zerstörung Trojas (Homer: *Ilias*, 7. Jahrhundert v. Chr.), für Frankreich die Zeit Karls des Großen (*Chanson de Roland*, um 1100).

Bezugspunkt Völker-
wanderungszeit

Für den germanisch-deutschen Kulturraum ist die Völkerwanderungszeit der historische Bezugsrahmen der Heldendichtung. Gemeint ist die Zeitspanne zwischen der Zerstörung des im heutigen Südrussland gelegenen Ostgotenreichs des Königs Ermanerich im Jahr 376 und der Eroberung Norditaliens durch die Langobarden im Jahr 568. Im Verlauf dieser Epoche kam es zu tief greifenden ethnischen Verwerfungen in Europa, die bis nach Nordafrika ausstrahlten und in deren Verlauf das (west-)römische Imperium endgültig unterging. Es waren vor allem germanische Stämme, die ihre ursprünglichen Siedlungsräume verließen, in kriegerischen Prozessen von Vertreibung und Flucht neue Siedlungsräume eroberten und verschiedene Reiche gründeten, die insgesamt jedoch keinen Bestand hatten. Im kollektiven Gedächtnis blieb davon offenbar die Erinnerung an herausragende Persönlichkeiten und deren Taten, wohl auch das traumatische Bewusstsein einer blutig-zerstörerischen Epoche.

Historizität

In den Texten der Heldenepik findet sich der Bezug zur Völkerwanderungszeit vor allem in der namentlichen Nennung von Völkern, Stämmen und kriegerischen Auseinandersetzungen, insbesondere aber in der Schilderung zentraler, in der Regel adliger Persönlichkeiten. So sind beispielsweise im *Nibelungenlied* eine Reihe von Figuren historisch leicht fassbar. In Etzel kann man etwa unschwer den Hunnenkönig Attila († 453) erkennen – dabei resultiert die Form „Etzel", lauthistorisch konsequent, aus der Zweiten Lautverschiebung (→ KAPITEL 5.3) und dem sogenannten Primärumlaut, der Veränderung von kurzem *a* zu *e* vor *i* und *j* der Folgesilbe. Auch das burgundische Königstriumvirat, bestehend aus dem Hauptkönig Gunther und seinen Brüdern Giselher und Gernot, ist in der lateinischen *Lex Burgundionum* (oder *Lex Gundobada*) des frühen 6. Jahrhunderts historisch bezeugt. Dietrich von Bern (gemeint ist die norditalienische Stadt Verona) ist als Ostgotenkönig Theoderich der Große (um 454–526) fassbar. Bei anderen Figuren ist die Sache verwickelter und letztlich ungeklärt. So sind die historischen Vorbilder der Protagonistinnen Kriemhild und Brünhild nicht sicher nachweisbar, wenngleich ein historischer Anknüpfungspunkt in der Merowingergeschichte des 6. Jahrhunderts vermutet wird. Vor allem bezogen auf Siegfried sind die unterschiedlichsten Hypothesen aufgestellt worden. So wurde in Siegfried der Cheruskerfürst Arminius gesehen, der in der Varusschlacht im Jahre 9 n. Chr. die Römer im Teutoburger Wald schlug; sichere Belege hierfür gibt es aber nicht.

Dem im zweiten Teil des *Nibelungenlieds* geschilderten Kampf zwischen den Burgundern und den Hunnen entspricht historisch ein Ereignis des Jahres 436 oder 437. Gemeint ist eine Vernichtungsschlacht hunnischer Truppen (allerdings nicht unter Attila) gegen das Burgunderreich des Gundahar, vermutlich bei Worms, wohl auf Veranlassung des von den Burgundern bedrohten weströmischen Heermeisters Aëtius. Bei diesem Kampf verloren zehntausende Burgunder, darunter auch die gesamte Königssippe, ihr Leben.

Wenn im *Nibelungenlied* die Könige Gunther und Etzel gleichzeitig und persönlich miteinander agieren, so stimmt das nicht mit den Lebensdaten ihrer historischen Vorbilder überein, zeigt aber ein Grundprinzip der ‚Geschichtsorganisation‘ der Heldensage: die Konstituierung eines geschlossenen Kosmos von Heldengestalten. Diese Art der ahistorischen Synchronisierung von Ereignissen zeigt sich als typologisches Konzept auch in der Verbindung zwischen Dietrich von Bern und Attila. In der Sagentradition flieht Dietrich vor dem Westgotenkönig Odoaker aus Italien zu Attila nach Pannonien (Ungarn). Auch das entspricht zwar nicht der historischen Realität, es verdeutlicht aber das Prinzip der Sagenbildung, einen verdichteten Ereignisrahmen zu konstituieren, mit einer Interaktionsstruktur, „in der alles mit allem zusammenhängt und jeder mit jedem zu tun hat" (Heinzle 1999, S. 5). So wird die Möglichkeit geschaffen, historische Großereignisse als personale Konflikte zu entschlüsseln und zu verstehen.

Literarische Verdichtung ...

Nicht selten bilden vorgeprägte Gestaltungsmotive oder Handlungsmuster die Grundlagen der literarischen Umformung, in die die historischen Ereignisse eingepasst werden. So setzte nach dem unrühmlichen Tod Attilas, der während der Brautnacht mit einer germanischen Prinzessin einem Blutsturz erlag, fast unmittelbar ein Verarbeitungsprozess ein, der das lapidare Ableben des großen Herrschers ideologisch überhöhte und mit Sinn anreicherte. Rasch kam die Mutmaßung auf, Attila sei in der Brautnacht von Hiltico, seiner Braut, ermordet worden, aus Rache für die Tötung ihrer Brüder durch Attila. Der Tod des Hunnenherrschers wurde somit dem Handlungsmuster der Verwandtenrache eingepasst. Und so spann sich der Faden fort ... Heute würde man wohl von einer Verschwörungstheorie sprechen.

... und Überhöhung

Ob die literarische Umformung historischer Ereignisse Resultat zielgerichteter Eingriffe in die Geschichtstradierung war oder eher ein ungesteuerter Prozess der geistigen Bewältigung und literarischen Anverwandlung, wird im Einzelfall kaum zu entscheiden sein. Als ein Prinzip der literarischen Adaptation von Geschichte galt der Forschung (mit Heusler 1905) lange die ‚Enthistorisierung‘, verstanden als emanzipatorischer Akt künstlerischer Gestaltungskraft, die Geschichte als Rohstoff nutzt und nach ästhetischen Gesetzmäßigkeiten in Heldenlieder umformt. Eine solche moderne, das schöpferische Individuum betonende Auffassung ist allerdings nicht unproblematisch, wenn man das Zustandekommen der Heldendichtung als kollektiven Akt Vieler über viele Generationen hin versteht. Auch wird so übersehen, dass die Heldendichtung in ihrem Selbstverständnis und in ihrer Außenwahrnehmung durchaus Vermittlungsinstanz historischer Wahrheit ist. Geschichte ist ihr nicht nur Mittel, sondern auch Zweck.

‚Enthistorisierung‘?

Funktionen der Heldenepik

Die Primärfunktion der Heldenepik, wie auch der sonstigen mittelalterlichen Epik oder Lyrik, liegt zunächst natürlich in der Unterhaltung. Daneben diente die Heldenepik offenbar einer Reihe anderer Zwecke, etwa der Aneignung und Tradierung historischen Wissens, der Erhaltung identitätsstiftender Erinnerung an herausragende Persönlichkeiten (→ KAPITEL 14.2), der historischen Verarbeitung kollektiver Traumata (Völkerwanderung) oder der Legitimation von Herrschaft.

Offenbar hatte die Heldenepik die Funktion einer ‚Vorzeitkunde‘. Durch sie konnte die historische Gegenwart mit der oft dunklen Vergangenheit verbunden werden und so ein Identifikationsrahmen bereitgestellt werden, der die Kontinuität der Gemeinschaft verbürgte. Der Adel vereinnahmte die Heldenepen dabei offenbar als Mittel der Selbstlegitimation, als Untermauerung und Behauptung eigener heroischer Vergangenheit und Größe. Dieses Prinzip wird man als Motivation auch für die Sammlung der *barbara et antiquissima carmina* (der uralten heidnischen Lieder) annehmen dürfen, die von Karl dem Großen in Auftrag gegeben wurde (→ KAPITEL 5.1).

Selbstlegitimation

Im lateinisch gebildeten Klerus traf diese Art des Interesses an der heidnischen Vergangenheit keineswegs auf ungeteilte Zustimmung. Ein anschauliches Beispiel dafür liefern die Briefe des Domschulmeisters Meinhard, gerichtet an seinen Bischof Gunther (regierte 1057–65) bzw. einen Domherrn in dessen Gefolge. Meinhard beklagt sich darin bitter, dass Gunther immerzu an Attila und Dietrich denke, die Kirchenväter und seine geistlichen Pflichten aber vernachlässige (vgl. Gschwantler 1992).

Seit frühester Zeit ist von einem Nebeneinander der mündlich überlieferten Heldensage als spezifischer Geschichtsüberlieferung der Illitterati, also der Schriftunkundigen, und der gelehrten, meist lateinischen Geschichtsschreibung auszugehen. Nicht selten kam es dabei zu Überschneidungen, die wertvolle Einblicke nicht nur in die mittelalterliche Geschichtsauffassung, sondern auch die orale Sagentradition liefern.

Heldensage und gelehrte Historiografie

Beispiele hierfür sind die sogenannten Heldensagen-Passagen der um das Jahr 1000 verfassten *Quedlinburger Annalen*, in denen der anonyme Verfasser die Sage von Dietrichs Flucht und dessen Exil bei Attila aufgegriffen hat. Die Passagen wurden im 11. Jahrhundert von der *Würzburger Chronik* übernommen, welche dann um 1100 selbst in die *Weltchronik* des Mönchs Frutolf von Michelsberg Eingang fand. Als Frutolf nun die Sagentradition der historisch korrekten Version der *Getica* gegenüberstellte, einem historiografischen Werk des Autors Jordanes aus dem 6. Jahrhundert, konnte er den Widerspruch zwischen beiden nicht auflösen.

Heldensagen-Passagen

Erst gegen Mitte des 12. Jahrhunderts entwickelte sich eine Tradition der ‚Sagenschelte‘. In der *Kaiserchronik*, dem ältesten in deutscher Sprache verfassten (gereimten) Geschichtswerk (um 1150), äußerte sich der anonyme Verfasser beispielsweise sehr scharf gegen die nur mündliche Tradition der Heldensage und ihre Behauptung, Dietrich und Etzel seien Zeitgenossen gewesen. Mit dieser ‚Lüge‘ wollte der Chronist jetzt endlich aufräumen: *hie meget ir der luge wol ain ende haben* (V. 14187; „Hiermit hat die Lüge für Euch wohl ein Ende").

‚Sagenschelte‘

9.2 Das *Nibelungenlied*

Das *Nibelungenlied* zählt zu den bedeutendsten Dichtungen der mittelhochdeutschen Zeit. Das Werk ist um 1200 als Buchepos entstanden. Verschiedene Indizien – wie die explizite Nennung der Stadt Passau und seines berühmten Bischofs Pilgrim – machen Passau als Entstehungsort und den Nachfolger Pilgrims, Bischof Wolfger von Erla, als Auftraggeber wahrscheinlich. Für den bairischen Ursprungsraum spricht auch, dass sich der Dichter im Donaugebiet sehr gut auskannte, ganz im Gegensatz etwa zum rheinischen Gebiet um Xanten und Worms. Jedenfalls ergibt sich das aus der Schilderung der Ereignisstätten und Reisewege im *Nibelungenlied*.

Passau und Wolfger von Erla

Vieles am *Nibelungenlied* ist bis heute ungeklärt. Dazu zählt der Name des Verfassers. Dass dieser im Gegensatz zu den zeitgleichen

Dichtern der Artusepik anonym geblieben ist, gilt als gattungstypisch und scheint Ausdruck des Selbstverständnisses der Dichter von Sagenstoffen zu sein (→ KAPITEL 8.4). Offenbar verstanden sie sich weniger als Schöpfer literarischer Werke denn als ‚bloße' Sammler, Bearbeiter und Aufschreiber bereits existenter und allgemein bekannter Stoffe. In der Tat ist zwingend davon auszugehen, dass die Heldensagen im Mittelalter allgemeines Kulturgut waren. Sie existierten offensichtlich in unterschiedlichen Versionen und Verknüpfungen. Dennoch ist es aus heutiger Sicht kaum zweifelhaft, den Anonymus zu den bedeutendsten Dichtern der mittelhochdeutschen Blütezeit zu zählen. Seine Leistung bestand ganz offensichtlich darin, verschiedene Sagenstränge zu einem ganzheitlichen Großepos zu verbinden und diesem eine strophische Form zu geben. Dass dies unter den Gegebenheiten der Zeit nicht ohne Brüche, innere Widersprüche und Merkwürdigkeiten gelang, kann kaum verwundern und gibt keinen ausreichenden Anlass, an den künstlerischen Fähigkeiten des Dichters zu zweifeln.

Große Anstrengungen hat die Nibelungenforschung darauf verwandt, die Vorgeschichte des Buchepos zu klären. Eine erste bedeutende Etappe war die sogenannte Lieder- oder Sammeltheorie Karl Lachmanns aus dem frühen 19. Jahrhundert, der – korrespondierend zu den homerischen Epen – im *Nibelungenlied* das Produkt einer Summierung kleiner selbstständiger Einzellieder episodischen Inhalts sah (vgl. Lachmann 1816). Konträr dazu stand Andreas Heuslers Gegenentwurf aus dem frühen 20. Jahrhundert. Nach Heusler ist das Epos keinesfalls Produkt einer Addition von Einzelliedern, sondern der ‚Anschwellung' eines Einzelliedes aus einem ‚embryonalen' Zustand zum Epos: „Nehmen wir Epen und Lieder, so wie die Überlieferung der Germanen sie kennt, so müssen wir sagen: das Epos verhält sich zum Liede wie der erwachsene Mensch zum Embryo; wie der weitverästelte Baum zur jungen Pflanze" (Heusler 1905, S. 30). In seinem – lange Zeit als geradezu kanonisch geltenden – Nibelungen-Stammbaum geht Heusler von zwei getrennten Überlieferungssträngen aus (Brünhildsage und Burgundensage), die der Dichter um 1200 miteinander verbunden habe. Er stützt seine Überlegungen insbesondere auf die skandinavische Stofftradition der *Edda* und der *Thidrekssaga*, die handschriftlich zwar jünger sind, aber einen archaischeren Überlieferungsstand bewahrt haben. Nach Heusler haben nur wenige Vermittlungsschritte zu den von ihm angenommenen, in der zweiten Hälfte des 12. Jahrhunderts vorliegenden Quellen des Nibelungendichters geführt (vgl. Heusler 1965). Der Heuslersche Ansatz erfährt aufgrund seiner Rigidität heute kaum noch ungeteilte Zustimmung. Man muss wohl davon ausgehen, dass die Überlieferungsgeschichte des *Nibelungenlieds* sehr viel komplexer und verästelter ablief.

In modernen, schriftorientierten Gesellschaften ist die Vorstellung weitgehend verloren gegangen, dass es möglich sein kann, komplexe Texte über Jahrhunderte hinweg rein mündlich zu tradieren. Als erhellend erwies sich der kulturhistorische Ansatz der *Oral-Poetry*-Forschung. Er basiert auf der *theory of oral formulaic composition* („Theorie mündlicher formelhafter Dichtung") des US-amerikanischen Gräzisten Milman Parry, der in den 1930er-Jahren die Erzählkultur der serbokroatischen Guslaren untersuchte. Guslaren waren Sänger, die in Kaffeehäusern Lieder von teilweise beträchtlichem Umfang frei vortrugen, während sie sich selbst auf einem Saiteninstrument, der Gusle, begleiteten. Parrys Schüler Albert Lord bündelte die Theorie 1960 unter dem Titel *The Singer of Tales* (*Der Sänger erzählt. Wie ein Epos entsteht*, Lord 1965). Demnach hat man von einem analphabetischen Sänger auszugehen, der das Epos während des Vortrags improvisierend den jeweiligen Vortragsbedingungen anpasst. Grundlage ist ein stabiles Handlungsgerüst, das situationsspezifisch mit einem Set sprachlicher Formeln und Erzählschablonen ausgefüllt wird. Der Vortrag der Guslaren ist dabei geprägt durch eine auf die äußere Handlung bezogene, eher distanzierte Erzählweise.

Oral-Poetry-Forschung

Der hoffnungsvolle Versuch, dieses Konzept auf das *Nibelungenlied* zu übertragen, scheiterte insgesamt aber. Das Buchepos ist ganz offensichtlich keine Verschriftung (→ KAPITEL 1.3) eines so bereits mündlich existierenden Vortragswerkes. Vielmehr geht man heute davon aus, dass der Dichter ein insgesamt schriftlich konzipiertes Werk im Modus einer nur ‚fingierten Mündlichkeit' geschaffen hat.

Die handschriftliche Überlieferung des *Nibelungenlieds* ist relativ breit und erstreckt sich von der ersten Hälfte des 13. Jahrhunderts bis ins 16. Jahrhundert. So existieren heute noch 36 Handschriften in Form von 11 Volltexten und 25 Fragmenten, die häufig in einem Überlieferungsverbund mit der *Klage* stehen, einer Begleitdichtung, die in der Grundhaltung der Trauer auf den Burgundenuntergang am Etzelhof zurückblickt. Die Haupthandschriften des *Nibelungenlieds* werden mit den Siglen A, B und C bezeichnet. Alle drei Handschriften sind Kopien und entstammen dem 13. Jahrhundert. Welche dem verlorenen mutmaßlichen Original am nächsten kommt, ist bis heute umstritten, ebenso die stemmatografische Abhängigkeit des Gesamtbestandes der Überlieferung. Deutlich unterscheidbar sind aber zwei

Handschriftenlage

Überlieferungsstränge, die nach dem unterschiedlichen Schlussvers der letzten Strophe entweder als Not-Fassung (*daz ist der Nibelunge nôt*) oder als Lied-Fassung (*daz ist der Nibelunge liet*) bezeichnet werden.

Formaler Aufbau Das Nibelungenlied gliedert sich in 39 kapitelartige Abschnitte (Aventiuren) unterschiedlicher Länge. Die Dichtung besteht aus Strophen, einem typischen Kriterium für die Heldenepik. Die sogenannte Nibelungenstrophe setzt sich aus vier Langzeilen, jeweils bestehend aus Anvers und Abvers zusammen. Typischerweise wird der letzte Abvers durch einen vierhebigen Rhythmus markiert (→ KAPITEL 7.3). Die Makrostruktur zeigt deutlich eine Zäsur nach der 19. Aventiure. Im Zentrum des ersten Teils stehen Ereignisse im Zusammenhang mit der Siegfried-Figur: Ankunft am Hof der Burgunder, Werbung um Kriemhild, Unterstützung für König Gunther bei dessen Werbung um Brünhild, Doppelhochzeit am Burgundenhof, Königinnenstreit, Ermordung Siegfrieds durch Hagen. Im zweiten Teil ist der aussichtslose Kampf der Burgunder gegen die Hunnen bestimmendes Motiv. Verbindendes Element beider Teile ist die Figur Kriemhilds, die nach der Ermordung Siegfrieds und in zweiter Ehe mit Etzel vermählt den weiteren Fortgang durch ihre Rachepläne bestimmt.

Stofflicher Aufbau Stofflich lässt sich das *Nibelungenlied* als Verbindung historischer Ereignisgeschichte, angereichert durch mythologische und märchenhafte Elemente (Siegfrieds schützende Hornhaut, seine magische Tarnkappe, die amazonenhaft starke Brünhild) und moderner höfischer Elemente der Zeit um 1200 beschreiben. Höfisch und der archaischen Heldensage eigentlich fremd ist das vor allem bezogen auf Siegfried und Kriemhild entfaltete Motiv der Minne (→ KAPITEL 10, 11). Höfisch modern und dem Zeitgeschmack verpflichtet wird auch das Hofleben geschildert, seine Prachtentfaltung bis in die teilweise ausführliche Beschreibung der Kleidung (in den sogenannten Schneiderstrophen).

Distanzierte Erzählhaltung Der Dichter erzählt wie ein außerhalb stehender Beobachter, seine distanzierte Darstellung ist ganz auf die Faktizität des Geschehens gerichtet. Darin liegt ein weiteres gattungstypisches Element der Heldendichtung. Auch die handelnden Figuren bleiben weitgehend eindimensional, ihre innere Motivation und Gefühlswelt wird allenfalls gestreift. Moralisierende Werturteile bringt der Erzähler nur punktuell ein, eine durchgängige moralische Perspektive fehlt.

Pessimismus Auffällig ist die zutiefst pessimistische Weltsicht, wofür paradigmatisch die vorletzte Strophe steht: *mit leide was verendet des küneges hôchgezît / als ie diu liebe leide zaller jungeste gît* (Str. 2375,3f.; „Leidvoll war das Fest des Königs zu Ende gegangen, wie stets die

Liebe schließlich zum Leide führt"). Vielfältige negative Vorausdeutungen, durch die der Dichter die spätere Konsequenz einer Situation oder Handlung immer wieder vorwegnimmt, führen zu einer permanenten Verklammerung der Zeitebenen und sind eines der prägenden Gestaltungsmittel. Der Erzähler lässt nie einen Zweifel daran aufkommen, dass die Welt des *Nibelungenlieds* dem Untergang geweiht ist. Der Spannungsbogen baut sich insofern nicht darüber auf, was geschieht, sondern darüber, wie es geschieht.

Es gehört zu den eindrucksvollsten, gleichzeitig aber auch irritierendsten Eigentümlichkeiten des *Nibelungenlieds*, dass es sein Publikum am Ende in einen Zustand der Ratlosigkeit und Leere entlässt. Nach dem Blutrausch am Etzelhof und der entsetzlich mörderischen Schlussszene, in der auch Gunther, Hagen und schließlich Kriemhild umgebracht werden, kehrt sich der Dichter gleichsam kommentar- und hilflos ab und hinterlässt ein verstörendes Gefühl betäubender Sinnlosigkeit.

Fehlendes Deutungsangebot

Es wäre gut möglich, dass das hierdurch ausgelöste Unbehagen der Grund dafür war, dem *Nibelungenlied* noch im 13. Jahrhundert ein – vermeintlich – verträglicheres moralisches Profil zu geben. Sowohl in Handschrift C wie auch in der *Klage* ist die klare Tendenz zu erkennen, die Geschehnisse als Parabel für die schrecklichen Folgen der christlichen Urschuld der *superbia* (lateinisch; „Hochmut") und somit als Ausdruck menschlichen Fehlverhaltens zu deuten. In der Konsequenz wird Kriemhild in Handschrift C deutlich zuungunsten Hagens entlastet. Grundlage für diese Deutung ist die Annahme, dass die Handschriften A und B die gegenüber C ursprünglichere Textfassung bieten. Einzuräumen ist jedoch, dass die Chronologie und redaktionelle Verflechtung der Handschriften untereinander und mit der *Klage* letztlich ungeklärt ist.

Moralisierende Bearbeitung?

Grundsätzlich stellt sich die Frage, ob man den Sinn des *Nibelungenlieds* als Ganzes überhaupt verstehen und schlüssig interpretieren kann. So wird dem Rezipienten schon aufgrund der Erzählhaltung des Dichters kein schlüssiges Verständnisangebot gemacht – es sei denn in der (poetologisch freilich nicht stringent entwickelten) fatalistischen Vorausbestimmung des Unheils. Dazu kommt, dass sich die verschiedenen Brüche, Widersprüche und Inkonsequenzen des Werkes kaum in einen stimmigen Interpretationsrahmen bringen lassen, ohne sich dem Vorwurf der „Sinnunterstellung" (Heinzle 1996, S. 93f.) auszusetzen. Problematisch ist auch, dass einzelne Figuren in zum Teil deutlich wechselnder Perspektive moralisch-sittlicher Integrität erscheinen: So ist Hagen im ersten Teil der listige Meuchelmör-

Interpretationsprobleme

der, im zweiten Teil aber der ‚Trost' der Nibelungen, Kriemhild zunächst die lieblich-tugendhafte Prinzessin, später eine rachsüchtige *vâlendinne* („Teufelin", Str. 2368,4).

Sinnpotenzial

Daher wird es immer hilfreich und notwendig sein, zum Verständnis der Dichtung ihre komplexen Entstehensbedingungen und ihre Textkonstitution mit zu berücksichtigen. Nicht weniger notwendig ist es, das Werk aus seiner historischen Situierung im Mittelalter heraus zu deuten, was ahistorische, werkimmanente und etwa auch psychologisierende Deutungen von vornherein als problematisch erscheinen lässt. Der Wahrheit am nächsten kommt sicher, dass das *Nibelungenlied* „ein mehrschichtiges und plurivalentes ‚Bedeutungspotenzial' dar[stellt]" (Hoffmann 1992, S. 34), worin man seinen künstlerischen Rang sehen mag, worin gleichzeitig aber auch die Gefahr der ideologischen Vereinnahmung und Instrumentalisierung liegt.

Vermittlung des Sagenstoffs

Im Grunde bleibt der Sagenstoff um den Burgundenuntergang und Siegfrieds Taten und Tod vom 5. Jahrhundert bis in die Gegenwart präsent und erfreut sich verschiedener medialer Vermittlungsformen: Von Friedrich Hebbels dramatischer Bearbeitung (*Die Nibelungen*, 1861) bis zu Richard Wagners Opernzyklus *Der Ring des Nibelungen* (1848–76), von Fritz Langs Stummfilm-Bearbeitung (1924) bis zur RTL-Fernsehproduktion *Die Nibelungen. Der Fluch des Drachen* (2004).

Rezeption im 14.–17. Jahrhundert

Verschiedene Handschriften des 14., 15. und 16. Jahrhunderts bezeugen das andauernde Interesse am *Nibelungenlied*. Der Stoff wurde im weiteren aber überlagert und abgelöst durch das *Lied vom Hürnen Seyfrid* (Lied vom mit Hornhaut überzogenen Siegfried), ein im 16. und 17. Jahrhundert verbreitetes Volksbuch, das stoffgeschichtlich mit den nordischen Quellen (*Lieder-Edda, Völsungasaga, Thidrekssaga*) übereinstimmt. In ihm wird vor allem die im *Nibelungenlied* ausgesparte Jugend Siegfrieds als Drachentöter und die Erlangung des Nibelungenschatzes erzählt.

18. Jahrhundert: Wiederentdeckung

Ein Neubeginn der Rezeptionsgeschichte und gleichzeitig auch der Beginn einer theoretisch-wissenschaftlichen Auseinandersetzung lässt sich ab der Mitte des 18. Jahrhunderts festmachen. Damals wurden die *Nibelungenlied*-Handschriften C und A in der Bibliothek des Grafen von Hohenems wiederentdeckt, ein Fund, der eng mit dem Namen des Germanisten Johann Jakob Bodmer verbunden ist. Mit Bodmer begann ab der 2. Hälfte des 18. Jahrhunderts auch eine Parallelisierung des Werks mit den homerischen Heldenepen, die die weitere Rezeptionsgeschichte prägte und sich in der Vorstellung einer ‚deutschen *Ilias*' niederschlug.

Am Beginn des 19. Jahrhunderts, der Zeit der napoleonischen Herrschaft in Europa, die 1806 mit der Auflösung des Deutschen Reiches einherging, wurde das Werk als ‚Nationalepos‘ propagandistisch in den Dienst der Befreiung von der französischen Fremdherrschaft gestellt. Ziel war die Entzündung des nationalen Pathos und der Kampfbereitschaft gegen Napoleon.

19. Jahrhundert: ‚Nationalepos‘

Die Instrumentalisierung des *Nibelungenlieds* als Ausdruck vermeintlicher deutscher Tugenden wie Tapferkeit und ‚Nibelungen-Treue‘ setzte sich bis zur Pervertierung in der ersten Hälfte des 20. Jahrhunderts fort. Sie vollzog sich in Form von Feldausgaben für die Soldaten des Ersten Weltkriegs und reichte bis zur berüchtigten Rede Hermann Görings am 30. Januar 1943, in der er die Schlacht bei Stalingrad mit dem Kampf der Burgunder im Hunnenland verglich, um dadurch die Opferbereitschaft und den Durchhaltewillen zu stärken.

20. Jahrhundert:

Ideologische Instrumentalisierung

Diese „Unheilsgeschichte" (Bumke 2005, S. 108) ist eben auch unrühmlicher Bestandteil der Auseinandersetzung mit dem *Nibelungenlied*. Sie resultiert im Kern aus der Verengung und Verzerrung der Optik auf isolierte Einzelmotive, Szenen und Figuren, um aus ihnen ein je passendes Identifikationsklischee zu konstruieren.

Folge der nationalen und vor allem nationalsozialistischen Vereinnahmung des Textes war zunächst eine deutliche Distanz und Reserve gegenüber dem *Nibelungenlied* – vor allem im Bereich des Schulunterrichts. Die wissenschaftliche Auseinandersetzung mit dem Werk blieb dagegen weitgehend ungebrochen (→ KAPITEL 12.3), ebenso wie seine Faszination für ein breites Publikum.

Fragen und Anregungen

- Bestimmen Sie gattungstypische Kriterien der Heldendichtung und grenzen Sie diese von der Artusepik ab.

- Erläutern Sie Funktionen der Heldendichtung.

- Nennen Sie Organisationsprinzipien für den Umgang mit erzählter Geschichte.

- Umreißen Sie die Problematik der *Nibelungenlied*-Rezeption.

Lektüreempfehlungen

Quelle

- **Das Nibelungenlied. Mittelhochdeutsch / Neuhochdeutsch.** Nach der Handschrift B herausgegeben von Ursula Schulze. Ins Neuhochdeutsche übersetzt und kommentiert von Siegfried Grosse, Stuttgart 2010, Nachdruck 2011. *Praktische einbändige Ausgabe, mit Kommentar, Literaturverzeichnis und Nachwort.*

Forschung

- **Otfrid Ehrismann: Nibelungenlied. Epoche – Werk – Wirkung,** München 1987, 2., neu bearbeitete Auflage 2002. *Interpretierende Darstellung des Handlungsablaufs im „Nibelungenlied" mit eingehender Thematisierung zentraler Forschungsprobleme.*

- **Joachim Heinzle: Die Nibelungen,** Darmstadt 2010. *Gute Möglichkeit, sich rasch und kompetent über die wichtigsten Zusammenhänge des Nibelungenliedes zu informieren. Sehr anschaulich aufgrund zahlreicher, meist farbiger Abbildungen.*

- **Joachim Heinzle: Einführung in die mittelhochdeutsche Dietrichepik,** Berlin / New York 1999. *Verständliche und klar gegliederte Darstellung mit Abbildungen.*

- **Werner Hoffmann: Das Nibelungenlied,** Stuttgart 1961, 6., überarbeitete und erweiterte Auflage des Bandes „Nibelungenlied" von Gottfried Weber und Werner Hoffmann, Stuttgart / Weimar 1992. *Schon etwas ältere, sehr dichte und immer noch einschlägige Einführung.*

- **Wulf Oesterreicher: Verschriftung und Verschriftlichung im Kontext medialer und konzeptioneller Schriftlichkeit,** in: Ursula Schaefer (Hg.), Schriftlichkeit im frühen Mittelalter, Tübingen 1993, S. 267–292. *Grundlegender Beitrag zur genannten Thematik.*

- **Ursula Schulze: Das Nibelungenlied,** Stuttgart 1997, durchgesehene und bibliographisch ergänzte Ausgabe 2003. *Präzise, gut gegliederte Darstellung mit umfangreicher Bibliografie. Sehr gut als Einführung geeignet.*

10 Grals- und Minneroman

Abbildung 28: Wolfram von Eschenbach. Miniatur aus der *Großen Heidelberger Liederhandschrift (Codex* Manesse*)* (frühes 14. Jahrhundert)

Wolfram von Eschenbach zählt zu den größten Dichtern der mittel-
hochdeutschen Blütezeit. Sein Werk, aus dem der Versroman „Parzi-
val" hervorsticht, ist außergewöhnlich umfangreich. Das stilisierte
Porträt aus dem Codex Manesse deutet mit prachtvollem Harnisch
und Wappenabbildungen auf Lanzenbanner, Schild, Helm und Ross-
decke Wolframs Stand als Ritter an, so wie er es auch im „Parzival"
selbstbewusst formuliert: „schildes ambet ist mîn art" (V. 115,11;
„Rittertum ist meinem Wesen gemäß").

Der Gralsroman *Parzival* Wolframs von Eschenbach kann wie der
Minneroman *Tristan* Gottfrieds von Straßburg aufgrund seiner spezifischen thematischen Ausrichtung eine eigenständige Position im Gat-
tungsspektrum der mittelhochdeutschen Literatur beanspruchen. Beide sind Meisterwerke der höfischen Dichtung des hohen Mittelalters,
denen nicht nur eine außergewöhnlich virtuose Beherrschung der
deutschen Sprache gemeinsam ist, sondern auch eine höchst souveräne Haltung des jeweiligen Erzähler-Ichs. Sie verrät viel über die beiden ansonsten historisch kaum greifbaren Dichter-Persönlichkeiten.

10.1 Wolfram von Eschenbach: *Parzival*
10.2 Gottfried von Straßburg: *Tristan*

10.1 Wolfram von Eschenbach: *Parzival*

Wolfram von Eschenbach gilt als einer der größten Dichter des deutschen Mittelalters, was nicht zuletzt aus einem sehr umfangreichen Œuvre resultiert. Sein Ansehen und seine Beliebtheit spiegeln sich in lobenden und geradezu ehrfürchtigen Erwähnungen anderer zeitgenössischer Dichter. Dagegen sticht das negative Urteil, das Gottfried von Straßburg in seinem *Tristan* (vermutlich) über Wolfram fällte, umso auffälliger ab (→ KAPITEL 10.2).

Über die Person Wolfram ist wenig bekannt. Und das Wenige irritiert zudem. So beschreibt er sich selbst als Illiteraten: *ine kan dechei-nen buochstap* (V. 115,27; „Ich beherrsche nicht einen einzigen Buchstaben"). Unklar bleibt, ob das wörtlich zu nehmen ist oder ob es nur die Unfähigkeit markiert, Latein lesen und schreiben zu können. Zu dieser Auffassung tendiert die jüngere Forschung (vgl. Stolz 2004). Das wäre dann als eine selbstbewusst-provokante Rollenstilisierung gegenüber der Buchgelehrsamkeit seiner Berufkollegen zu verstehen. Jedenfalls lässt Wolframs Werk auf eine vielseitig interessierte und in so unterschiedlichen Wissensgebieten wie Medizin, Naturheilkunde und Astronomie bewanderte Dichterpersönlichkeit schließen, die zudem literarisch souverän und selbstsicher agierte. Das findet beispielhaft seinen Ausdruck in Eigennennungen und Eigenbestimmungen, wenn er etwa in der sogenannten Selbstverteidigung erklärt: *ich bin Wolfram von Eschenbach, / unt kan ein teil mit sange* (V. 114,12; „Ich bin Wolfram von Eschenbach und verstehe was vom Liederdichten"). Aber nicht durch sein literarisches Können will er, wie er spöttisch betont, die Gunst der Damen erlangen, sondern durch seine eigentliche Berufung, sein Rittertum, denn: *schildes ambet ist mîn art* (V. 115,11; „Rittertum ist meinem Wesen gemäß").

Der Name Eschenbach verweist auf den gleichnamigen Herkunftsort oder Wirkungsort des Dichters im Raum Mittelfranken, unweit von Ansbach. Es ist ein eindrucksvoller Beleg für die Bedeutung Wolframs, dass sich die Kleinstadt bereits 1917 in Wolframs-Eschenbach umbenannt hat.

Wolframs Gesamtwerk umfasst zwar auch einige Minne- und Tagelieder, das Schwergewicht seines Schaffens liegt aber auf der epischen Dichtung. Dazu zählt der *Willehalm* (um 1210/20), ein auf französischer Vorlage beruhendes Epos, das insbesondere wegen des darin zutage tretenden Toleranzgedankens dem islamischen Orient gegenüber auffällt. Auch im *Parzival* profiliert Wolfram die islamische Welt als positiv gestalteten Bezugsraum. Der Orient tritt hier vor allem am Anfang

Die Person hinter dem Werk

Wolframs-Eschenbach

Wolframs Œuvre

(der von der ersten Ehe von Gahmuret, Parzivals Vater, mit der schwarzen Königin Belakane handelt) und am Schluss des Werkes (in Gestalt seinen schwarz-weißen Halbbruders Feirefiz, der dieser Ehe entstammt) in Erscheinung. Eine Verbindung zum *Parzival* zeigt sich auch in der Fragment gebliebenen strophischen *Titurel*-Dichtung, die zwei der *Parzival*-Figuren, Sigune und Schionatulander, in den Mittelpunkt stellt.

Aufbau

Als das bedeutendste Werk Wolframs umfasst das Epos *Parzival* annähernd 25 000 Verse. Diese gliedern sich in 16 Erzählabschnitte, seit dem Erstherausgeber Karl Lachmann „Bücher" genannt.

Datierung

Die Entstehung des Werks ist nicht genau zu datieren. Einen verlässlichen Anhaltspunkt liefert aber der Bezug auf ein historisches Ereignis des Jahres 1203, nämlich die Verwüstung der Erfurter Weinberge (*Erffurter wîngarte*). Wolfram berichtet im VII. Buch von noch erkennbaren Spuren (V. 379,16–19), was darauf schließen lässt, dass zumindest dieser Teil kurz nach 1203 verfasst wurde. Mit aller Vorsicht lässt sich als Entstehungszeitraum des *Parzival* die Zeit zwischen 1200 und 1210 ansetzen.

Überlieferung

Die handschriftliche Überlieferung ist außergewöhnlich breit und übertrifft alle anderen höfischen Epen. Über 80 Handschriften (16 vollständige, 66 fragmentarische) sind erhalten. Hinzu kommt ein Frühdruck von 1477.

Artus- oder Gralsroman?

Im *Parzival* stehen sich als konkurrierende Referenzgrößen der Artushof und die Gralsgesellschaft gegenüber. Das lässt die gattungsmäßige Einordnung als Artusroman durchaus zu; weil aber die Gralswelt als geistig und moralisch überlegen dargestellt wird, liegt die Klassifikation als Gralsroman näher. Die klassischen Artusromane lassen sich als letztlich grundoptimistische Gesellschaftslehren lesen, in denen der Protagonist seine Verfehlungen wettmacht und dadurch den Idealentwurf höfischer Kultur stabilisiert (→ KAPITEL 8.4). Verglichen damit zeigt der *Parzival* eine weitaus komplexere und gleichzeitig ungleich skeptischere Weltsicht. Wolfram entwirft eine zutiefst erschütterte Welt des Unheils und der fast zwangläufigen Verstrickung in existenzielle Schuld. Im *Parzival* hat die Artuswelt als Gesellschaftsutopie ausgedient. Fluchtpunkt wird die in der religiösen Sphäre angesiedelte mystische Gegenwelt der Gralsgesellschaft.

Artus- und Gralswelt

Die im Vergleich zu *Erec* oder *Iwein* Hartmanns von Aue (→ KAPITEL 8.3) erheblich komplexere Struktur des *Parzival* ist bereits durch die Doppelung und Verschachtelung mehrerer Erzählstränge bedingt. So tritt neben den Titelhelden Parzival der Artusritter Gawan als partiell unabhängig motivierte Figur. Der damit verbundene Perspektivwechsel vertieft durch den Vergleich zwischen beiden Figuren die Kernaussage des Romans, die auf die Höhergewichtung der religiösen Gralswelt ab-zielt. So steht Gawan stellvertretend für die weltlich-materielle Artus-welt, die Parzival aber, nachdem er sie zuvor mühevoll erreicht hat, auf seinem verschlungenen Weg zur spirituellen Gralsgesellschaft hinter sich lässt. Die Gralswelt überbietet die Artuswelt sowohl in geistiger als auch in moralischer Hinsicht, da sie direkt von Gott gelenkt ist. Sie steht damit zugleich für die religiöse Bestimmung des Ritters.

Grundlage des *Parzival* ist, wie auch im Falle des *Erec*, des *Iwein* und anderer höfischer Epen, eine Vorlage des berühmtesten französi-schen Dichters im Mittelalter, Chrétien des Troyes (um 1140–90). Chrétien selbst preist seinen *Perceval* als *le meillor conte / Qui soit contez a cort roial* (V. 63f.; „die beste Erzählung, die an einem Königs-hof je erzählt wurde"). Zweifellos ist dieser Roman Chrétiens tief-sinnigster und komplexester, auch wenn er unvollendet geblieben ist. Quelle des *Parzival*

Wolfram greift den Torso auf und vollendet ihn – auf eine für seine Zeit untypisch freie Weise. So ergänzt er nicht nur den Schluss, sondern stellt dem Werk auch die Gahmuret-Vorgeschichte (Buch I und II), die das Leben von Parzivals Eltern schildert, voran.

Verkompliziert wird die Quellenfrage allerdings durch Wolframs Behauptung, ein provenzalischer Dichter namens Kyot habe ihm die wahre Geschichte von Parzival erzählt. Wer dieser Kyot ist, „den die Forschung inbrünstiger gesucht hat als den Gral" (Johnson 1999, S. 340), ist bis heute ungeklärt. Am plausibelsten ist wohl die Annah-me einer Autorfiktion, also einer erfundenen Quelle. Möglicherweise hat Wolfram die Freiheiten seines Erzählens auf diese Weise zu ka-schieren versucht. Quellenfiktion?

Der Unterschied zwischen Chrétiens *Perceval* und Wolframs *Parzi-val* ist schon im größeren Umfang (etwa 9 200 gegenüber 25 000 Ver-sen) und in der Einbeziehung der Welt des Orient begründet. Auffällig ist daneben Wolframs Hervorhebung verwandtschaftlicher Beziehun-gen. Im *Parzival* gehören die meisten Personen zwei Großfamilien an, die genealogisch entweder auf Artus oder auf das Gralsgeschlecht be-zogen werden können. Im Ritter Parzival verbinden sich, wie sich dem Leser nach und nach offenbart, beide Verwandtschaftslinien. Auch sonst zeigen sich bei Wolfram klare Akzentverschiebungen ge-genüber Chrétien. Das religiöse Element wird stärker betont, etwa in Folge der Höherbewertung der Grals- gegenüber der Artusgesell-schaft. Überhaupt zeigt alles, was mit dem Gral zu tun hat, deutliche Unterschiede gegenüber der Vorlage. Vergleich *Perceval* – *Parzival*

Möglicherweise ist die Gralsvorstellung keltischen Ursprungs. Ausgangspunkt der schriftlichen Überlieferung ist jedoch auch hier

Der Gral Chrétiens *Perceval*. Dort ist der Gral ein goldglänzender, mit Edelsteinen besetzter Teller. Wolframs Gralsvorstellung weicht davon drastisch ab. In seinem *Parzival* ist der Gral ein Name für ein (unbestimmtes) Objekt: *daz was ein dinc, daz hiez der Grâl* (V. 235,23; „das war ein Ding, das der Gral hieß"). Beschrieben wird der Gral als ein immerwährend reiner Stein, von Wolfram auch – rätselhaft – *lapsit exillîs* (V. 469,7) genannt, dem verschiedene himmlische Wunderkräfte innewohnen: Der Gral verleiht bleibende Jugendfrische, ist für Ungetaufte unsichtbar, kann von sündigen Menschen nicht aufgehoben, sondern nur von einer reinen Jungfrau getragen werden und anderes mehr.

Auffällig ist, dass Wolfram das Gralsgeschehen mit einer eucharistischen Aura umgibt. Am Karfreitag legt eine vom Himmel kommende weiße Taube eine Hostie auf dem Gral ab. Dieser bringt dann auf wunderbare Weise die vielfältigsten Speisen hervor und offenbart eine nur für kurze Zeit sichtbare Schrift mit den Namen der von Gott zum Gralsdienst Berufenen. Als Gralshüter stehen diese in einer Tradition, die mit den neutralen Engeln begann, Wesen, die sich beim Kampf zwischen Gott und Luzifer einer Parteinahme enthalten hatten und daraufhin von Gott gezwungen worden waren, zum Gral herabzufahren. So jedenfalls berichtet es der Einsiedler Trevrizent, der Lehrer und Onkel Parzivals, seinem Schüler (V. 471,15–29).

Die Auffassung des Grals als Stein ist eine Eigentümlichkeit Wolframs. Die heute populärste Gralsvorstellung (man denke etwa an Dan Browns Bestseller *Sakrileg* aus dem Jahr 2004) ist dagegen die der Passionsreliquie, also des Kelchs, den Jesus beim letzten Abendmahl benutzte. Auch diese Auffassung findet sich bereits in der mittelalterlichen französischen Literatur vorgezeichnet, namentlich in der um 1200 entstandenen *Estoire dou Graal* (Geschichte des Grals) von Robert de Boron.

Erzählhaltung Wolfram entwirft eine überaus aktive Erzählerrolle und damit zugleich eine zweite Erzählebene. Er kommentiert, appelliert oder sucht den direkten Dialog mit dem Publikum – und hält die Fäden jeweils souverän in der Hand. Der tiefe Ernst des Romangeschehens ist dabei eingebettet in Wolframs eigentümlich humorvolle Erzählhaltung, die oft genug eine besondere Vorliebe des Dichters für Spott und Ironie offenbart und auch vor Anzüglichkeiten nicht Halt macht. Wolframs Komik entlastet die Tragik des Geschehens zwar, zerstört aber nicht dessen existenziellen Kern.

Der Titelheld
Parzival Protagonist und Titelheld ist Parzival, Sohn des Königs Gahmuret, der im Ritterkampf ums Leben gekommen ist. Aus Angst, ihrem

Sohn könnte das gleiche Schicksal widerfahren, erzieht ihn sein Mutter Herzeloyde abseits der Rittergesellschaft in der Wildnis und bekämpft dessen innere Berufung zum Rittertum. Aus übersteigerter Sorge lässt sie sogar die Vögel töten, weil diese durch ihren Gesang bei Parzival ein Gefühl der Sehnsucht auslösen. Als Parzival zufällig Rittern begegnet, deren Faszination erliegt und seine Mutter verlassen will, staffiert sie ihn mit einer lächerlich machenden Narrenkappe aus, in der Hoffnung, dadurch eine Zurückweisung durch die Ritterwelt zu provozieren. Parzival, der ebenso gutmütig wie naiv ist, verlässt seine Mutter und bemerkt nicht, dass diese im Augenblick seines Wegreitens vor Kummer zusammenbricht und stirbt.

Parzival ist der ,reine Tor', der in seiner töricht-gutherzigen Unbedarftheit, ohne es zu wollen und zu wissen, Unheil und Verwüstung anrichtet. Das macht die Schuld- und Sündenproblematik zu einem Zentralmotiv des Romans. Im Kern geht es allerdings weniger um individuelle Schuld und persönliche Verantwortung als vielmehr um den menschheitlichen Aspekt der religiösen Erbschuld. **Schuldproblematik**

Parzivals Weg ist von Geburt an verwoben mit unbeabsichtigter und unbewusster Schuldverstrickung. So zieht sich eine Linie von der durch seine Mutter veranlassten Tötung der Vögel (V. 118,29–119,11) über die naive Entehrung Jeschutes (V. 130,26–131,30), die unbedachte Tötung seines Verwandten Ither am Artushof (V. 154,4–155,18) bis zur nicht gestellten Erlösungsfrage in der Gralsburg (V. 239,8–17).

Parzival gerät zufällig auf die Gralsburg Munsalvaesche und wird hier Zeuge des mysteriösen Aufzugs des Grals, ohne dessen Bewandtnis zu verstehen: Er sieht, wie eine blutige Lanze herumgetragen wird, hört das Klagegeschrei der Templeisen (Gralsritter) und erkennt das Leiden des Gralshüters Anfortas. Seine schlichte Frage *hêrre, wie stêt iwer nôt?* (V. 484,27; „Mein Herr, was ist's mit Eurer Not") hätte diesen erlösen können – aber Parzival schweigt.

Dieses Frageversäumnis hat tief greifende Folgen. So trägt es Parzival vor versammeltem Artushof die erbitterte Anklage der Gralsbotin Cundrie ein. Der Weg zur Wiedergutmachung (als Streben nach gleichzeitiger eigener und fremder Erlösung) ist jedoch verbaut, da die Rückkehr zur Gralsburg unmöglich scheint. In seiner Verzweiflung hadert Parzival mit Gott und wendet sich von ihm ab. Eine innere Umkehr bewirkt erst der Aufenthalt bei dem Einsiedler Trevrizent, der Parzival seine vielfach, wenn auch unwillentlich begangene Schuld vor Augen führt. Erst diese Einsicht und eine Versöhnung mit Gott führen Parzival schließlich zurück auf den ihm vorbestimmten Weg auf die Gralsburg und zur Übernahme der Gralsherrschaft. **Frageversäumnis**

Der Weg Parzivals ist vorgegeben durch das Schicksal seiner weitläufigen Familie: Sie verbindet ihn väterlicherseits mit Artus und mütterlicherseits mit den Gralskönigen. Aber erst nach und nach werden ihm (wie dem Leser) die verwandtschaftlichen Beziehungen und die damit schicksalhaft verknüpfte Familienidentität offenbar. Je mehr Parzival über seine Familie erfährt, desto mehr lernt er sich und seine Bestimmung kennen. Erst spät fügt sich im Handlungsgerüst des Romans alles zu einem Ganzen.

Familienidentität *(Randbegriff)*

Ein zweites übergreifendes Thema des *Parzival* ist die Liebe. Sie verweist die verschiedenen Teile der Dichtung aufeinander und prägt zugleich deren Inhalt. So stehen in den ersten *Parzival*-Büchern die beiden Ehen von Parzivals Vater Gahmuret mit Belakane und Herzeloyde im Mittelpunkt. Die Gawan-Episoden sind ebenfalls durch die Beziehungen des Artusritters Gawan zu unterschiedlichen Frauen bestimmt. Und auch Parzivals eheliche Liebe zu Condwiramurs ist ein ebenso bedeutsames wie leidensträchtiges Motiv – in der Relevanz durchaus vergleichbar mit dem Gral, wie Parzival selbst gegenüber seinem Lehrer und Onkel Trevrizent bemerkt:

Liebe *(Randbegriff)*

mîn hôhstiu nôt ist umben grâl;
dâ nâch umb mîn selbes wîp
[...]
nâch den beiden sent sich mîn gelust. (V. 467,26–30)
(„Die größte Not macht mir der Gral, und auch meine Frau fehlt mir sehr. [...] Nach den beiden sehnt sich mein Verlangen.")

Auch in den Nebenhandlungen und unter den Nebenfiguren spielen Liebesbeziehungen eine konstitutive Rolle. Dabei führt Wolfram auch das Zerstörerische und Gefährliche der Liebe drastisch vor: Belakane und Herzeloyde sterben, weil sie verlassen werden, Sigune stirbt aus Trauer um ihren verstorbenen Geliebten Schionatulander, grotesk durch Liebesschmerz entstellt erscheint die Persönlichkeit Orgeluses. Liebe ist im *Parzival* aber nicht nur eine individuelle Angelegenheit, sondern hat gleichermaßen das Potenzial, die Gesellschaft zu zerstören wie sie zu stabilisieren. Beispielhaft für letzteres steht Gawan, indem er den verwunschenen Ort Schastel marveile vom erstarrenden Bann des Liebesverbots erlöst. Auch bei Parzival selbst kann die Beständigkeit seiner Liebe zu Condwiramurs als zusätzliche Legitimation für den Gralsthron aufgefasst werden.

Das Motiv der Liebe ist zugleich das verbindende Element zu Gottfrieds *Tristan*.

10.2 Gottfried von Straßburg: *Tristan*

Der Usprung des Tristanstoffs liegt vermutlich im anglo-normannischen Raum. Im Hochmittelalter gehörte er zu den übergreifenden Erzählsujets der europäischen Literaturgeschichte. Im Jahr 1226, entstand etwa eine Prosafassung in norwegischer Sprache unter dem Titel *Tristrams saga ok Isondar* (Die Saga von Tristram und Isond).

Als direkte Quelle Gottfrieds gilt eine wohl auf keltischen Sagen beruhende, aber nur fragmentarisch erhaltene französische Version von Thomas de Bretagne (nach 1170), auf den sich Gottfried auch explizit beruft. Aber Gottfried von Straßburg ist nicht der erste Bearbeiter des Tristanstoffs in Deutschland. Schon in frühmittelhochdeutscher Zeit hatte Eilhart von Oberg mit dem *Tristrant* (um 1170?) eine vermutlich auf anderer Vorlage (*Estoire de Tristan* „Geschichte von Tristan", 12. Jahrhundert) beruhende Fassung vorgelegt.

Zwar ist der Rang Gottfrieds von Straßburg als einer der bedeutendsten Dichterpersönlichkeiten des deutschsprachigen Mittelalters unstrittig, dennoch ist über ihn als Person praktisch nichts bekannt. Selbst sein Name ist eindeutig nur außerhalb seines Werkes bezeugt. So begründete Ulrich von Türheim seine Fortsetzung des bei Gottfried unvollendet gebliebenen *Tristan*-Romans (um 1240) mit dem Hinweis *sît meister Gotfrîd ist tôt* (V. 4; „weil Meister Gottfried tot ist"). Die Bezeichnung *meister* (aus lateinisch *magister)* kann als Hinweis auf die Gelehrsamkeit des Dichters verstanden werden. Eine um 1290 von Heinrich von Freiberg verfasste zweite Fortsetzung nennt auch den Beinamen von Straßburg: *meister Gotfrit von Strâzburc* (V. 15f.). Im *Tristan* selbst deutet sich der Name Gottfried nur in einem unvollständigen Akrostichon an. Gut möglich, dass sich Gottfried im Epilog seines Werkes genannt hätte. Da er dieses aber (aufgrund seines Todes?) nicht vollenden konnte, bleibt das notwendigerweise Spekulation. Immerhin lässt sich aus Gottfrieds Werk seine außergewöhnlich hohe Bildung schließen.

Gottfried steht als Dichterpersönlichkeit seinem Berufkollegen Wolfram nicht nach. Ihre Persönlichkeiten, soweit sie sich aus der jeweiligen Erzähler-Rolle ablesen lassen, erscheinen aber derart kontrastreich, dass es berechtigt ist, sie als Antipoden der mittelhochdeutschen Epik zu sehen. Dabei profiliert sich Gottfried als theologisch geschulter Gelehrter (lateinisch *clericus*), während sich Wolfram ja – wie gesehen – als Ritter, der zudem *decheinen buochstap* beherrscht, stilisiert hatte.

In mancherlei Weise aufschlussreich ist auch Gottfrieds Dichterschau, die er in den *Tristan* inseriert und die als eine Art früher Lite-

Stoff- und Überlieferungsgeschichte

Biografisches

Gottfried und Wolfram

raturkritik verstanden werden kann (V. 4621–4820). Darin wird von Heinrich von Veldeke und Reinmar (dem Alten) als bereits Verstorbenen, von Hartmann von Aue und Walther von der Vogelweide aber als noch Lebenden gesprochen. Diese und andere Indizien legen **Datierung** eine Datierung des *Tristan* auf einen Zeitraum zwischen 1200 und 1210 nahe. Interessant ist der Literaturexkurs aber auch, weil neben den gerühmten Dichternamen breit auf einen ungenannt bleibenden Dichter Bezug genommen wird, der unter anderem als den *vindaere wilder maere* (V. 4665; „Dichtern ungezügelter Geschichten") zugehörig geschmäht wird. Vieles spricht dafür, dass Gottfrieds Kritik auf Wolfram von Eschenbach zielte, dem er durch eine emphatische Gegnerschaft verbunden gewesen zu sein scheint (vgl. Johnson 1999, S. 306–308).

Überlieferung Gottfrieds *Tristan* umfasst etwa 20 000 Verse und ist relativ breit in 11 Handschriften vollständig und in 16 weiteren fragmentarisch überliefert. Gottfrieds unvollendeter Roman wird dabei in der Regel zusammen mit den Fortsetzungen Ulrichs von Türheim oder Heinrichs von Freiberg überliefert.

Thematisch kreist der *Tristan* um das Thema der höfischen Liebe (Minne), und zwar derart konzentriert, dass gattungstypologisch von **Minneroman** einem Minneroman, dem „ersten großen tragischen Liebesroman deutscher Sprache" (Johnson 1999, S. 323) zu sprechen ist. König Artus und seine Tafelrunde werden dagegen nur ganz beiläufig erwähnt und haben keinen Einfluss auf die Handlungsstruktur. Auch mit der Heldenepik zeigen sich kaum Gemeinsamkeiten. Mit einer Ausnahme: *Nibelungenlied* und *Tristan* sind die einzigen Werke der Blütezeit mit tragischem Ausgang.

Dabei ist das Thema des Romans hochgradig heikel, da sich die **Illegale Liebe** Liebe im Konfliktfeld des Ehebruchs abspielt, gerade für einen mutmaßlichen *clericus* wie Gottfried und zumal im Kontext des christlichen Mittelalters ein gewagtes Unterfangen. Problematisch ist die Sache vor allem deswegen, weil die ehebrecherische Beziehung zwischen den Protagonisten Tristan und Isolde nicht etwa verurteilt, sondern in ihrer Motivation und Konsequenz einfühlsam und idealisierend beschrieben wird. Das Dichter-Ich, und hier gibt es keinen Anlass, eine Differenz zu Gottfried zu sehen, steht eindeutig hinter beiden Hauptfiguren und ergreift Partei für sie.

Entlastend ist immerhin, dass die Liebesbeziehung versehentlich **Motiv Liebestrank** durch einen magischen Liebestrank ausgelöst wurde. Beide wehren sich zwar anfangs noch gegen die unstatthafte Beziehung, erliegen der Magie des Tranks dann aber rasch. Bereits auf der Rückfahrt nach

England, wo König Marke Isolde als seine Braut erwartet, kommt es zu mehreren Liebesvereinigungen der beiden. Marke kann in der Brautnacht nur durch einen ‚Frauentausch' von der scheinbaren Unberührtheit Isoldes überzeugt werden. Eine List, der sich im weiteren Verlauf des Romans immer neue Schliche und Listen anschließen, mithilfe derer sich das Paar ein ums andere Mal vor den Intrigen des Hofes und dem aufkeimenden Misstrauen Markes schützen kann.

Dass die streckenweise hochspannende Erzählung trotz entsprechender Motive nicht ins Burleske und Schwankhafte abgleitet, ist sicher der ästhetisch anspruchsvollen wie geistreichen Bearbeitung des Stoffes durch Gottfried zuzuschreiben.

Das moralisch-sittliche Dilemma des Romans – hier das Eherecht, dort das höfische Liebesideal außerhalb der Ehe – dürfte in der mittelalterlichen Gesellschaft einer Gratwanderung geglichen haben. Dass die Liebenden trotz ihres im christlichen wie im gesellschaftlichen Sinne verwerflichen Tuns als moralisch integer erscheinen, liegt in der Unverbrüchlichkeit ihrer Liebe begründet, die alle Leiden und Gefahren auf sich nimmt und erträgt. Diese Treue in der Untreue stellt der Roman moralisch höher als die selbstsüchtigen und neiderfüllten Intrigen verschiedener Höflinge, die Tristan und Isolde beim König denunzieren. Dass diese Treue als Tugend wahrgenommen werden kann und nicht als Folge eines blinden Zwanges, ergibt sich nicht zuletzt daraus, dass Gottfried das Motiv des Zaubertrankes im Laufe der Erzählung ganz zurücknimmt und stattdessen die Eigenverantwortlichkeit der Liebenden in den Vordergrund spielt.

Der Widerspruch zwischen der proklamierten Idealisierung der Liebesbeziehung und dem in Folge der ehebrecherischen Konstellation erzwungenen, teils unwürdigen Agieren des Liebespaares löst sich an einer Stelle des Romans, der Minnegrotten-Episode, eindrucksvoll auf. Von König Marke vertrieben, verbringen die Liebenden hier eine paradiesisch-harmonische Zeit des vollkommenen Glücks. Ihre Liebesgemeinschaft gewinnt im Vergleich zur korrupten Gesellschaft am Hofe Markes den Rang einer Gesellschaftsutopie. Erzählerisch profiliert und transzendiert wird die Vollkommenheit der Minnegrotte nicht zuletzt durch das der religiösen Sphäre entliehene Mittel der allegorischen Ausdeutung. So stehen der Aufbau und die Ausgestaltung der Minnegrotte sinnbildlich für das höfische Tugend- und Liebesideal. Zugang zu ihr ist nur im Zustand vollkommener Aufrichtigkeit und Treue möglich.

Die Zeit des unbeschwerten Glücks währt aber nicht lange und der flagranten Überführung als Liebespaar entgehen die Protagonis-

Eherecht und Liebesideal

Minnegrotte

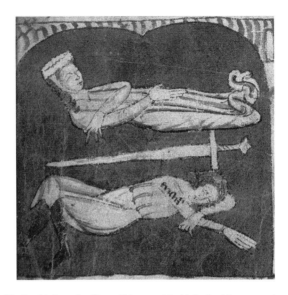

Abbildung 29: Gottfried von Straßburg, Tristan und Isolde in der Minnegrotte (um 1260)

ten abermals durch eine List. So legen sie Tristans blankes Schwert als Zeichen der Distanz zwischen sich und vermitteln bei Marke damit und durch ihre gegeneinander verkehrte Liegerichtung (→ ABBILDUNG 29) abermals den Eindruck ihrer Unschuld.

Feuerprobe Auch Gott scheint auf der Seite der Liebenden zu stehen. Isolde übersteht nämlich das Gottesurteil der Feuerprobe, während derer sie ein glühendes Eisen anfassen muss, unbeschadet. Wobei aber wiederum eine ausgeklügelte List im Spiel ist. Die Feuerprobe verbindet sich mit einem dem Sinn nach falschen, dem Wortlaut nach aber wahren Eid. Isolde hatte zuvor einen scheinbar unbeabsichtigten Sturz mit dem als Pilger verkleideten Tristan inszeniert, der beide so zu Fall bringt, dass sie vor versammelter Hofgesellschaft ihrem Mann, König Marke, schwören kann:

daz mînes lîbes nie kein man
dekeine künde nie gewan
noch mir ze keinen zîten
weder ze arme noch ze sîten
âne iuch nie lebende man gelac
wan der, vür den ich niene mac
gebieten eit noch lougen,
den ir mit iuwern ougen

mir sâhet an dem arme,
der wallaere der arme. (V. 15707–15716)
(„daß niemals irgendein Mann meinen Körper kennenlernte und
daß niemals weder in meinen Armen noch an meiner Seite außer
Euch ein lebender Mann gelegen hat, abgesehen von jenem, für
den ich nicht schwören und den ich nicht abstreiten kann, den Ihr
mit eigenen Augen in meinen Armen saht, dem armen Pilger.")
Dass, wie in den Fortsetzungen des Romans zu erfahren ist, ihrer beider Leben tragisch endet – Isolde stirbt aus Trauer um den tot ge-
glaubten Tristan, dieser dann, weil er den Tod der Geliebten nicht ver-
winden kann –, macht beide gewissermaßen zu Märtyrern der Liebe.

Zu den Auffälligkeiten des Tristanromans zählt, dass List und   Auffälligkeiten
Klugheit offenbar mehr zählen als Kampfesmut und Kraft. Außerge-
wöhnlich für die Zeit ist aber auch die insgesamt kritische Darstel-
lung der Adelsgesellschaft, insbesondere bezogen auf den englischen
Königshof, der in seinem Denken und Handeln zunehmend durch
Neid, Eifersucht und Missgunst bestimmt ist.

Gottfrieds künstlerische Leistung beruht zu einem guten Teil auf
seiner außergewöhnlichen Sprachkunst, in der sich rhetorisches Können und Intellektualität glänzend verbinden. Eindrucksvoll ist überdies seine stark psychologisierende Erzählhaltung, wodurch er das   Erzählhaltung
Gefühls- und Gedankenleben der Hauptfiguren breit entfaltet und
ins Spirituelle überhöht. Wie kein anderer Dichter der literarischen
Blütezeit verstand sich Gottfried auf die Regeln der lateinischen Rhetorik. Nicht zuletzt dadurch gelingt es ihm meisterhaft, sein Publikum für sich und seine Sache einzunehmen. Stärker noch als Wolfram stellt Gottfried dabei der Handlungsebene eine eigenständige
Exkursebene gegenüber – mit zahlreichen intensiven Kommentaren
und Reflexionen.

Fragen und Anregungen

• Diskutieren Sie die Frage der gattungstypischen Einordnung des
  Parzival.

• Skizzieren Sie Abweichungen zwischen Chrétiens *Perceval* und
  Wolframs *Parzival*, insbesondere unter Berücksichtigung der unterschiedlichen Gralsvorstellungen.

• Nennen und skizzieren Sie die Hauptthemen des *Parzival.*

- Überlegen Sie, inwiefern ist das Tristanthema als ‚gewagt' zu betrachten ist.
- Lesen und kommentieren Sie Gottfrieds Dichterschau im *Tristan* (V. 4621–4820).

Lektüreempfehlungen

Quellen

- **Wolfram von Eschenbach: Parzival.** Studienausgabe. Mittelhochdeutscher Text nach der sechsten Ausgabe von Karl Lachmann. Übersetzung von Peter Knecht. Mit Einführungen zum Text der Lachmannschen Ausgabe und in Probleme der „Parzival"-Interpretation von Bernd Schirok, Berlin / New York 1998, 2. Auflage 2003. *Aus dieser Standardausgabe stammen die entsprechenden Zitate im Text.*

- **Chrétien de Troyes: Le Roman de Perceval ou Le Conte du Graal / Der Percevalroman oder Die Erzählung vom Gral**, Altfranzösisch / Deutsch, übersetzt und herausgegeben von Felicitas Olef-Krafft. Stuttgart 1991, Nachdruck 2003.

- **Gottfried von Straßburg: Tristan.** Mittelhochdeutsch / Neuhochdeutsch. Nach dem Text von Friedrich Ranke neu herausgegeben, ins Neuhochdeutsche übersetzt, mit einem Stellenkommentar und einem Nachwort von Rüdiger Krohn, 3 Bände. Band 1: 11. Auflage Stuttgart 2006; Band 2: 9. Auflage Stuttgart 2007; Band 3: 7. Auflage Stuttgart 2005. *Eine der Standardausgaben; daraus stammen die entsprechenden Zitate im Text.*

Forschung

- **Joachim Bumke: Wolfram von Eschenbach**, Stuttgart 1960, 8., völlig neu bearbeitete Auflage 2004. *Sehr grundlegende, klar strukturierte, beinahe enzyklopädische Studie zum „Parzival".*

- **L. Peter Johnson: Die höfische Literatur der Blütezeit (1160 / 70–1220 / 30)** (= Geschichte der deutschen Literatur von den Anfängen bis zum Beginn der Neuzeit, herausgegeben von Joachim Heinzle, Bd. II / I), Tübingen 1999, insbesondere S. 305–365. *Gute Möglichkeit, sich rasch und vertieft mit dem „Tristan" zu beschäftigen.*

11 Minnesang

Abbildung 30: Walther von der Vogelweide. Miniatur aus der *Großen Heidelberger Lieder-handschrift (Codex Manesse)* (frühes 14. Jahrhundert)

Walther von der Vogelweide (um 1170–1230) ist einer der berühm-
testen deutschen Dichter des Mittelalters Über sein Leben ist nur we-
nig bekannt. Mutmaßlich war er ein fahrender Sänger, der seine Lie-
der an verschiedenen Adelshöfen vortrug. Zu seinem umfangreichen
Werk zählen zahlreiche Minnelieder, in denen er sich in künstlerisch
virtuoser und reflektierter Weise mit den unterschiedlichsten Aspekten
der höfischen Liebe (Minne) auseinandergesetzt hat.
  Im stilisierten Porträt des Codex Manesse ist der Dichter in der
Pose des Denkers zu sehen – ganz so, wie man sich ihn gemäß eines
seiner bekanntesten Lieder vorstellt:
  Ich saz ûf einem steine,
  dô dahte ich bein mit beine,
  dar ûf satzte ich mîn ellenbogen,
  ich hete in mîne hant gesmogen
  daz kinne und ein mîn wange. (L 8,4)
  („Ich saß auf einem Stein, dabei deckte ich Bein mit Bein, darauf
setzte ich meinen Ellbogen, ich hatte in meine Hand geschmiegt das
Kinn und eine meiner Wangen"; Schweikle 2005, Bd. 1, S. 74f.).

Die mittelhochdeutsche Lyrik gehört neben der volkssprachlichen
Epik zu den herausragenden literarischen Errungenschaften des Mittelalters. Besonders prägend war der Minnesang, der das ‚ewige Thema' Liebe in vielfältigsten Variationen besang. Welche Konzeptionen
lässt der Minnesang erkennen? Welche Entwicklung nahm die Gattung? Und worin liegt ihre sozialhistorische Tiefendimension?

11.1 Kriterien und Ursprünge
11.2 Hohe Minne
11.3 Phasen des Minnesangs

11.1 Kriterien und Ursprünge

Die Lieddichtung des Mittelhochdeutschen manifestiert sich in zwei prägnanten Ausformungen, der Spruchdichtung (auch Gnomik genannt) und dem Minnesang. Beide entwickelten sich in der Frühphase zunächst parallel, sodass weder eine Differenz in der formalen Gestaltung noch in der Aufführungspraxis bestand. Unterschieden sind beide Dichtungstypen durch ihre Trägerschicht. Während Sang- und Sprechspruch eher an die nichtadligen Fahrenden und Spielleute gebunden war, war der Minnesang Ausdrucksform zumeist adliger Dichter – auch wenn es durchaus Überschneidungen gab. Hauptsächliches Unterscheidungskriterium ist aber die thematische Ausrichtung. Die Spruchdichtung diente der Belehrung in Tugend und Weisheit, der religiösen Unterweisung wie auch der politischen Stellungnahme im konkreten historischen Kontext. Demgegenüber ist das Zentralmotiv des fiktionalen Minnesangs die höfische Liebe als die spezifische emotional-geistige Ausdrucksform des Adels. Meist ist es die heimliche, illegitime Liebe, die den Hintergrund abgibt, vor dem sich gegensätzliche Emotionen und Affekte wie Sehnsucht, Schmerz, Enttäuschung, aber auch Erfüllung, Glück und Hoffnung spiegeln.

Spruch versus Minnesang

Unterscheidungskriterium: Thema

Der Bezugsrahmen ist immer das Verhältnis von Mann und Frau, und zwar sowohl bezogen auf die private Sphäre wie auf den gesellschaftlichen Raum. Das Liebesverhältnis der Geschlechter ist in der Regel ein asymmetrisches, wobei sich die Gewichtungen im Laufe der Zeit deutlich verlagern. War es in der Frühphase des Minnesangs (ab 1150) noch eher die Frau, die als abhängig erscheint, so setzte mit der Hochphase (ab 1170/80) ein völlige Umkehrung der Abhängigkeitsverhältnisse ein: nun wird der Mann zum Minnediener und unterwirft sich der Minneherrin. Beides ist jedoch letztlich dichterisches Spiel und konventionalisierte Kunstübung, die in den seltensten Fällen biografisch interpretiert werden darf. Auch die oft emphatisch ausgedrückte individuelle Emotionalität des lyrischen Subjekts ist eine Inszenierung, die dem Adel die Möglichkeit bot, die eigene Gefühlswelt zu reflektieren und normativ zu regulieren. So gesehen war Minnelyrik nicht zweckfreier Zeitvertreib des Adels, sondern auf verdeckte und indirekte Weise Mittel der Propagierung und Ideologisierung einer höfischen Idealgesellschaft.

Inszenierte Kunstübung

Die mittelhochdeutschen Begriffe *minnesanc* und *minnesinger* sind schon im 12. und 13. Jahrhundert belegt. Die Bedeutung des Wortes *minne* entspricht in dieser Zeit zwar weitgehend unserem heutigen

Minne und liebe

Wort Liebe, ursprünglich meinte der Begriff aber die freundliche gedankliche Hinwendung zu einer entfernten Person. Erst die im Spätmittelalter immer stärker werdende Verengung auf eine sexuelle Bedeutung führte zur Ersetzung des Wortes durch den Begriff *liebe*. Auch dieser existierte bereits im Mittelhochdeutschen, hier aber vor allem in der Bedeutung von Wohlgefallen oder Freude. Erst in der Romantik wurde *minne* um 1800 wieder neu entdeckt und verklärt und gilt seither als Synonym für die höfische zeremonielle Liebe des Mittelalters.

Angeregt und vorgeprägt wurde der deutsche Minnesang zum Teil durch französisches Vorbild. In Frankreich hatte sich diese Form der höfischen Liedkultur seit dem ausgehenden 11. Jahrhundert zunächst im Süden, im okzitanischen oder provenzalischen Sprachraum entwickelt. Über deren Vertreter, die *Trobadors* (provenzalisch *trobar* „finden, erfinden") verlagerte sich die Kunst des Minnesangs rasch in den Norden Frankreichs, wo sie von den dort als *Trouvères* bezeichneten Sängern übernommen wurde. Die herausragende Gestalt dieser Tradition war – wie auch für die Artusepik (→ KAPITEL 8) – Chrétien de Troyes, dessen dichterisches Schaffen ab etwa 1165 anzusetzen ist. Von Frankreich ausgehend verbreitete sich der Minnesang nach Italien, Portugal und Katalonien – und eben auch nach Deutschland, wo die neue Kunstform ab etwa 1170 (Hausen-Schule; → KAPITEL 11.3) mit großem Eifer übernommen wurde.

Es ist angemessen, im Minnesang ein vielschichtiges gesamteuropäisches Phänomen zu sehen, das sich aus mehr als der französischen Quelle speiste. Einflüsse ergaben sich mutmaßlich auch aus dem arabisch-maurische Frauenpreis der iberischen Halbinsel (9./10. Jahrhundert), der mittellateinische Vagantenlyrik und den antiken Schriften Ovids, die im 12. Jahrhundert wieder breit rezipiert wurden. Daneben existierte bereits eine volkstümliche Liebeslyrik, wenngleich von ihr nur spärliche Zeugnisse erhalten geblieben sind. Ein Beispiel ist ein anonym überliefertes vierzeiliges Gedicht, das um 1180 mutmaßlich von einer Frau in einen lateinischen Kodex des Klosters Tegernsee eingetragen wurde. Gerade seine Schlichtheit und ungekünstelte Natürlichkeit beeindrucken bis heute:

Du bist mîn, ich bin dîn,
des solt du gewis sîn.
du bist beslozzen
in mînem herzen,
verlorn ist daz sluzzelîn –
du muost ouch immêr dar inne sîn. (MF 3,1)

Ursprünge des Minnesangs

Volkstümliche Liebeslyrik

(„Du bist mein, ich bin dein, dessen sollst du sicher sein. Du bist verschlossen in meinem Herzen, verloren ist der Schlüssel fein – du mußt für immer drinnen sein."; Kasten/Kuhn 2005, S. 30)

11.2 Hohe Minne

Prägend für den Minnesang ist das Konzept der Hohen Minne, einer Übernahme aus dem *grant chant courtois* („großes höfisches Lied") der französischen Lyrik. Zentral für die Hohe Minne ist der Frauendienst, die lyrisch proklamierte liebend-sehnsüchtige Unterwerfung des Mannes unter eine höher gestellte adlige Dame (mittelhochdeutsch *vrouwe*), die als Minneherrin jedoch als eher kühl und abweisend erfahren wird. Dominante Ausdrucksformen des hohen Minnesangs sind das Werbelied und die Minneklage. In diesen Liedern fingieren die Dichter einen Raum der Heimlichkeit. Sie besingen öffentlich, was vor der Öffentlichkeit verborgen bleiben soll, nämlich die minnegeprägte Beziehung gegenüber einer unerreichbaren Dame, die durch das Bekanntwerden dieses Verhältnisses kompromittiert würde.

Zentrales Motiv: Frauendienst

Die Unterwerfung des Mannes in der Paarbeziehung konstituiert ein Abhängigkeitsverhältnis, das deutliche Parallelen in der vorherrschenden Lehnsstruktur der Zeit hatte. So finden sich hier wie dort die mittelhochdeutschen Leitbegriffe *triuwe* („Treue"), *staete* („Beständigkeit") und *dienest* („Dienst"). Aufgrund der offensichtlichen Entsprechungen zwischen dem fiktiven Minnesang und den historischen Gesellschaftsbedingungen des Hochmittelalters hat man versucht, die Ideologie der Hohen Minne sowohl historisch wie auch literatursoziologisch auszudeuten. Am bekanntesten ist die Ministerialenthese von Erich Köhler, der im Konzept der Hohen Minne eine Chiffre für das Aufstiegsstreben und die Frustrationen der neuen Ministerialität gegenüber dem alten Adel sah (vgl. Köhler 1970). Daneben steht die als Regulierungs- oder Sublimierungsthese zu bezeichnende Auffassung von Norbert Elias. Elias sah die Funktion des Minnesangs eher in der Triebregulierung und Affektsteuerung der Adelsgesellschaft, mit dem Effekt, neue höfische Umgangsformen zu etablieren und neue kulturelle Kräfte freizusetzen (vgl. Elias 1969). Die neuere Forschung deutet den hohen Minnesang „als eine Art Identifikations- und Selbstdarstellungsmodell der höfischen Gesellschaft des 12. Jahrhunderts, in dem deren mentale Befindlichkeit, ihre neue Ich-Erfahrung, ihre bewusst gewordene ständische [...] und

Realhistorische Bezüge

existentielle [...] Situation im Bilde der Werbung um ein unerreichbar scheinendes Ideal reflektiert wurde" (Schweikle 1995, S. 77).

Rollenlyrik

Deutlich ist jedenfalls, dass der Minnesang weniger Erlebnislyrik als vielmehr Rollenlyrik ist. Bezogen auf die jeweils besungenen Minneherrinnen ist es – anders als insbesondere die biografistische Forschung des 19. Jahrhunderts noch annahm – verfehlt, in ihnen historisch identifizierbare Persönlichkeiten sehen zu wollen. Die *vrouwe* der Hohen Minne ist vielmehr Rollenklischee und prototypische Fiktion. Damit erübrigt sich letztlich auch die in der älteren Forschung aufgeworfene Frage nach deren Ehestatus: Gerade im Verheiratetsein der Umworbenen sah man den Grund für die erzwungene Heimlichkeit der Liebesbeziehung. Unter einer so begründeten moralischen Perspektive war gar von „Ehebruchspoesie" die Rede (vgl. Bumke 1997, S. 529–531). Eine derart gelagerte Minnekritik findet sich bereits im Mittelalter selbst, etwa beim Stricker (erste Hälfte 13. Jahrhundert), einem der bekanntesten Dichter des späteren Mittelalters:

> *Hie vor, dô man diu huote schalt*
> *und des sumelich wirt sêre entgalt,*
> *daz er lie sîne hûsvrouwen*
> *die geste gerne schouwen,*
> *dô si ir triuwe übersach*
> *und ir reht und ir ê zebrach –*
> *daz hiez hôchgemuotiu minne.*
> (Stricker, *Die unbewachte Gattin*, Z. 1–7)

(„Einst, als man auf die *huote* [„Aufsicht", Übers. d. Verf.] schimpfte und jeder Gastgeber dafür büßen musste, wenn er den Gästen erlaubte, seine Gattin anzuschauen, [...] weil diese nämlich dann ihre Treue gering achtete und das Eherecht brach – da sprach man von *hoher minne*."; Ehrismann 2011, S. 165)

Die poetische Minneauffassung zeigt Bezüge zur theologischen Liebesideologie des Mittelalters, in der zwischen einer geistlichen Liebe (lateinisch *amor spiritualis*) und einer fleischlichen Liebe (*amor carnalis*) unterschieden wurde. Korrespondierende Gegensatzpaare sind auch *caritas* („religiöse Liebe") und *cupiditas* („Sinnenlust") sowie Gottesliebe und Weltliebe. Im Minnesang findet sich die Gegensätzlichkeit der Liebe ebenso, hier aber verlagert in den weltlichen Bereich, was zu einer Unterscheidung von wahrer und falscher Liebe führte. Die dichotomische Auffassung einer guten Liebe (Hohen Minne), die zur Tugendhaftigkeit und Veredelung des Menschen führe, und einer schlechten Form (Niedere Minne), die das Gegenteil bewir-

Gute und schlechte Liebe

ke, spiegelt sich etwa in der berühmten Unterscheidung Walthers von der Vogelweide:

Nideriu minne heizet diu sô swachet,
daz der lîb nâch kranker liebe ringet.
diu liebe tuot unlobelîche wê.
hôhiu minne heizet diu daz machet,
daz der muot nâch hôher werder liebe ûf swinget. (L 47,5)
(„Niedere Minne heißt diejenige, die so schwach macht, daß man nach schaler Freude strebt. Diese Freude bereitet unrühmlichen Schmerz. Hohe Minne heißt diejenige, die bewirkt, daß der Sinn zu edler Freude sich aufschwingt."; Schweikle 2006, Bd. 2, S. 366f.)

Andererseits ist es gerade Walther, der das Konzept der Hohen Minne überwindet und ihm die Idee einer gleichberechtigten gegenseitigen Liebe programmatisch entgegensetzt – ein Konzept, das ebenfalls mit dem Begriff der Niederen Minne verbunden wird.

11.3 Phasen des Minnesangs

Vier Phasen

Im deutschsprachigen Raum wurde der Minnesang als Literatur- und Kulturphänomen ab der Mitte des 12. Jahrhunderts greifbar und wirkte nahezu zwei Jahrhunderte fort. Üblicherweise wird diese Zeitstrecke in mehrere Phasen untergliedert, wobei als Kriterien neben Raum und Zeit ihrer Entstehung vor allem formale und inhaltliche Elemente wie metrische Form und Minnekonzeption herangezogen werden. Im Folgenden werden vier Phasen unterschieden:

- der Donauländische Minnesang (1150–70/80),
- der Rheinische Minnesang/Hausen-Schule (1170/80–90),
- der Klassische Minnesang (1190–1230)
- und der Späte Minnesang (1230–1. Hälfte 14. Jahrhundert).

Erste Phase: Donauländischer Minnesang

Dem Wortsinn entsprechend entstand der Donauländische Minnesang im bairisch-österreichischen Raum. Typisch für diese früheste Phase des Minnesangs war die Verwendung der Langzeilenstrophe, die der heimischen Tradition entstammte. Eine formale Beeinflussung durch das französische Vorbild bestand hier noch kaum, wohl wegen der vergleichsweise weiten räumlichen Distanz. In ihrer thematischen Breite verweist diese frühe Phase bereits auf die Folgezeit, so etwa in Form des Tagelieds, das hier zum ersten Mal überliefert wurde.

Hauptvertreter der Frühphase waren der Kürenberger, Dietmar von Aist, Meinloh von Sevelingen sowie die Burggrafen von Regensburg und von Rietenburg. Urkundlich verbürgt ist keiner der genannten Dichter. Bekannt sind sie nur durch Zuschriften in den mittelalterlichen Liedersammlungen, was zu beträchtlichen Unsicherheiten hinsichtlich der Authentizität der Lieder führt. Nicht auszuschließen ist etwa, dass es sich bei den beiden genannten Burggrafen um ein und dieselbe Person handelt.

Obwohl in der Regel Einstrophigkeit vorherrschte, finden sich in der frühen Phase durchaus schon mehrstrophige Lieder, von denen *Falkenlied des Kürenbergers* (um 1160) eines der bekanntesten – und aus verschiedenen Gründen auch eines der bemerkenswertesten – ist. Formal ist seine Strophenform nämlich völlig identisch mit der Nibelungenstrophe (→ KAPITEL 7.3) und auch inhaltlich ergeben sich anhand des Falkenmotivs deutliche Parallelen zum ‚Falkentraum‘ der Kriemhild (*Nibelungenlied*, Str. 13). Zufall ist das sicherlich nicht. Die Ansicht, der Kürenberger sei der Dichter des anonym überlieferten *Nibelungenlieds*, hat sich in der Forschung dennoch nicht durchgesetzt.

Falkenlied des Kürenbergers [margin note]

> *Ich zôch mir einen valken* *mêre danne ein jâr.*
> *dô ich in gezamete,* *als ich in wolte hân,*
> *und ich im sîn gevidere* *mit golde wol bewant,*
> *er huop sich ûf vil hôhe* *und flouc in anderiu lant.*
>
> *Sît sach ich den valken* *schône fliegen.*
> *er fuorte an sînem fuoze* *sîdîne riemen,*
> *und was im sîn gevidere* *alrôt guldîn.*
> *got sende sî zesamene,* *die geliep wellen gerne sîn.*
> (MF 8,33; 9,5)

(„Ich zog mir einen Falken auf, länger als ein Jahr. Als ich ihn gezähmt hatte, wie ich ihn haben wollte, und ich ihm sein Gefieder mit Gold schön geschmückt hatte, erhob er sich in die Lüfte und flog davon. Später sah ich den Falken herrlich fliegen. Er trug an seinem Fuß die seidenen Bänder, und sein Gefieder war ganz rotgolden. Gott führe sie zusammen, die einander gerne lieben wollen." Kasten/Kuhn 2005, S. 44–47)

Das Lied ist die Klage einer Frau um ihren verlorenen Geliebten, der metaphorisch als Falke dargestellt wird. Es kreist motivisch um Besitz und Verlust, Treue und Freiheit, Dankbarkeit und Selbstbestimmung. Dabei schwanken die Affekte des lyrischen Ichs zwischen empfundenem Unrecht wegen der Undankbarkeit des Geliebten und einem vermeintlich legitimen Anspruch auf Gegenliebe genauso wie zwischen Resignation und Hoffnung auf den Beistand Gottes.

Ein typisches Phänomen dieser Frühphase des Minnesangs ist der Wechsel, womit eine meist zweistrophige Liedform bezeichnet ist, in der Mann und Frau aus der Distanz Monologe äußern, die aufeinander bezogen sind. So entsteht eine quasi-dialogische Struktur. Ebenso findet sich in der Frühzeit bei Dietmar von Aist das erste Tagelied. Dessen Grundmodell ist der frühmorgendliche Abschied zweier heimlich Liebender nach einer gemeinsamen Nacht. Die Spannung erwächst aus dem Begehren des Paares und der Furcht vor Entdeckung.

Wechsel und Tagelied

Mit dem an die Frühzeit anschließenden Rheinischen Minnesang verlagerte sich das dichterische Zentrum an den Mittelrhein und an den staufischen Hof. In Kaiser Heinrich VI. († 1197), von dem acht Strophen überliefert sind, hatte diese Phase seinen prominentesten adligen Vertreter. Ihre bedeutendste Dichterpersönlichkeit war dagegen Friedrich von Hausen († 1190), dessen Werke 55 Strophen umfasst und der der zweiten Phase ihren Namen gegeben hat: Hausen-Schule. Der Akzent von Hausens Liedern liegt stärker als im frühen Minnesang auf der Innerlichkeit der Protagonisten. Das äußere Geschehen wird zunehmend zur Oberfläche, unter der sich die emotionale Innenwelt des liebenden und werbenden Mannes entfalten kann. Hausen ist der erste urkundlich erwähnte mittelhochdeutsche Dichter. Dem Rheinischen Minnesang sind weitere Namen wie Bernger von Horheim, Ulrich von Gutenburg und Bligger von Steinach und andere zuzurechnen.

Zweite Phase: Rheinischer Minnesang / Hausen-Schule

Friedrich von Hausen

Die Hausen-Schule ist deutlich geprägt vom französischen Vorbild. Das gilt für die Übernahme von Stollenstrophe, Kanzone und Kurzzeile ebenso wie für die Entwicklung komplexer Strophenformen (Töne) für jedes einzelne Lied, verbunden mit der Norm des reinen Reims (→ KAPITEL 7.1). In das Zentrum des Minnesangs rückten nun die Dienstminne, der Dienst gegenüber der *vrouwe*, und die Hohe Minne sowie die Kreuzzugsthematik.

Eine typische Form ist das Kreuzlied, das das epochale Ereignis der Kreuzzüge mit privaten Motiven spannungsvoll verknüpft – im zwischen Liebe und religiöser Pflicht, Minnedienst und Gottesdienst, Bleiben und Fortgehen zerrissenen Subjekt. Dabei wird der Konflikt an der Beziehung von Herz und Leib als den Exponenten der konträren Bestrebungen deutlich. So jedenfalls in dem bekannten *Kreuzlied* Friedrichs von Hausen, dessen erste Strophe lautet:

Kreuzlied

Mîn herze und mîn lîp die wellent scheiden,
die mit ein ander wâren nu menige zît.
der lîp wil gerne vehten an die heiden,

iedoch dem herzen ein wîp sô nâhen lît
vor al der werlte. (MF 47,9)
(„Mein Herz und mein Leib, die wollen sich trennen, die beieinander waren so lange Zeit. Mit dem Leib will ich gerne kämpfen gegen die Heiden, dem Herzen jedoch steht eine Frau näher als die ganze Welt." Kasten/Kuhn 2005, S. 124f.)

Dritte Phase: Klassischer Minnesang

Die dritte Phase, die man ab etwa 1190 bis 1230 ansetzen kann, gilt als Gipfelpunkt des mittelhochdeutschen Minnesangs. Mit ihr verbindet sich die Tendenz, das Konzept der Hohen Minne durch das der Niederen Minne zu überwinden.

Reinmar

Reinmar (auch der Alte oder von Hagenau genannt) entwickelte in dieser Phase den hohen Minnesang weiter und führte ihn bis zum Extrem der existenziellen Unterwerfung des Mannes unter die Minneherrin: *stirbest si, sô bin ich tôt*, heißt es bei ihm (MF 158,21). Kennzeichen seines Werkes, das etwa 270 Strophen umfasst, ist der beinahe durchgängige Klageton, der aus der Erfahrung des Leidens, der Entsagung und der Unerfüllbarkeit der Sehnsucht des Liebenden herrührt. Auffällig ist bei Reinmar, wie er die Leidensthematik ästhetisiert, sie in Richtung einer ethischen Reifung sublimiert und im Sinne einer gesellschaftlichen Erhöhung funktionalisiert. Verbunden ist dies mit einer Verkehrung des Schmerzes in Freude, mit einer Steigerung des Selbstwertes aufgrund der Leidensfähigkeit:

Des einen und dekeinen mê
wil ich ein meister sîn, al die wîle ich lebe,
Daz lob wil ich, daz mir bestê
und mir die kunst diu werlt gemeine gebe:
Daz nieman sîn leit sô schône kan getragen.
des begêt ein wîp an mir, daz ich naht noch tac niht kan gedagen.
nu hân eht ich sô senften muot,
daz ich ir haz ze fröiden nime.
ôwê, wie rehte unsanfte daz mir doch tuot. (MF 163,5)
(„In einem und keinem andern mehr will ich ein Meister sein, solange ich lebe, von diesem Lob will ich, daß es mir zustehe und daß mir diese Kunst die Welt einmütig zuspreche: daß niemand sein Leid so mit Würde tragen kann. Dies fügt mir eine Frau zu, so daß ich weder Nacht noch Tag schweigen kann. Nun habe ich aber ein so demütiges Herz, daß ich ihre Feindschaft als Freude hinnehme. Ach, wie so recht schmerzlich mir das doch ist." Schweikle 2002, S. 166f.)

Autobiografische Werkdimension?

Inwieweit sich in der Lyrik Reinmars die Persönlichkeit des Dichters ausdrückt, bleibt unklar. Jedoch ist weder anzunehmen, dass beide

Seiten beziehungslos nebeneinander stehen, noch dass es sich um autobiografische Erlebnislyrik handelt. Möglicherweise bewältigte Reinmar in seinem Werk ein Grundgefühl der Menschen seiner Zeit, die politisch durch blutige Machtkämpfe und die Herausforderungen der Kreuzzüge geprägt war (→ ASB MÜLLER). So gesehen wären die Gedichte Reinmars als „Zeit- und Gefühlsdiagnosen" (Schweikle 2002, S. 40) Ausdruck einer pessimistischen Welterfahrung.

Biografisch ist über Reinmar nur wenig bekannt. Zwar wird er in den großen Liederhandschriften wie in der Weingartner und der Manessischen Liederhandschrift mit *Her(re) Reinmar* vorgestellt, eine adlige Abkunft bezeugt der Titel Herr jedoch keineswegs zwingend, zumal auch die dort ausgeführten Wappen offensichtlich reine Fantasieprodukte sind. Der Beiname „von Hagenau" kann kaum als Geschlechtsname angesehen werden. Er erscheint nur ein einziges Mal, in Gottfrieds von Straßburg *Tristan*, wo Reinmar metaphorisch als Nachtigall *diu von Hagenouwe* tituliert wird (*Tristan*, V. 4779f.). Traditionell galt Reinmar als langjähriger Wiener Hofpoet, eine Ansicht, der aufgrund mangelnder Belege aber inzwischen mit Vehemenz widersprochen wird, und die nach Schweikle „endlich und endgültig ins Arsenal wissenschaftlicher Legenden verwiesen werden" sollte (Schweikle 2002, S. 19). Offenbar führte Reinmar vielmehr, wie viele seiner adligen ,nebenberuflichen' Sängerkollegen, das Leben eines fahrenden Sängers, der von Hof zu Hof zog, um sich durch den Vortrag seiner Lieder den Lebensunterhalt zu sichern. Als Zeitraum seiner dichterischen Tätigkeit lässt sich ungefähr die Spanne von 1190 bis 1210 ansetzen, als Heimat gilt der alemannische Raum.

Biografische Spuren

Neben und in seiner literaturhistorischen Bedeutung wohl über Reinmar steht Walther von der Vogelweide, der als der bedeutendste und vielseitigste mittelhochdeutscher Lyriker gilt. Sein Werk ist außerordentlich umfangreich und umfasst rund 300 Minnestrophen, dazu eine Fülle von Sangsprüchen und einen Leich.

Walther von der Vogelweide

Auch über Walthers Biografie ist wenig bekannt. Bemerkenswert ist immerhin ein biografischer Nachweis in einer Reiserechnung des Passauer Bischofs Wolfger von Erla vom 12. 11. 1203. Dort heißt es, dass *apud Zei[zemurum] Walthero cantori de Vogelweide pro pellicio. v. sol. longos* (lateinisch; „hinter Zeiselmauer 5 Goldmünzen (*sol[idos] longos*) für einen Pelz") erhalten habe (vgl. Heger 1970, S. 86). Eine hohe Summe, die indirekt die Wertschätzung des Dichters durch seinen Gönner bezeugt. Überdies bringt Walther sich als Person vielfach in sein Werk ein und nimmt in seiner Spruchdichtung immer wieder Bezug auf die aktuellen politischen Verhältnisse.

Biografische Spuren

Daraus ergeben sich verschiedene Anhaltspunkte für die Rekonstruktion seiner Lebensumstände. Wahrscheinlichster Herkunftsraum ist Österreich, wo er auch mit der Kunst des Dichtens vertraut wurde (*ze Oesterrîche lernde ich singen und sagen*; L 32,7), zugleich war der Hof zu Wien mehrfach umworbenes Ziel seiner Bemühungen um eine bleibende Anstellung. Eine adlige Abkunft ist entgegen früherer Annahmen nicht nachweisbar. Offenbar verdiente Walther seinen Lebensunterhalt als fahrender Berufsdichter und Sänger an unterschiedlichen Höfen und im Rahmen von Reichs- und Fürstentagen, immer abhängig von wechselnden Gönnern und Mäzenen. Erst gegen Ende seines Lebens gewann er endlich die lange ersehnte materielle und soziale Absicherung: *Ich hân mîn lêhen* (L 28,31) jubelt er, nachdem ihm durch Friedrich II. (um 1220?) ein Hofgut, wohl in der Nähe von Würzburg gelegen, zugesprochen worden war. Sein Grab wird heute im Lussam-Gärtlein des Würzburger Neumünsterstifts lokalisiert. Als Lebensspanne lassen sich etwa die Jahre von 1170 bis um 1230 ansetzen, seine Schaffenszeit dürfte um 1190 begonnen haben.

Werk und zeitgenössische Wirkung

In vier Jahrzehnten schuf Walther ein umfangreiches Lebenswerk, das neben seinen Minneliedern insbesondere politische Lyrik umfasste, in der er sich intensiv mit der Reichspolitik seiner Zeit auseinandersetzte. Walthers Kunst wurde bereits von bedeutenden Zeitgenossen wie Wolfram von Eschenbach und Gottfried von Straßburg gerühmt. Spätere Generationen beriefen sich auf ihn als ihren *meister*: der Marner, Ulrich von Liechtenstein, Hugo von Trimberg oder etwa die Meistersinger der Frühen Neuzeit (→ KAPITEL 13.1).

Hohe Minne versus Niedere Minne

Reinmar und Walther verband eine intensive Beziehung der Gegnerschaft und Konkurrenz. Walther, der Jüngere von beiden, dichtete zwar auch Lieder im Duktus der Hohen Minne und im Stil Reinmars, entwickelte aber durch kritische Reflexion des Minnesangs das Konzept der Niederen Minne. Dichtete Reinmar etwa bezogen auf das Verhältnis zur Umworbenen: *stirbet si, sô bin ich tôt*, so setzte Walther dem bewusst parodistisch entgegen: *stirbe aber ich, sô ist sî tôt* (L 73,16). In der Forschung ist die Kontroverse zwischen den beiden Dichtern als „Reinmar-Walther-Fehde" bekannt. Der einseitigen, asymmetrischen Minneauffassung Reinmars setzte Walther ein Konzept der Gegenseitigkeit entgegen:

minne entouc niht eine,
si sol sîn gemeine,
sô gemeine, daz si gê
durch zwei herze und durch dekeinez mê (L 51,5)

(„Minne ist nichts wert, ist sie einseitig; sie muß beidseitig sein, so beidseitig, daß sie dringt durch zwei Herzen und durch keines sonst." Schweikle 2006, Bd. 2, S. 380f.)

Ein gutes Beispiel für diese Minne-Auffassung ist Walthers *Lindenlied*:

Lindenlied

Under der linden
an der heide,
dâ unser zweier bette was,
dâ muget ir vinden
schône beide
gebrochen bluomen unde gras.
vor dem walde in einem tal,
tandaradei,
schône sanc diu nahtegal.

Ich kam gegangen
zuo der ouwe,
dô was mîn friedel komen ê.
dâ wart ich empfangen,
– hêre frouwe! –
daz ich bin sælic iemer mê.
er kuste mich wol tûsent stunt,
tandaradei,
seht wie rôt mir ist der munt.

Dô hât er gemachet
alsô rîche
von bluomen eine bette stat.
des wirt noch gelachet
ineclîche,
kumt iemen an daz selbe pfat.
bî den rôsen er wol mac,
tandaradei,
merken wâ mirz houbet lac.

Daz er bî mir læge,
wessez iemen,
(nû enwelle got!), sô schamt ich mich.
wes er mit mir pflæge,
niemer niemen
bevinde daz wan er und ich
und ein kleinez vogellîn:
tandaradei,
daz mac wol getriuwe sîn. (L 39,11; 39,20; 40,1; 40,10)

(„Unter der Linde auf der Heide, wo unser beider Bett war, da könnt Ihr finden sorgfältig beides niedergedrückt: Blumen und Gras. Vor dem Wald in einem Tal, tandaradei, sang schön die Nachtigall. Ich kam gegangen zu der Aue, dahin war mein Freund schon gekommen. Dort wurde ich empfangen – Heilige [Jung-]Frau! – so daß ich immerzu glücklich bin. Er küßte mich wohl tausendmal, tandaradei, seht, wie rot mein Mund ist. Dann hat er gemacht so prächtig aus Blumen ein Lager. Darüber wird noch gelacht, inniglich, wenn jemand eben dieses Weges kommt. An den Rosen kann er wohl, tandaradei, erkennen, wo mein Haupt lag. Daß er bei mir lag – wüßte es jemand – [das nun wolle Gott nicht!], dann schämte ich mich. Was er mit mir machte – niemals möge jemand das erfahren, nur er und ich und ein kleines Vöglein, tandaradei, das wird wohl verschwiegen sein." Schweikle 2006, Bd. 2, S. 228–231)

Das *Lindenlied* wird allgemein zur Kerngruppe der sogenannten Mädchenlieder Walthers gezählt, zugleich ist es eines der meistrezipierten Lieder, vom Mittelalter angefangen bis in die Gegenwart. Als pastourellenartiges Frauenlied beschwört es in heiter-anmutiger Weise eine glückliche Liebesvereinigung im Freien, die dem Publikum augenzwinkernd und mehr in Andeutungen als direkt enthüllt wird, ohne dabei aber die beabsichtigte Heimlichkeit der Begegnung zu

Neue
Minneauffassung

verleugnen. Insofern kann das Lied beispielhaft die neue Minneauffassung vertreten, in der Walther das starre Konzept der Hohen Minne zugunsten der Idee einer gegenseitigen und erfüllten Liebe aufbricht.

Weitere Vertreter
des klassischen
Minnesangs

Neben Reinmar und Walther sind in der Phase des klassischen Minnesangs weitere berühmte Namen zu verzeichnen, darunter etwa die Epiker Hartmann von Aue (→ KAPITEL 8.2) und, wenn auch unsicher, Gottfried von Straßburg (→ KAPITEL 10.2). Nicht minder bedeutsam war auch Heinrich von Morungen († 1222), von dem ca. 110 Strophen überliefert sind. Allen gemeinsam war ein unverwechselbarer Individualstil, verbunden mit einer souveränen und virtuosen Handhabung der poetischen Mittel und Formen. Im Gegensatz zum Rheinischen Minnesang war der direkte französische Einfluss in der klassischen Phase bereits wieder stark zurückgetreten. An dessen Stelle trat das eigenschöpferische Potenzial der Dichter.

Vierte Phase:
Später Minnesang

Die vierte Phase des Minnesang gilt als Spätzeit. Sie umfasst rund 90 namentlich bekannte Dichter wie etwa Gottfried von Neifen, Konrad von Würzburg und Johannes Hadloub. Ihr Werk führte die Traditionen der klassischen Periode weitgehend fort, wobei das dort Originelle hier oft zur bloßen Kunstübung reduziert ist. Eine Ausnahme bildet das Werk Neidharts von Reuental (erste Hälfte 13. Jahrhundert), dem wohl originellsten Dichter der Spätphase.

Neidhart ist der Begründer eines antihöfischen, komisch-satirischen Minnesangs, der die Minnelyrik der klassischen Zeit persifliert. Als Mittel nutzt er die Verlagerung der Minnewelt in die Sphäre des Dorfes und der tölpelhaften Bauernschaft. Je nach geschilderter Jahreszeit unterscheidet man Sommerlieder und Winterlieder. In ihnen buhlt der adlige verarmte Ritter *von Riuwental* mit den Dorfburschen um die Gunst der Lokalschönheiten. Mit seinen deftig-sinnlichen Liedern erzeugte Neidhart die größte Breitenwirkung im 13. Jahrhundert und wirkte bis ins 15. Jahrhundert nach. *Neidhart*

Insgesamt klingt der Minnesang als Kunstform im frühen 14. Jahrhundert jedoch allmählich aus. Zu seinen letzten, gleichwohl ambitioniertesten Vertretern gehörte Heinrich von Meißen, genannt Frauenlob (etwa 1250/60–1318), der den uneingelösten Anspruch erhob, die alten Meister noch zu überbieten. Darüber hinaus zeigte sich in der Folgezeit etwa im Werk Oswalds von Wolkenstein (1376/78–1445) noch ein Bezug zum höfischen Minnesang (→ KAPITEL 13.1). In dieser Tradition sahen sich im 15. und 16. Jahrhundert dann auch die bürgerlich-zunftartigen Sängervereinigungen der Meistersinger. *Weiterleben des Minnesangs*

Fragen und Anregungen

- Nennen Sie mutmaßliche Quellen des Minnesang.

- Beschreiben Sie das Konzept und die möglichen realhistorischen Bezüge und Hintergründe der Hohen Minne.

- Erläutern Sie das Konkurrenzverhältnis zwischen Reinmar und Walther von der Vogelweide bezogen auf den Minnesang.

- Benennen Sie die Phasen des Minnesangs und deren Hauptkennzeichen.

Lektüreempfehlungen

- **Deutsche Lyrik des frühen und hohen Mittelalters.** Edition der Texte und Kommentare v. Ingrid Kasten, Übersetzungen v. Margherita Kuhn, Frankfurt a. M. 1995, Neuauflage 2005. *Quellen*

- **Walther von der Vogelweide: Werke**, Bd. 2: Liedlyrik; mittelhoch-deutsch / neuhochdeutsch, hg., übersetzt und kommentiert v. Günther Schweikle, Stuttgart 1998, Nachdruck 2006.

- **Reinmar: Lieder. Nach der Weingartner Liederhandschrift (B)**, mittelhochdeutsch / neuhochdeutsch, hg., übersetzt und kommentiert v. Günther Schweikle, Stuttgart 1986, durchgesehene und bibliografisch ergänzte Ausgabe 2002.
  Alle drei genannten Bände bieten über Kommentare und Einleitungen sehr nützliche Basis- und Hintergrundinformationen.

Forschungs-
überblicke

- **Thomas Bein: Walther von der Vogelweide**, Stuttgart 1997.
  Kompakter und gut lesbarer Überblick über Leben, Werk und Rezeption des berühmtesten mittelhochdeutschen Dichters.

- **Gert Hübner: Minnesang im 13. Jahrhundert. Eine Einführung**, Tübingen 2008. *Systematische Darstellung der wichtigsten Autoren, Liedtypen und Forschungspositionen, mit einzelnen Textbeispielen.*

- **Günther Schweikle: Minnesang**, Stuttgart 1989, 2., korrigierte Auflage Stuttgart / Weimar 1995. *Sehr dichte, gut gegliederte, teilweise tabellarisch knappe Darstellung. Gut geeignet, um sich einen raschen und fundierten Überblick zu verschaffen.*

12 *Vrouwe* und *ritter*: Geschlecht und Gender

Abbildung 31: Hofszene (Walther von Klingen). Miniatur aus der *Großen Heidelberger Liederhandschrift (Codex Manesse)* (frühes 14. Jahrhundert).

Die dem Codex Manesse entnommene Miniatur zu den Liedern Walthers von Klingen, einem zwischen 1240 und 1286 bezeugten adligen Dichter aus dem schweizerischen Thurgau, zeigt eine typische Hofszene. Sie ist im Hinblick auf die unterschiedlichen Geschlechterrollen aufschlussreich. Deutlich getrennt sind die Sphären des „ritters" und der „vrouwe". Während sich die Ritter im Vordergrund bewaffnet im Zweikampf messen, bilden die Damen im Hintergrund das – offensichtlich emotional stark beteiligte – Publikum. Kleidung und Rüstung lassen klar erkennen, welchem Geschlecht die beiden Gruppen zugehören, und zeigen auch ihren einheitlichen höfischen Stand. Eine Individualität der Figuren jenseits der äußeren Attribute ist kaum ablesbar.

Die Kategorie Geschlecht ist in der mittelhochdeutschen Literatur ein zentrales Moment für die innere und äußere Motivierung des Erzählten. Das gilt gleichermaßen für die Minnelyrik wie für die anderen klassischen Stoffe der höfischen Literatur. Deren Hauptakteure werden zumeist mit ständisch definierten Bezeichnungen wie *vrouwe* (mittelhochdeutsch; „adlige Dame, Herrin") und *ritter* benannt, die auf die Gesellschaftsschicht des Feudaladels gemünzt sind.

12.1 Grundlegende Fragestellungen
12.2 Konzepte von Weiblichkeit und Männlichkeit
12.3 Geschlechtertypik im *Nibelungenlied*

12.1 Grundlegende Fragestellungen

Die Thematisierung der Kategorie Geschlecht kann innerhalb der höfischen Literatur in unterschiedlicher Weise erfolgen. Explizit erfolgt sie, indem das Verhalten einer Einzelfigur dem antizipierten Verhaltensmuster des gesamten Geschlechts kommentierend gegenübergestellt wird. Ein Beispiel hierfür ist der Versroman *Iwein* (→ KAPITEL 8.3), wenn der Erzähler (mit Bezug auf Iweins Ehefrau Laudine) über die vermeintliche Wankelmütigkeit der Frauen räsoniert: *doch tete sî sam diu wîp tuont: sî widerredent durch ir muot daz sî doch ofte dunket guot* (Z. 1866–1868; „doch tat sie, wie die Frauen nun einmal tun. Aus bloßer Laune widersprechen sie dem, was ihnen doch oft eigentlich sehr gut erscheint." Cramer 2001). Voraussetzung für die Akzeptanz derartiger Verallgemeinerung beim Publikum ist naturgemäß eine allgemein verbindliche Vorstellung von Weiblichkeit und Männlichkeit sowie der Rollentypik, nach denen Ritter und Damen handeln sollten (Geschlechtsrollenstereotype).

Thematisierung von Geschlecht

In den meisten Fällen ist der Rekurs auf das Geschlecht und das geschlechtstypische oder -atypische Verhalten aber ein indirekter und ergibt sich nur mittelbar aus der Figurenzeichnung bzw. der Ereignisschilderung. So erschließt sich das idealtypische Ritterbild als Muster adliger Männlichkeit indirekt aus der Beschreibung des Ritters, seiner Erfolge und Misserfolge wie auch aus den zustimmenden oder ablehnenden Reaktionen der anderen Figuren.

Grundsätzlich sind den weiblichen und männlichen Handlungsträgern vielfältige geschlechtstypische Zuschreibungen beigeordnet, sei es bezogen auf ihre Körperlichkeit, die Kleidung, Charaktereigenschaften, soziale Verhaltensweisen oder bestimmte gesellschaftliche Funktionen. Einerseits vermittelt die Literatur hierüber ein relativ festes, geschlechtstypisch differenziertes Normen- und Rollenverständnis. Andererseits weist sie vor dieser Folie aber auch spektakuläre Gegenentwürfe auf, thematisiert Normbrüche und Normüberschreitungen, die Anlass zu grundsätzlichen Reflexionen über den literarisch vermittelten ‚Geschlechtercode' bieten.

Normierungen

Als beziehungstiftendes Moment zwischen den Geschlechtern fungiert vor allem die Minne, die höfische Liebe, die zugleich konstitutives Element der Minnelyrik ist, aber auch des Artus-, Grals- und Minneromans (→ KAPITEL 8, 10, 11). Die Minne steuert in diesen Texten den Gang der Handlung mit, und zwar vermittelt über die je spezifische Spannung in den Paarkonstellationen: Erec und Enite, Iwein und Laudine, Parzival und Condwiramurs, Tristan und Isolde. Nicht

Minne

weniger gilt das für die Heldenepik, namentlich das *Nibelungenlied*, das ohne die minnegeleiteten Beziehungen der weiblichen und männlichen Protagonisten (Siegfried und Kriemhild, Gunther und Brünhild) ohne Handlungsmotivation bliebe (→ KAPITEL 9.2). Auslöser der Minne ist in der Regel die äußerliche Attraktivität des jeweiligen Partners. Sie ist umso größer, je stärker sie dem klischeehaften prototypischen Idealbild höfischer Weiblichkeit und Männlichkeit entspricht.

Auf Basis dieser Feststellungen ergeben sich verschiedene Fragen: Inwieweit entspricht die in der Literatur vermittelte Sichtweise der historischen Realität? Die Fiktionalität der mittelhochdeutschen Literatur gilt womöglich nicht nur für das erzählte Geschehen, sondern auch für die reale Beziehung der Geschlechter im Hochmittelalter, die von der Literatur vermittelt wird. So kann hinterfragt werden, ob das im hohen Minnesang vermittelte Geschlechterverhältnis, geprägt durch das sensibel zurückhaltende und unterwürfige Verhalten des Mannes gegenüber der adligen Dame, nicht eigentlich einen utopisch-beschwörenden Gegenentwurf zu einer völlig andersartigen historischen Realität darstellt.

Außerdem ist der eingeschränkte Bezugsrahmen der zahlenmäßig kleinen, wenn auch machtpolitisch und kulturästhetisch sehr bedeutsamen Adelselite zu beachten. Die literarisch vermittelten Geschlechterbilder spiegeln primär die Verhältnisse der Adelsgesellschaft wider und sind damit keineswegs ungeprüft auf die mittelalterliche Gesamtgesellschaft übertragbar.

Schließlich ist zu betonen, dass Frauenfiguren zwar oft bedeutende Rollen in der höfischen Literatur spielten, Damen sicher auch zum adressierten Rezipientenkreis dieser Texte gehörten und als Mäzeninnen von Bedeutung waren (→ KAPITEL 2.1), aber als Autorinnen höfischer Literatur praktisch keine Rolle spielten. Als erste namentlich bekannte Dichterin deutscher Sprache gilt Frau Ava, die im 12. Jahrhundert mehrere neutestamentliche Dichtungen verfasste (u. a. *Johannes*, *Leben Jesu*). Verwiesen sei auch auf die bedeutende Rolle von Frauen in der deutschsprachigen Mystik (→ KAPITEL 13.1).

In den klassischen Werken der mittelhochdeutschen Literatur sind weibliche Figurenentwürfe immer Entwürfe aus männlicher Sicht oder werden jedenfalls von männlichen Autoren übermittelt. Frauen haben zwar durchaus eine Stimme, sie sprechen aber, wie zum Beispiel in den Frauenstrophen des Minnesangs, stets durch die Stimme des Sängers. Die Frau im Minnesang ist zuallererst wohl eine Projektion des männlichen Sänger-Ichs, mit den typischen Erwartungen an

Realitätsbezug

Bezugsrahmen Adel

Weibliche Autorschaft

Männliche Sicht

das weibliche Gegenüber und das eigene Verhalten: Anerkennung der Verzichtshaltung, ethische Überhöhung des Entsagens, Belohnung durch den *hôhen muot*, die Hochgestimmtheit des Sängers (→ KAPITEL 11.2). Wenn aber die Beschreibung von Frauen, ihrer Handlungen und Äußerungen immer über die Instanz eines männlichen Verfassers vermittelt ist, so ist eben nicht auszuschließen, dass hierüber (bewusst oder unbewusst) männlich geprägte Wunschvorstellungen eines der weiblichen Rolle adäquaten Verhaltens in die mittelalterlichen Texte eingewoben sind.

Innerhalb der mediävistischen Forschung ist der Blick auf die Geschlechterkonstellationen nichts Neues. Im Vordergrund stand allerdings meist das durch die Literatur vermittelte Frauenbild, mit der Gefahr, es einseitig als Abweichung gegenüber einer durch den Mann repräsentierten Norm darzustellen. Aktuelle Arbeiten zum Thema konzentrieren sich dagegen dezidiert auf literarisch vermittelte Konzepte von Männlichkeit (vgl. Baisch u. a. 2003). Überhaupt hat die Thematik in jüngerer Zeit einen enormen Aktualitätsschub erfahren. So haben neuere genderorientierte Ansätze auch innerhalb der Mediävistik zu vielfältigen Forschungsaktivitäten geführt (vgl. z. B. Bennewitz / Kasten 2002; Nolte 2004, zu den *Gender Studies* insgesamt → ASB SCHÖSSLER).

Aktualität
der Thematik

Eine grundlegende Analysekategorie der jüngeren Forschung ist der englische Begriff *gender*. Er lässt sich – bei aller theoretischen Komplexität und definitorischen Unschärfe – pragmatisch mit „sozialkulturelles Geschlecht" übersetzen, dem das biologische Geschlecht (englisch *sex*) gegenübergestellt ist. Grundannahme ist, dass geschlechtstypisches Verhalten nicht biologisch determiniert, sondern durch Erziehung und Erfahrung angeeignet und damit sozialkulturell konstruiert sei. Die Gendertheorie negiert damit die Behauptung einer wesensmäßigen Einheit von biologischen Voraussetzungen und sozialen Verhaltensweisen. Letztere gelten eben nicht als natürliche Ausprägungen des biologischen Geschlechts, sondern als durch bestimmte Rollenerwartungen und klischeehafte Geschlechterbilder bedingt. Aufgabe der Literaturanalyse ist es, die Konstruiertheit des Geschlechts und die Mechanismen der Etablierung und Tradierung von Geschlechterrollen in der Literatur offenzulegen.

Analysekategorie
gender

Genderbezogene Fragestellungen haben insbesondere das Phänomen der Körperlichkeit von literarischen und historischen Figuren in den Blick genommen. Dabei interessierte allerdings nicht der konkrete physische Körper als solcher, sondern der Körper als Zeichenträger. Seine zeichenhafte Funktion liegt in der Etablierung und Spiege-

Körper als Zeichen

lung komplexer gesellschaftlicher Strukturverhältnisse. Am Körper, zumal am höfischen Körper, gilt es etwa, Praktiken der Herstellung von Nähe und Distanz, der Kennzeichnung des Standes, des Alters, aber natürlich auch des Geschlechts zu erkennen. Zu beachten sind in diesem Zusammenhang etwa Attribute wie Kleidung, Schmuck und Waffen, Bewegungsformen (Gestik, Mimik) ebenso wie Praktiken der Sexualität und des Begehrens, der Gewalt- und Machtausübung, aber auch des sprachlichen Agierens.

In der historischen Realität des Mittelalters übernahmen Körper und deren öffentliche Inszenierung die Funktion, zuvor ausgehandelte Machtverhältnisse öffentlich zu dokumentieren und damit rechtsverbindlich zu machen. So konnte der öffentliche Kuss eines Herrschers ein politisches Einvernehmen signalisieren oder die Tischordnung gegebene hierarchische Strukturen sichtbar machen (→ ASB MÜLLER, KAPITEL 9.3).

„Symbolische Kommunikation"

Körper und deren Praktiken bilden insofern ein komplexes Symbolsystem von hoher kultureller Signifikanz. In der Literatur fungiert der Körper „als textuelles Phänomen, dessen Bedeutung sich in hermeneutischen Operationen entschlüsseln läßt" (Kiening 1999, S. 65). Die Deutung des Körpers als Zeichenträger ist dabei gleichermaßen aufschlussreich für das Verständnis der mittelalterlichen Gesellschaft wie für die mittelalterliche Literatur, in der die „inszenierten Körper im Text als Text fungieren" (Schausten 1999, S. 45).

12.2 Konzepte von Weiblichkeit und Männlichkeit

Im Allgemeinen wird man im Gegensatz zur modernen Literatur in der mittelalterlichen Literatur ein weniger individualisiertes Menschenbild vorfinden. Vereinfacht ließe sich sagen, dass die Figuren in ihr nicht eigenmotivierte Charaktere sind, sondern in erster Linie Rollenträger, die im Dienste der vorgegebenen Handlung agieren. Anders ausgedrückt: Nicht die Figuren bestimmen das Geschehen, sondern das Geschehen bestimmt die Figuren. Daneben ist in der mittelalterlichen Literatur grundsätzlich eine ausgeprägte Abhängigkeit der Figuren von ihrem jeweiligen sozialen Kontext und den gesellschaftlichen Konventionen zu konstatieren.

Geringe Individualität

Das Konzept von Weiblichkeit in der mittelalterlichen Literatur korrespondiert mit der vorherrschenden christlichen Sichtweise, die ein stark asymmetrisches Geschlechterbild vermittelt. In der Bibel und in deren Auslegung wird die Frau gegenüber dem Mann überwiegend

Religiös geprägtes Frauenbild

als minderwertig, als Mängelwesen, minderbefähigt an Körper und Geist, dafür aber als sündig, unrein und wollüstig dargestellt. Die Nachrangigkeit der Frau ist nach mittelalterlicher Lesart bereits Konsequenz ihrer Erschaffung aus der Rippe des Mannes. Ihm gegenüber hat sie die Verpflichtung sich unterzuordnen und zu dienen:

> „Ihr Frauen, ordnet euch euren Männern unter wie dem Herrn (Christus); denn der Mann ist das Haupt der Frau, wie auch Christus das Haupt der Kirche ist; er hat sie gerettet, denn sie ist sein Leib. Wie aber die Kirche sich Christus unterordnet, sollen sich die Frauen in allem den Männern unterordnen." (Eph 5,22–24)

Aber nicht nur die Klassifizierung der Frau als biblisch bezeugtes ‚Derivat' des Mannes war Grundlage der Vorstellung von der Nachrangigkeit der Frau, sondern vor allem auch ihre vermeintliche geistige und moralische Schwäche. So schreibt der Kirchenlehrer Thomas von Aquin (um 1225–75) in seiner *Summa theologiae* (*Summe der Theologie*): *mulier naturaliter est minoris virtutis et dignitatis quam vir* (I, 92,1; „Die Frau ist von Natur aus geringer an Tugend und Würde als der Mann"). Und an anderer Stelle: *in mulieribus autem non est sufficiens robur mentis ad hoc quod concupiscentiis resistant* (II/2, 149,4; „In den Frauen ist nicht genügend Kraft des Verstandes, um den Begierden zu widerstehen"). Dabei schien die moralische Verwerflichkeit bereits vorgeprägt in der Verführerin Eva, von der – so die gängige Vorstellung – alles Böse seinen Anfang nahm. Dass unter diesen Voraussetzungen die Frauen der Leitung und Vormundschaft des Mannes bedurften, schien genauso natürlich wie gottgewollt.

Das defizitäre Geschlecht

Betrachtet man vor diesem Hintergrund das Frauenbild der mittelhochdeutschen höfischen Dichtung, so wirkt es in Teilen vordergründig geradezu wie ein Gegenentwurf. Insbesondere im hohen Minnesang wurde die *vrouwe* ja geradezu verherrlicht und dem männlichen dichterischen Ich übergeordnet. Dennoch ist zweifelhaft, ob höfische Liebe und Frauenverehrung mehr als literarische Konstruktionen waren, und zu fragen, ob nicht vielmehr die christlich begründete Nachrangigkeit der Frau in der sozialen Realität dominierte.

Literarischer Gegenentwurf?

Hintergrund der höfischen Idealisierung und Stilisierung der Frau könnte paradoxerweise ebenfalls die christliche Vorstellungswelt sein. So steht der sündigen Eva als Gegenbeispiel (Antitypus) die Gottesmutter Maria gegenüber (→ KAPITEL 2.2). Die Marienverehrung hatte in der mittelalterlichen Literatur ihren festen Platz, sie schlägt sich vor allem in vielfältigen Mariendichtungen nieder (→ KAPITEL 6.1).

Marienverehrung

Kalokagathie

Grundsätzlich folgt die Figurenbeschreibung der mittelhochdeutschen Literatur der Regel der Kalokagathie (griechisch *kalós* „schön" und *agathós* „gut"). Gemeint ist damit die Entsprechung von äußerer Erscheinung und innerem Wert. Die Schönheit des Körpers bürgt somit in der Regel für die Tugendhaftigkeit einer Person, und zwar grundsätzlich unabhängig vom Geschlecht. Umgekehrt deutet ein hässliches Äußeres zumeist auf die Verworfenheit eines Menschen.

Schönheit

Die ideale höfische Frau ist schön. Allerdings wird diese Schönheit bezogen auf die Protagonistinnen häufig einfach behauptet, ohne näher ausgeführt zu werden. Stereotype Zuschreibungen sind etwa jung, schlank, blass, wobei zur Schönheit entscheidend auch die kostbare Kleidung beiträgt. Die Schönheit der Frau korrespondiert in der Regel mit einer sehnsüchtigen Minnehaltung auf männlicher Seite, die zu einer Versittlichung des Mannes durch Affektregulierung führte und dazu beitrug, seinen Kampfesmut zu steigern. So bewirkt die Schönheit Kriemhilds im *Nibelungenlied* die Disziplinierung Siegfrieds (→ KAPITEL 9.2). Allerdings finden sich in der Literatur auch Gegenbeispiele, bei denen Männer angesichts der Schönheit einer Frau verrohen. So im *Erec*, in dem der Anblick Enites wiederholt bei fremden Grafen eine solch ungezügelte Begierde auslöst, dass sie beinahe alle höfischen Konventionen vergessen und nur noch den Gedanken haben, Enite möglichst rasch zu besitzen – und sei es mit Gewalt (→ KAPITEL 8.3).

Weibliche Tugenden

Die Sphäre der Frau in der mittelalterlichen Literatur wie in der Realität war meist die des Hauses bzw. des inneren Hofbezirks. Als weibliche Tugenden galten Sittsamkeit und züchtiges Verhalten, Treue und Fügsamkeit gegenüber Eltern oder Ehemann. Einem solchen Idealbild entspricht Enite, die alle Zumutungen Erecs geduldig erträgt, seiner Rettung das eigene Leben unterordnet, allen Verlockungen anderer Männer widersteht und bereit ist, Erec in den Tod zu folgen. Dadurch, so eine Quintessenz des Romans, beweist sie ihre Treue und moralische Integrität und wird zur idealen Ehefrau.

Totenklage

Ein besonderer Ausweis weiblicher Treue ist die Klage um den getöteten Gatten. Gerade im klassischen höfischen Roman sind entsprechende Beispiele zahlreich genug, um die Totenklage als Bestandteil typisierender Rollenkonfiguration betrachten zu können. In ihr korrespondiert die Intensität der Klage mit der Größe des erfahrenen Verlustes. Im *Nibelungenlied* gibt Kriemhild ein extremes Beispiel der Totenklage, indem sie beim Anblick des ermordeten Siegfrieds aus Mund und Augen zu bluten beginnt (Str. 1010,2; 1069,4). Der Schmerz der Trauer kann auch durch lautes Schreien oder ungebärdige Gesten geäußert werden und bis zur Selbstverletzung gehen:

daz hâr si vaste ûz brach,
an ir lîbe si sich rach
nâch wîplicher site,
wan hie rechent si sich mite.
swaz in ze leide geschiht,
dâ wider entount die guoten niht (Erec, Z. 5760–5765)
("Sie raufte sich die Haare, sie misshandelte sich selbst nach Art
der Frauen, denn so schaden sie sich. Was immer ihnen zu Leid
geschieht, die Guten wehren sich nicht dagegen." Cramer 2003)
Insgesamt wird man sagen können, dass die literarische Welt des Mittelalters männlich dominiert ist, und es besteht wenig Zweifel daran,
dass diese Rollenverteilung die historische Realität der Epoche widerspiegelt. Die hegemoniale Position des Mannes lässt sich in der Literatur an vielfältigen Beispielen ablesen. So üben im *Nibelungenlied* die
drei Könige die Vormundschaft über ihre Schwester Kriemhild aus.
Deren Ehe wie auch diejenige Brünhilds wird im Rahmen eines
‚Gentlemen's Agreement' zwischen Gunther und Siegfried ausgehan-
delt. Die Dominanz des Mannes erlaubt es demnach, Frauen auf
einen Objektstatus zu reduzieren. Nichts anderes tut Erec, wenn er
seine spätere Frau Enite zunächst als Motiv für den Kampf gegen den
fremden Ritter instrumentalisiert, um die erlittene Schmach des Gei-
ßelschlags zu tilgen.

Dominanz des Mannes

Körperliche Gewaltausübung gehört zum etablierten Verhaltensmuster des adligen Mannes, vor allem in der Artus- und Heldenepik.
Gewalt konstituiert geradezu den Ritter und den Helden. Nicht übersehen werden sollte aber, dass sich diese beiden Männlichkeitskonzep-
te in Hinblick auf die Gewaltausübung auch deutlich voneinander unterscheiden. So ist der Kampf des Helden immer Ernstkampf, der auf
den Tod des Gegners abzielt, während der ritterliche Kampf Bedingungen der Gewaltkontrolle und der Gewährung von Gnade unterliegt
(→ KAPITEL 8.4). Überhaupt gehört zum normierten Verhaltensreglement
des Ritters seine Fähigkeit zur Selbstkontrolle und Mäßigung (mittelhochdeutsch *zuht* und *mâze*).

Gewalt

Gewalt ist ein Phänomen, das in erster Linie von Männern ausgeht
und auf Männer zielt, oft mit tödlichem Ausgang. Gewalt gegenüber
Frauen ist dagegen selten, mit der Konsequenz, dass in der Literatur
kaum einmal ein Witwer vorkommt, hingegen viele klagende Witwen.

Tod

Das konventionelle Verbot des Ritters, gegen Frauen zu kämpfen,
kann mitunter zu Rollenkonflikten führen. Im Artusroman *Wigalois*,
unterlässt etwa der Titelheld, sein Schwert zu gebrauchen, als er vom
Waldweib Ruel ernsthaft bedroht wird:

Rollenkonflikte

> *daz starke wîp begreif in sâ,*
> *wan si endûhte in des niht wert*
> *daz er gegen ir sîn swert*
> *immer gevuorte,*
> *wan grôziu tugent ruorte*
> *sîn herze zallen stunden.* (Z. 6372–6377)

(„Sofort packte ihn die starke Frau. Es schien ihm nicht angemessen, gegen sie ein Schwert zu ziehen, denn höflich war er stets." Seelbach/Seelbach 2005)

Gegenbilder Das aggressive Verhalten Ruels ist genauso ein Gegenbild höfischer Weiblichkeit wie ihr Äußeres, das vom Dichter nicht nur explizit Enite und Jeschute (im *Parzival*) gegenübergestellt, sondern auch schaudernd genussvoll ausgemalt wird. Sie ist *swarz, rûch als ein ber* (Z. 6288; „schwarz und behaart wie ein Bär"), *daz houbet grôz, ir nase vlach* (Z. 6294; „grober Kopf und flache Nase"), *grôze zene, wîten munt* (Z. 6298; „große Zähne, breiter Mund") und Ähnliches mehr. Gegen die standardisierte Koppelung des Schönen mit dem Höfischen bzw. des Hässlichen mit dem Unhöfischen ist im *Parzival* allerdings die Gralsbotin Cundrie gestaltet, denn in ihr verbindet sich das eigentlich Unvereinbare. Sie *was gevar den unglîche die man dâ heizet bêâ schent.* (Z. 313,2f.; „Sie sah ganz anders aus als sonst die schönen Feinen." Knecht/Schirok 2003). Sie trägt elegante französische Kleidung, entspricht in Benehmen und Tugendhaftigkeit der idealen höfischen Dame und ist doch von so abnormer Hässlichkeit, dass sie einer Ruel darin um nichts nachsteht.

Schönheit des Ritters Die Sphäre des Ritters ist neben dem Hof vor allem die Außenwelt. Hier sucht er seine Aventiuren, misst sich mit anderen Rittern oder kämpft gegen Drachen, Riesen und Zwerge. Auch der Ritter ist schön, wobei als körperliche Vorzüge vor allem seine Größe und Stärke hervorgehoben werden. Wichtige Attribute sind eine möglichst glänzende und prächtige Rüstung, ein wertvolles Schwert und Schild und ein stattliches Pferd.

12.3 Geschlechtertypik im *Nibelungenlied*

Für den Zusammenhang von Geschlecht, Literatur und Mittelalter gilt dem *Nibelungenlied* seit langem ein besonderes Interesse. He-
Forschung rauszustellen ist etwa der Versuch Berta Lösel-Wieland-Engelmanns in den 1980er-Jahren, die weibliche Autorschaft des Epos nachzuweisen (vgl. Lösel-Wieland-Engelmann 1980). Vom Anfang der 1990er-

Jahre datiert eine feministische Auslegung des *Nibelungenliedes* durch Albrecht Classen, der das Epos als Kampf zwischen Patriarchat und Matriarchat deutet (vgl. Classen 1992).

In der Tat stilisiert der Erzähler den Kampf zwischen Brünhild und Siegfried in der zweiten Hochzeitsnacht als Stellvertreterkampf der Geschlechter. So ist zunächst noch keineswegs klar, dass Siegfried beim nächtlichen Ringen gewinnen wird. Was letztlich den Ausschlag gibt und seinen Kampfesmut anstachelt, ist sein Bewusstsein, hier die Sache aller Männer zu vertreten, sozusagen stellvertretend das Patriarchat vor dem Verlust männlicher Dominanz zu retten:

‚Ouwê', dâht der recke, ‚sol ich nu mînen lîp
von einer magt verliesen, sô mugen elliu wîp
her nâch immer mêre tragen gelfen muot
gegen ir manne, diu ez sus nimmer getuot.' (Str. 670)

(„‚Verdammt', dachte der Recke, ‚wenn ich jetzt mein Leben durch die Hand eines Mädchens verliere, dann können künftig alle Frauen ihren Männern gegenüber auftrumpfen, die vorher nie an so etwas gedacht haben.'" Schulze / Grosse 2011)

Mit der Jungfräulichkeit verliert Brünhild auch ihre außergewöhnlichen Kräfte. Sie verhält sich im weiteren Fortgang völlig regel- und rollenkonform und ist damit für den zweiten Teil des *Nibelungenlieds* praktisch bedeutungslos.

Auch in der Perspektive der jüngeren Genderforschung bleibt das *Nibelungenlied* ein Paradebeispiel der Interpretation. Betont wird insbesondere das Moment untypischer Genderkonstellationen, die die exklusive Zweiteilung in männlich und weiblich und die damit verbundenen binären Bestimmungen zu durchbrechen scheinen (vgl. Nolte 2004). Macht und Stärke sind im *Nibelungenlied* irritierenderweise auch Attribute des Weiblichen, repräsentiert durch die körperlich starke Königin Brünhild und die strategisch planende, auf Rache versessene Kriemhild. Beide Figuren verkörpern dadurch eine Bedrohung männlicher Dominanz.

Rollendurchbrechung

Brünhild ist einerseits außergewöhnlich schön und daher begehrenswert, verfügt aber andererseits über eine Körperkraft, die abgesehen von randständigen Figuren wie Ruel normalerweise ein exklusives Merkmal des Mannes ist. Eine körperlich starke Frau ist vor diesem Hintergrund als Normverstoß gegen die gültige Geschlechterordnung zu sehen. In den Augen Hagens, der sich später, nach Brünhilds erzwungener ‚Konformierung', ganz auf ihre Seite stellen wird, ist Brünhild aufgrund ihrer Körperkraft *des übeln tîvels brût* (Str. 448,4; „die Braut des bösen Teufels").

Brünhild

Kriemhild

Auch Kriemhild wird im zweiten Teil des Textes in einem Erzählerkommentar als *vâlendinne* (Str. 2368,4; „Teufelin") verdammt. Unstreitig zählt Kriemhild zu den auffälligsten Frauengestalten der mittelalterlichen Literatur, nicht zuletzt aufgrund von Rollenüberschreitungen. Bereits die Maßlosigkeit ihrer Rachegelüste hebt das gängige Prinzip der Einheit von Innen und Außen, die Kalokagathie, auf. Kriemhild ist unermesslich schön und bleibt schön und nutzt diesen Vorzug in strategischer Weise zur Machtgewinnung. Sie heiratet den Hunnenkönig Etzel, um über ihn schließlich Rache an Hagen und ihrer Familie für die Ermordung Siegfrieds nehmen zu können. Gerade in der kalkulierten Übertretung des etablierten Weiblichkeitsmodells gewinnt Kriemhild aber auch Züge eines eigenmotivierten Charakters und wird, so der Literaturhistoriker Walter Haug, zur ersten „wirklich individuelle[n] Gestalt in der abendländisch-mittelalterlichen Erzählliteratur" (Haug 1989, S. 336).

Fragen und Anregungen

- Umreißen Sie Problemstellungen, die sich bei dem Versuch ergeben, das Bild der Frau im Mittelalter aus der Literatur herzuleiten.

- Erläutern Sie die Relevanz der Begriffe „Gender" und „Körper".

- Beschreiben Sie im Hinblick auf das Konzept der *vrouwe* und des *ritters* geschlechtstypische Differenzen in der mittelhochdeutschen Literatur.

- Lesen Sie im Artusroman *Wigalois* die Verse 6285–6405 und versuchen Sie, daraus Schlüsse auf das Schönheitsideal des Mittelalters abzuleiten.

- Erläutern Sie, inwiefern das *Nibelungenlied* als Paradetext für Fragestellungen im Zusammenhang von Geschlechterkonzepten gesehen werden kann.

Lektüreempfehlungen

Quellen
- **Wirnt von Grafenberg: Wigalois.** Text der Ausgabe von J. M. N. Kapteyn übersetzt, erläutert und mit einem Nachwort versehen von Sabine Seelbach und Ulrich Seelbach, Berlin / New York 2005.

- Martin Baisch u. a. (Hg.): Aventiuren des Geschlechts. Modelle Forschung von Männlichkeit in der Literatur des 13. Jahrhunderts, Göttingen 2003. *Innovativer Ansatz, weil dezidiert auch literarische Konzepte von Männlichkeit thematisiert werden.*

- Ingrid Bennewitz / Ingrid Kasten (Hg.): Genderdiskurse und Körperbilder im Mittelalter. Eine Bilanzierung nach Butler und Laqueur, Münster 2002. *Aufschlussreiche und zugleich kritische Übertragung der rezenten Gendertheorie auf mediävistische Fragestellungen, Gattungen und Texte.*

- Ann-Katrin Nolte: Spiegelungen der Kriemhildfigur in der Rezeption des Nibelungenliedes. Figurenentwürfe und Gender-Diskurse in der *Klage*, der *Kudrun* und den *Rosengärten* mit einem Ausblick auf ausgewählte Rezeptionsbeispiele des 18., 19. und 20. Jahrhunderts, Münster 2004. *Exemplifiziert facettenreich die herausragende Stellung der Kriemhildfigur in der Nibelungenliedrezeption.*

- Franziska Schößler: Einführung in die Gender Studies, Berlin 2008. *Gute Möglichkeit, sich über die vielfältigen Aspekte der Thematik rasch und präzise zu informieren.*

13 Periode des Frühneuhochdeutschen

Abbildung 32: Johannes Gutenberg (1584)

Auf dem fiktiven Porträt hält Johannes Gutenberg (um 1400–68), der Erfinder des modernen Buchdrucks, in der Linken einen Druckstempel mit einem aus Majuskeln zusammengesetzten Typensatz. Das neue Produktionsverfahren, das Gutenberg um 1450 in Mainz erstmals praktizierte, revolutionierte die Schrifttechnologie und ist in ihrer Wirkung mit der Entwicklung der Computertechnik zu vergleichen. War man bei der Verbreitung von Schriftwerken bis dahin praktisch allein auf das mühsame Kopieren per Hand angewiesen, eröffnete das neue Druckverfahren nun Möglichkeiten der raschen und vergleichsweise kostengünstigen mechanischen Reproduktion.

Eng verbunden mit dem sich rasch ändernden politisch-sozialen Umfeld wandelte sich in frühneuhochdeutscher Zeit auch die Literatur. Neue Textsorten entstanden, die Orientierung und Hilfe in der krisenhaften Zeit anboten, andere entwickelten sich fort oder verschwanden. Das Christliche gewann weiter an Gewicht gegenüber den weltlichen Themen der höfischen Epik. Mit den neuen Inhalten veränderten sich die Formen, in denen sich die Literatur dem zeitgenössischen Leser darbot. Volkssprachige Texte fanden nun immer mehr Leser. Auch der Buchdruck mit beweglichen Lettern trug dazu bei. Ohne ihn wäre diese Entwicklung nicht möglich gewesen.

13.1 Frühneuhochdeutsche Literatur im Überblick
13.2 Gutenberg und der Buchdruck

13.1 Frühneuhochdeutsche Literatur im Überblick

Die gängige Einteilung nach Literatur- und Sprachperioden fasst die **Periodisierung** Zeitspanne von 1350 bis 1650 als frühneuhochdeutsche Zeit und weist ihr damit eine Zwischenstellung zwischen dem Mittelhochdeutschen und dem Neuhochdeutschen zu. Historisch betrachtet umfasst dieser Zeitraum sowohl das Spätmittelalter (bis etwa 1500) als auch den Beginn der Frühen Neuzeit.

In sprachlicher Hinsicht steht das Frühneuhochdeutsche dem heutigen Deutsch schon deutlich näher als das Mittelhochdeutsche. Ein **Sprachstand** Beispiel sind die neu entstandenen Diphthonge *ei*, *eu/äu* und *au*, die sich aus den mittelhochdeutschen Langvokalen *î*, *iu*, *û* entwickelten (dafür steht die bekannte Merkfolge *mîn niuwes hûs > mein neues Haus*). Dennoch stellt sich das Deutsche dieser Epoche als landschaftlich sehr heterogen dar. Eine überdachende Hochsprache fehlte auch in dieser Zeit noch, wenngleich sich wichtige Schritte in diese Richtung bereits deutlich abzeichneten. Ein Phänomen, das ohne die Entwicklung des Buchdrucks nicht denkbar gewesen wäre, ist die Bibelübersetzung Martin Luthers (ab 1522). Aufgrund ihrer großen Verbreitung und Wirkung stellte sie einen entscheidenden Schritt zur Herausbildung einer deutschen Einheitssprache dar (→ KAPITEL 13.2).

Ein auffälliges Kennzeichen der Epoche ist die Durchsetzung des **Ausweitung** Deutschen als Literatursprache in allen Themen und Gattungen. Ba- **der deutschen** sis der damit verbundenen literarischen Expansion waren oftmals la- **Schriftlichkeit** teinische Quellen. Die zunehmende Literaturfähigkeit der deutschen Sprache erwuchs nicht zuletzt im Zusammenhang mit den geistigen oder religiösen Strömungen wie dem Humanismus oder der Mystik.

Damit einher ging eine Ausdifferenzierung des Textsortenspektrums, das sich zumindest partiell gegenüber dem Mittelhochdeutschen verschob. So wurden zwar einerseits überkommene literarische Traditionen weitergeführt, aber es entstanden andererseits neue Formen wie Prosaroman oder Volksbuch. Als zeittypisch kann auch die Etablierung der Rede als einer zwar gereimten aber nicht-sanglichen Literaturform betrachtet werden. Die (Reim-)Rede entwickelte sich **Reimreden** im 14. und 15. Jahrhundert sowohl im weltlichen wie im geistlichen Bereich zu einer der produktivsten Literaturformen. In ihr ließen sich unterschiedlichste Lebensbereiche und Sachverhalte (Minne, Politik, Natur, Ständewesen usw.) zumeist in kurzen Texten von 80 bis 200 Versen räsonierend-belehrend ansprechen und darstellen.

Obwohl Verstexte weiterhin entstanden, gehört zu den Grundent- **Grundentwicklungen** wicklungen der Zeit eine zunehmende Abkehr vom Reimprinzip zugunsten der Prosa. Diese formale Verschiebung gegenüber der vorgängigen Literaturtradition korrespondiert inhaltlich mit einer zunehmenden Abkehr von weltlicher Literatur, besonders der Artus- und Heldenepik, und der erneuten Hinwendung zu einer stärker christlich geprägten Literatur. In literarsoziologischer Hinsicht rückt die Stadt immer stärker ins Zentrum des Geschehens.

Politisch-soziale Hintergründe

Politisch ist die Zeit dadurch geprägt, dass die traditionellen Ordnungen infolge eines Bedeutungsverlustes der universalen Mächte des Hochmittelalters zunehmend zerfielen. So büßte die kaiserliche Zentralgewalt an Einfluss ein, was zu einer wachsenden Zersplitterung des Reichsgebiets führte. Zum anderen verlor das Papsttum insbesondere durch das Schisma (1378–1417) und die spätere Kirchenspaltung im Zuge der Reformation an Autorität. Auch Umweltkatastrophen, Missernten, Hungersnöte und Pestepidemien, ganz abgesehen von den Verwüstungen des Bauernkrieges (1524/25) und des Dreißigjährigen Krieges (1618–48), hatten verheerende Folgen.

Entsprechend erlebten die Menschen die Epoche vielfach als eine krisenhafte Zeit der Wirrnisse, des Unheils und der Orientierungslosigkeit. Das Bestreben, das eigene Leben sinnhaft zu gestalten, die Suche nach Selbstvergewisserung und Halt verband sich eng mit dem Schrifttum der Zeit, dessen Funktion generalisierend mit den Begriffen **Literatur als Lebenshilfe** Lebenshilfe und Daseinsbewältigung umschrieben werden könnte. Dazu passt auch der verbreitete Hang zur Didaktisierung und Pädagogisierung in nahezu allen Bereichen der geistlichen und weltlichen Literatur.

Andererseits machte das Geistesleben der Zeit deutliche Fortschritte, nicht zuletzt durch die zahlreicher werdenden Universitätsgründungen (→ KAPITEL 3.2). Besonders an den Universitäten machte sich **Humanismus** die neue Geistesströmung des Humanismus bemerkbar. Ihre Grundlage waren die italienische Renaissance und das Bestreben um die Pflege der *humanitas*, verstanden als klassische Bildung. Wenngleich sich humanistische Autoren wie Nikolaus von Kues (oder Cusanus, 1401–64) vor allem der lateinischen Sprache bedienten, zeigen sich mittelbar doch unverkennbare Einflüsse auf die deutsche Sprache und Literatur. Die Entwicklung einer deutschen Kunstprosa und eines deutschen Kanzleistils hängen damit zusammen. Im humanistischen Kontext steht auch der *Ackermann aus Böhmen* (1400/01) des Saazer Stadtschreibers Johannes von Tepl (→ ASB KELLER, KAPITEL 3). Gegenstand des Werkes ist ein juristisches Streitgespräch des ‚Ackermanns‘, einer Metapher für den Dichter, der den Teufel wegen des Todes seiner Ehefrau anklagt.

Vor allem das 14. Jahrhundert war eine Zeit des Sammelns, Ordnens und Vollendens traditioneller Literaturformen. In der Artusepik führte die wachsende zeitliche und soziale Distanz gegenüber den utopisch-literarischen Gesellschaftsentwürfen der staufischen Klassik (→ KAPITEL 8.1) zu Versuchen einer verbindenden und gleichzeitig abschließenden Zusammenschau sowie zur Schaffung einer Gesamtgeschichte der Artuswelt. So etwa im Werk des Landshuter Autors und Malers Ulrich Fuetrer († nach 1492). Summenbildungen begegnen ebenfalls in Form der Heldenbücher, die ab dem 14. Jahrhundert entstanden und als Drucke bis zum Ende des 16. Jahrhunderts beliebt blieben. Deren Bedeutung für die Mediävistik kann nicht hoch genug eingeschätzt werden, weil sie zum Teil die einzigen Quellen für die im Hochmittelalter entstandenen Epen sind. So ist der *Erec* Hartmanns von Aue allein im berühmten Ambraser Heldenbuch aus dem frühen 16. Jahrhundert annähernd vollständig überliefert, und mittelhochdeutsche Lyrik wurde in großen Sammelhandschriften überliefert (Liederhandschriften B und C; → KAPITEL 4.3).

> Summenbildung und Kompilation

Diese Sammlungsbewegung ging in großen Teilen vom Bürgertum bzw. dem städtischen Patriziat aus. Überhaupt trat die Stadt als Ausgangs- und Bezugspunkt des Literaturschaffens immer deutlicher hervor und löste damit den Adelshof als literarisches Zentrum zunehmend ab. So konzentrierte sich der Blickwinkel als Folge der Parzellierung des Reichsgebiets, der anwachsenden Bedeutung der Städte und des aufstrebenden Bürgertums oft auf lokale Bezüge – und eben häufig auf die Stadt.

> Die Stadt als Literaturzentrum

Ablesbar ist dieser Trend beispielsweise an den Stadtchroniken, auch wenn frühe Beispiele noch in die mittelhochdeutsche Zeit zurückreichen, wie etwa die von Gottfried Hagen verfertigte Reimchronik der Stadt Köln (um 1270) und die 1499 gedruckte, in Prosa verfasste *Cronica von der hilliger Stat van Coellen* von Johann Koelhoff.

> Stadtchroniken

Ein anderes typisch städtisches Literaturprodukt war der Meistersang, dessen Ausläufer sich bis ins 19. Jahrhundert verfolgen lassen. Der Meistersang war an Singschulen gebunden, die sich organisatorisch an die Zünfte anlehnten. Ihre Mitglieder waren zumeist Handwerksmeister, die auf der Grundlage fester Regelwerke (Tabulaturen) Lieder verfassten, um sie zu besonderen Anlässen, häufig im Rahmen von Gesangswettbewerben vorzutragen. Die typische Form des Meistersangs war das dreistrophige Lied, Bare genannt, das ohne instrumentale Begleitung gesungen wurde.

> Meistersang

Kennzeichnend für die Meistersinger war ein ausgeprägtes traditionsverhaftetes Kunstbewusstsein, das sich an Vorbildern wie Walther von der Vogelweide oder Hartmann von Aue orientierte, die als alte Meister verehrt wurden. Inhaltlich bestimmend waren zunächst geistliche Themen, zu denen später auch weltliche Inhalte traten. Zu den schon aufgrund seiner immensen Produktivität bedeutendsten Meistersingern zählt der Nürnberger Schuhmachermeister Hans Sachs (1494–1576), dessen Werk auch zahlreiche Fastnachtspiele umfasst.

Hans Sachs

Die Starrheit der selbst verordneten Regeln und Inhalte ließ den Meistersang ab dem 17. Jahrhundert zunehmend als veraltet und unzeitgemäß erscheinen. Nicht nur der Meistersang, auch die übrige lyrische Dichtung der Zeit wirkt eher traditionell, vielfach geradezu hausbacken-bieder, und fällt in Hinsicht auf Originalität und dichterische Souveränität gegenüber der mittelhochdeutschen Blütezeit deutlich ab.

Oswald von Wolkenstein

Eine bemerkenswerte Ausnahme hiervon war allerdings Oswald von Wolkenstein (ca. 1377–1445), der nicht zuletzt wegen seiner künstlerischen Experimentierfreude als der bedeutendste Liedautor des Spätmittelalters gilt. Oswald, der dem Südtiroler Adel angehörte, führte ein abenteuerliches Leben, das ihn unter anderem als königlichen Gesandten durch Europa und den Vorderen Orient führte. Dabei verstand er es meisterhaft, die gewonnenen Lebenserfahrungen und künstlerischen Anregungen auf originelle Weise zu nutzen und in sein themen- und formenreiches lyrisches Werk einfließen zu lassen.

Die Hinwendung zu einer vom städtischen Bürgertum getragenen Literatur zeichnete sich bereits im späten 13. Jahrhundert ab. Hochproduktive Autoren wie Konrad von Würzburg und Heinrich von Meißen (genannt Frauenlob) sind Beispiele dafür (→ KAPITEL 11.3). Zugleich stehen sie bereits für eine andere Tendenz, die sich in den kommenden Jahrhunderten noch deutlich verstärken sollte, nämlich einen Hang zur Rationalisierung und Didaktisierung der Dichtung. Literatur hatte zunehmend die Funktion Wissen zu vermitteln, was sich mit dem Bedürfnis des Publikums nach Orientierung und Belehrung traf (→ ASB KELLER).

Rationalisierung und Didaktisierung

Diesem Zweck folgte die Gattung der Fabel, die teilweise unter Rückgriff auf den griechischen Dichter Äsop (um 600 v. Chr.) gepflegt wurde. Für sie ist das moralisierend-didaktische Moment geradezu konstitutiv. Eine auf einer lateinischen Vorlage beruhende erste deutsche Prosasammlung von Fabeln, das *Buch der natürlichen Weisheit* (etwa 1410), geht auf den Kleriker und Schriftsteller Ulrich von Pottenstein (ca. 1360–1420) zurück.

Fabel

Didaktische Funktionen hatte daneben die allegorische Dichtung. In ihr ließen sich durch das Mittel der Personifikation abstrakte Be-

Allegorische Dichtung

griffe und Vorgänge versinnbildlichen. Beliebt war das Schachspiel als bildhaftes Mittel der Zeit- und Sozialkritik (Schachzabelbücher).

Auch die bereits erwähnten Reimreden waren ihrem Kern nach didaktisch orientiert. So ging es beim Subtyp Minnerede um die Vermittlung verbindlicher Verhaltensmuster in Liebesdingen, die häufig durch Personifikationen der Minne und der semantisch damit verbundenen höfischen Tugendwerte wie Treue, Ehre, *stæte* („Beständigkeit") und Rechter Dienst vermittelt wurden. Der Reimform und auch der Grundorientierung nach waren die Minnereden eher konservativ-traditionell geprägt. Unverkennbar idealisieren sie den adligen Minnedienst vergangener Zeiten. Minnereden

Nicht zu übersehen ist jedoch, dass dem Rückgriff auf die höfischen Ideale der Vergangenheit ein eher defensives Moment anhaftete. Der Anspruch, auf diese Weise Orientierung zu bieten in einer brüchigen und spannungsgeladenen Zeit, konnte vor dem Hintergrund der gravierenden politischen, theologischen und sozialen Verunsicherungen jedenfalls kaum eingelöst werden. Als Antwort auf die neuen Herausforderungen lässt sich ab dem 14. Jahrhundert daher wieder eine verstärkte Hinwendung zu verschiedenen Formen geistlicher Literatur erkennen.

Deutlich wird dies in der reichen Entwicklung einer geistlichen Epik, die dem Bestreben der Menschen nach christlicher Heils- und Erlösungsgewissheit Rechnung trug. Hierunter fällt zunächst die breite Fülle von Heiligenlegenden. Daneben treten Marienmirakel, die das segensreiche Wirken der Gottesmutter zum Gegenstand haben. Dem Zweck der Glaubensfestigung und Lebensorientierung dienten auch Jenseitsvisionen, so etwa die ins 15. Jahrhundert zu datierenden Prosaerzählungen *Brandans Meerfahrt* oder der *Tundalus*. In der verwandten geistlichen Rede, die im 14. Jahrhundert ebenfalls weitverbreitet war, bildeten Weltende und Jüngstes Gericht den thematischen Kern. Geistliche Epik

Hochbedeutsam waren die teils noch dem Spätmittelhochdeutschen zugehörigen Zeugnisse der christlichen Mystik. Ihr Thema ist das Streben nach Einswerdung mit Gott (lateinisch *unio mystica*), das sich in kontemplativer Versenkung und ekstatischer Verzückung äußert. Das Drängen nach unmittelbarer Gottesnähe lässt sich durchaus als Protest gegen die zunehmend verweltlichte und hierarchisch agierende Amtskirche verstehen. Im Bestreben, das überindividuelle Erleben der *unio mystica* in Worte zu fassen, entwickelte sich eine erstaunlich sprachschöpferische Dynamik der Volkssprache. Auch dadurch ist die Mystik für die Etablierung des Deutschen als einer gegenüber dem Lateinischen gleichberechtigten Literatur- und Wis- Mystik senschaftssprache von größter Bedeutung. Als zentrale Persönlichkeit **Meister Eckhart,** der deutschen Mystik gilt der Dominikaner Meister Eckhart (etwa **Seuse, Tauler** 1260–1327/28), bedeutsam sind auch dessen Schüler, darunter Heinrich Seuse (etwa 1295–1366) oder Johannes Tauler (etwa 1300–61), von dem eine umfangreiche Predigtsammlung überliefert ist.

Nicht minder bemerkenswert ist der Beitrag von Frauen an der Literatur der Mystik, der sich vor allem in Lebensbeschreibungen (Schwesternbücher), Visionen und Erbauungsschriften zeigt. Namentlich erwähnt sei die Dominikanerin Christine Ebner (1277–1356) **Christine Ebner** mit ihrem Schwesternbuch *von der genaden überlast*.

Auch das geistliche volkssprachige Schauspiel etablierte sich im **Geistliches** 14. Jahrhundert zunehmend als eigenständige (dramatische) Litera- **Schauspiel** turform. Sein Ausgangspunkt waren lateinische Osterspiele in Form von szenischen Aufführungen des Ostergeschehens im Rahmen der Liturgie. Durch die Zunahme des Textumfangs und der dargestellten Szenen gewannen diese Aufführungen an Eigenständigkeit, was eine Verlagerung der Aufführungsorte auf den Platz vor der Kirche oder den Marktplatz bedingte. Sprachlich sind lateinisch-deutsche Mischformen von rein deutschsprachigen Osterspielen zu unterscheiden. Einen wichtigen Einblick in die Aufführungspraxis liefern Regiehandschriften (Dirigierbücher oder Dirigierrollen), die als Hilfsmittel für den meist geistlichen Spielleiter verwendet wurden. Ein dramengeschichtlich bedeutendes Beispiel hierfür ist die *Frankfurter Dirigier-* **Frankfurter** *rolle* aus der ersten Hälfte des 14. Jahrhunderts. Die Rolle hat eine **Dirigierrolle** Gesamtlänge von etwa viereinhalb Metern und diente der Anleitung für ein Schauspiel, das aufgrund seines Umfangs auf zwei Tage verteilt werden musste.

Neben den Osterspielen standen andere Formen des Schauspiels, etwa Passionsspiele, die Martyrium und Erlösungswerk Jesu verdeutlichten, oder Fronleichnamsspiele, in deren Zentrum die Darstellung der Eucharistie stand und die im Rahmen von Prozessionen zur Aufführung kamen. Auf diese Weise wurde den Prozessionsteilnehmern die Gegenwärtigkeit Gottes vermittelt:

Ich sehe en dort mit mynen augen,
wir schullen balde czu em gan,
und en inneglichen enphan.
(*Innsbrucker Fronleichnamsspiel*, V. 32–34)

(„Ich sehe ihn dort mit meinen Augen; wir sollen bald zu ihm gehen und in auf innige Weise empfangen." Übers. d. Verf.)

Mit Vorläufern im 14. Jahrhundert entwickelten sich vor allem im **Weltliches** 15. Jahrhundert neben den geistlichen auch weltliche Schauspiele, und **Schauspiel** zwar von Anfang an in der Volkssprache. Diese waren zum Teil von derbdrastischer Komik und wurden von Spielleuten auf Jahrmärkten und bei ähnlichen Gelegenheiten aufgeführt. Anspruchsvollere satirische Formen finden sich in den Fastnachtsspielen, den bedeutendsten Ausprägungen des spätmittelalterlichen weltlichen Schauspiels. Deren Zentrum bildete das wohlhabende Handelszentrum Nürnberg um die Autoren Hans Rosenplüt (um 1400–60), Hans Folz (um 1435–1513) und vor allem Hans Sachs. Inhaltlich lebte das Fastnachtsspiel von der Spannung zwischen der Darstellung ungezügelter Triebbedürfnisse und deren sozial gebotenen Disziplinierungen.

Großes Interesse gewannen im späten Mittelalter Werke, die das Wissen der Zeit bündelten und als geradezu enzyklopädisch bezeichnet werden können. Ein wichtiges Beispiel ist das *Buch der Natur* (auch: *Buch von den natürlichen Dingen*, 1349/50) von Konrad von Megenberg (1309–74). Dem Interesse nach Erkenntnis der Welt entsprach auch die aufkommende, teilweise fiktive Reiseliteratur (→ KAPITEL 2.2).

Enzyklopädien und Reiseliteratur

Eine formale Neuerung des Frühneuhochdeutschen ist der Prosaroman. Kurioserweise entstand 1410 der literarisch bedeutsame *Ring* des Heinrich Wittenwiler noch als Versroman. Die zukunftsweisende Form war jedoch die Prosa. Prosaromane entstanden zum Teil durch die Auflösung alter Versepen der mittelhochdeutschen Tradition (*Tristan und Isalde*, 1484; *Wigalois*, 1493), weitere durch Übersetzung aus dem Lateinischen (*Alexander*, um 1450) oder dem Französischen (*Melusine*, 1456). Erster deutscher Originalroman in Prosa war der anonyme, 1509 erstmals gedruckte *Fortunatus*. Neu am *Fortunatus* war neben der Sprache, dass in ihm zum ersten Mal Bürger als Hauptfiguren fungieren. Kern der Handlung ist der Aufstieg und Fall einer Kaufmannsfamilie.

Prosaroman

Unter dem Aspekt der weiten Verbreitung lassen sich verschiedene Prosaromane dem Begriff des Volksbuchs zuordnen. Kriterium für das Volksbuch kann ebenso dessen volkstümliche Verankerung sein: Das *Narrenschiff*, eine gereimte Moralsatire des Straßburger Stadtschreibers und Kanzlers Sebastian Brant (1457–1521), erstmals gedruckt im Jahr 1494, war eines der erfolgreichsten Bücher seiner Zeit. Populär waren daneben Stoffe der Schelmenliteratur wie *Till Eulenspiegel* (Erstdruck 1515) oder die *Schiltbürger* (1598). Auch der anonym verfasste Prosaroman *Doctor Faustus* (1587), ein früher Vorläufer von Goethes *Faust* (Erstausgabe 1808), gehört zur Kategorie der populären Volksbücher. In ihm zeigt sich wieder ein didaktischer Impetus:

Volksbücher

Also endet sich die gantze warhafftige Historia vnd Zåuberey Doctor Fausti / darauß jeder Christ zu lernen / sonderlich aber die eines hoffertigen / stoltzen / fůrwitzigen vnd trotzigen Sinnes vnnd Kopffs sind / GOtt zu fõrchten / Zauberey / Beschwerung vnnd andere Teuffelswercks zu fliehen / so Gott ernstlich verbotten hat / vnd den Teuffel nit zu Gast zu laden / noch jm raum zu geben / wie Faustus gethan hat. (Doctor Faustus, S. 123)

Allen Volksbüchern gemeinsam war ihre enorme Publikumswirkung, die ohne die Möglichkeiten des Buchdrucks nicht denkbar gewesen wäre.

13.2 Gutenberg und der Buchdruck

Hält man sich vor Augen, welche Bedeutung das Buch als Kulturträger hatte und immer noch hat, so ist die Erfindung des Buchdrucks durch Johannes Gutenberg nicht hoch genug zu veranschlagen. Es ist daher keineswegs vermessen, den Buchdruck in seiner Wirkung mit der digitalen Medienrevolution unserer Tage zu vergleichen. Deshalb verwundert nicht, dass Johannes Gutenberg anlässlich des Milleniumwechsels von US-amerikanischen Journalisten zum „Mann des Jahrtausends" gewählt wurde. In deren Begründung heißt es:

„Mann des Jahrtausends"

„Ohne Gutenberg hätte Kolumbus (Platz 2) den Seeweg nicht gefunden, hätte Shakespeares (Platz 5) Dichtergenius keine Verbreitung gefunden und wären Martin Luthers (Platz 3) 95 Thesen ohne Wirksamkeit geblieben. Die Druckerpresse, von Gutenberg nach 1430 entwickelt, schuf die Grundlagen, um Wahrheit, Schönheit, aber auch Häresie in der Welt zu verbreiten [...]." (Füssel 2007, S. 142).

Biografie

Johannes Gutenberg (um 1400–68) entstammte der Mainzer Patrizierfamilie Gensfleisch. Der Name Gutenberg leitet sich vom elterlichen *Hof zum Gutenberg* ab. Gutenberg erfuhr offensichtlich eine standesgemäße Ausbildung an einer Klosterschule und absolvierte vermutlich ein Universitätsstudium der *septem artes liberales* (→ KAPITEL 3.2) in Erfurt. Wirkungsstätte Gutenbergs war – neben Straßburg – überwiegend Mainz. Hier errichtete er um 1450 auch die erste Druckerwerkstatt und revolutionierte damit die Buchproduktion.

Zum ersten Mal ließen sich nun Bücher in größeren Stückzahlen und zu erschwinglichen Preisen produzieren, wozu auch die zunehmende Verfügbarkeit von Papier als Ersatz für das kostspielige Per-

gament beitrug. Über Jahrtausende konnten Bücher bis dahin prak- Von der Handschrift
tisch nur als Handschriften angefertigt werden. Immerhin bestand zum Druck
seit dem frühen 15. Jahrhundert die Möglichkeit des Blockdrucks.
Bei diesem Verfahren wurde die Druckvorlage (oft bildliche Darstellungen oder kurze Texte) durch Holzschnitt angefertigt. Die ungleich
wirkmächtigere Erfindung Gutenbergs war dagegen der Druck mit
beweglichen Lettern (Mobilletterndruck).

Das Prinzip von Gutenbergs Erfindung war – wie viele wegwei-
sende Erfindungen – im Kern genial einfach: Gutenberg zerlegte die Drucktechnologie
Texte in ihre Einzelbestandteile, die Buchstaben. Durch variable Anordnung der Lettern ließen sich so alle erdenklichen Texte ‚konstruieren'. Notwendig waren hierfür ein entsprechender Drucktypensatz
und eine Technologie, durch die die Buchstaben aufs Papier gebracht
werden konnten. Gutenberg entwickelte zu diesem Zweck ein Guss-
verfahren, das zur Herstellung der Drucktypen diente, und benutzte
die Technik der Spindelpresse, um die Druckerschwärze, die er ebenfalls entwickelte und mit der die Lettern eingeschwärzt wurden,
gleichmäßig auf das Papier oder das Pergament zu pressen.

Jede Drucktype entstand durch ein relativ aufwendiges mehr-
schrittiges Verfahren der Metallverarbeitung. Im Ergebnis entstanden
Bleilettern, die der Setzer (seitenverkehrt) zunächst auf sogenannten
Winkelhaken einsortierte und so Zeile für Zeile zusammenfügte, bis
eine Seite komplett war. Diese diente als Druckvorlage und konnte
praktisch beliebig oft reproduziert werden.

Gutenberg entwickelte auf diese Weise eine Reihe unterschiedlicher
Typensätze, darunter den B 42-Typensatz, mit dem die berühmte Der B 42-Typensatz
42-zeilige lateinische Gutenberg-Bibel gedruckt wurde. Zwar reichen
im Prinzip zweimal 26 Buchstaben (Majuskeln und Minuskeln) aus,
um das lateinische Alphabet abzubilden, Gutenberg stellte beim
B 42-Typensatz aber insgesamt 290 unterschiedliche Schriftzeichen
her: 47 Majuskeln, 63 Minuskeln, 92 Abbreviaturen, 83 Ligaturen
und 5 Kommata. Für einen Text benötigte man natürlich eine Vielzahl einzelner Buchstaben. Zur effizienten Arbeit an der Gutenberg-
Bibel wurden deshalb insgesamt ca. 100 000 Typen gegossen.

Die frühen Drucke der Werkstatt Gutenbergs lassen sich in ver- Frühe Druckwerke
schiedene Gruppen einteilen. Zum einen sind dies Kleindrucke wie
Kalender und Ablassbriefe, die für den Massenverbrauch bestimmt
waren, außerdem die wegen ihrer Rentabilität ‚Brotdrucke' genannten Druckerzeugnisse wie der *Donat*, ein in der Zeit sehr verbreitetes
lateinisches Schulbuch. Zum anderen sind es Bibeldrucke, unter denen die 42-zeilige Gutenberg-Bibel als Meisterwerk gilt.

→ ABBILDUNG 33 zeigt die erste Seite des Buchs *Genesis* aus der 42-zeiligen Göttinger Gutenberg-Bibel. Offenbar arbeitete Gutenberg nach einer repräsentativen handschriftlichen Vorlage, und zwar mit dem Bestreben, diese möglichst identisch zu reproduzieren und in ihrer kostbaren Erscheinungsform noch zu übertreffen. Hierzu wählte er die Unterteilung in Spalten (Kolumnen), den Blocksatz, den er hier zur Perfektion brachte, sowie die erwähnte Schrifttype B 42, die der handschriftlichen gotischen Textura (→ KAPITEL 3.1) nachempfunden war.

Arbeits- und Materialaufwand
Obwohl das Druckverfahren gegenüber der handschriftlichen Texterstellung und Kopierung hocheffektiv war, darf der Arbeitsaufwand bei der Erstellung von Bibeldrucken nicht unterschätzt werden. Einige Kennzahlen machen das deutlich: So kamen für die B 42 – wie erwähnt – insgesamt 290 unterschiedliche Drucktypen zum Einsatz. Jede Seite benötigte ca. 2 600 Buchstaben. Jede Bibel hatte zwei Bände (Altes und Neues Testament) mit zusammen 641 Blättern oder 1 282 Seiten oder 2 564 Kolumnen, wofür ca. 3 300 000 Buchstaben gesetzt werden mussten. Man muss von einer Auflagenhöhe von etwa 200 Papier- und etwa 30 Pergamentexemplaren ausgehen. Bis in unsere heutige Zeit sind davon – vollständig oder unvollständig – über 30 Papier- und 12 Pergamentexemplare erhalten. Auch die Menge der Beschreibstoffe war beträchtlich. So wurden für die Pergamentexemplare allein Tausende Kalbshäute benötigt (vgl. Füssel 2007). Gutenberg hat früh Versuche unternommen, rote Schmuckletttern zu drucken, dies aus technischen Gründen aber zunächst wieder aufgeben müssen. Das bedeutet, dass die Bibelexemplare nach dem Druck zunächst noch eigens per Hand rubriziert, das heißt mit roten Schmuckbuchstaben versehen, und illuminiert, also mit Buchmalereien ausgestaltet werden mussten.

Weitere Bibeldrucke
Neben der 42-zeiligen Bibel (deren Herstellung in den Zeitraum 1452–55) fiel, entstanden in Gutenbergs Werkstatt noch andere Bibelausgaben, so etwa die 36-zeilige lateinische Bibel (1457/58). Überhaupt ist die Geschichte des Buchdrucks untrennbar mit der Verbreitung der Bibel verbunden. Grundlage war vor allem die seit der Spätantike übliche lateinische Bibelübertragung des Hieronymus (347–419), die sogenannte Vulgata. Im 15. Jahrhundert, der Zeit der Inkunabeln (Wiegendrucke), wie man die Frühdrucke nennt, wurden insgesamt 94 Gesamtausgaben der Vulgata gedruckt. Ein erster deutschsprachiger Druck der Bibel erfolgte in der Druckoffizin Johannes Mentelins 1466 in Straßburg (Mentel-Bibel).

Ausbreitung des Buchdrucks
Von Mainz aus breitete sich der Buchdruck sehr rasch zunächst in Mittel- und Südeuropa aus. Erste Druckoffizine entstanden etwa um

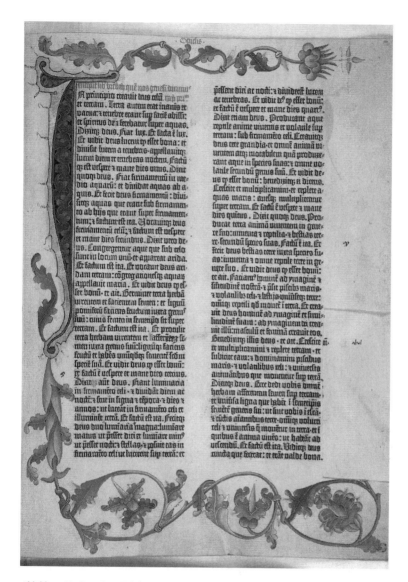

Abbildung 33: Gutenberg-Bibel: Das Buch Genesis (um 1454)

1460 in Bamberg und Straßburg, 1465 in Subiaco bei Rom, 1466 in Köln, 1467 in Rom, 1468 in Basel, 1469 in Venedig, 1470 in Neapel und Paris, 1471 in Florenz und Mailand usw.

Reformation

Flugschriften

Lutherbibel

**Deutsche versus
lateinische Drucke**

Obwohl die katholische Kirche anfänglich vom Buchdruck profitierte, wurde er ihr doch in gewisser Weise zum Verhängnis. Denn die durch Martin Luther (1483–1546) eingeleitete Reformation wäre ohne das neue Medium des Drucks in ihrer Wirkung kaum möglich gewesen. Bevorzugtes Massenkommunikationsmittel Luthers wie auch seiner Mitstreiter und seiner katholischen Gegner waren Flugschriften – wenn man so will, eine Art früher Flyer. Sie wurden zum Zweck der raschen Information und Agitation in hohen Stückzahlen gedruckt. In den ersten drei Jahrzehnten des 16. Jahrhunderts erschienen um die 9 000 Flugschriften, für die mit Sicherheit von einer Gesamtauflage von mehreren Millionen Einzelexemplaren ausgegangen werden muss.

Auch die Verbreitung von Luthers sprachlich höchst innovativer Bibelübersetzung und deren Wirkung auf die Herausbildung einer deutschen Einheitssprache wäre ohne den Buchdruck unmöglich gewesen. Luthers Bibelübersetzung war im Vergleich zur Mentel-Bibel modern und verständlich und gegenüber dem Latein eigenständig sowie voller sprachschöpferischer Kraft. Auch deshalb erlebte sie eine bis dahin ungekannte Resonanz: Im Zeitraum von 1522 bis 1546 (dem Tod Luthers) erschienen über 300 hochdeutsche Bibelausgaben mit einer mutmaßlichen Gesamtauflage von über einer halben Million Exemplaren.

Luther war sich der Relevanz der Drucktechnologie durchaus bewusst. In den *Tischreden Luthers* schreibt sein Mitstreiter und Hausgenosse Aurifaber (1519–75) im Jahre 1566:

Doctor Martinus Luther sprach: Die Truckerey ist summum et postremum donum [das höchste und zugleich äußerste Geschenk, Ergänzung d. Verf.], durch welches Gott die sache deß Evangelii fort treibet. Es ist die letzte Flamme für [vor] dem Erlöschen der Welt (Füssel 2007, S. 114).

Die Lutherdrucke hatten im frühen 16. Jahrhundert einen beträchtlichen Anteil an der Gesamtzahl der deutschsprachigen Drucke. Das darf auf der anderen Seite aber nicht darüber hinwegtäuschen, dass – auch in Deutschland – die weit überwiegende Zahl der Drucke auf Lateinisch erfolgte. Das Verhältnis der lateinischen zu den deutschen Drucken um 1500 betrug 20 : 1, um 1524 noch 3 : 1. Noch 1570 hatten die lateinischen Drucke einen Anteil von 70 % und erst 1681 überwogen erstmals in der deutschen Druckgeschichte die volkssprachigen Drucke.

Fasst man diese Zahlen zusammen, wird deutlich, dass der Buchdruck zu einer explosionsartigen Verbreitung von Schrifterzeugnissen geführt hat. Allein in den ersten 50 Jahren des Buchdrucks wurden mehr Bücher produziert als in den 1 000 Jahren zuvor.

Fragen und Anregungen

- Beschreiben Sie grundlegende Unterschiede zwischen der frühneuhochdeutschen und der mittelhochdeutschen Literatur.

- Skizzieren Sie, inwiefern die Literatur des Spätmittelalters auf die gesellschaftlichen Grundbefindlichkeiten der Zeit reagierte.

- Erläutern Sie die Grundmerkmale des geistlichen Schauspiels und des Meistersangs.

- Charakterisieren Sie das spezifisch Neue an der Erfindung Gutenbergs.

- Erläutern Sie die kirchen- und gesellschaftsgeschichtliche Relevanz des Buchdrucks.

- Überlegen Sie, welchen Einfluss die neuen Medien (Radio, Fernsehen, Computer) auf den Buchdruck haben oder zukünftig haben könnten.

Lektüreempfehlungen

- **Historia von D. Johann Fausten.** Text des Druckes von 1587. Kritische Ausgabe. Mit den Zusatztexten der Wolfenbütteler Handschrift und der zeitgenössischen Drucke herausgegeben v. Stephan Füssel und Hans Joachim Kreutzer, Stuttgart 1988, ergänzte und bibliographisch aktualisierte Ausgabe 2006. — *Quellen*

- **Gutenberg Digital,** Web-Adresse: www.gutenbergdigital.de. *Digitale Aufbereitung der gesamten Göttinger Gutenberg-Bibel, mit Zusatzanwendungen.*

- **Thomas Cramer: Geschichte der deutschen Literatur im späten Mittelalter,** München 1990, 3., aktualisierte Auflage 2000. *Standardwerk zur fundierten Beschäftigung mit der Literatur des späten Mittelalters unter Reflexion der kulturellen und historischen Voraussetzungen.* — *Forschung*

- **Stephan Füssel: Johannes Gutenberg,** Reinbek bei Hamburg 1999, 4. Auflage 2007. *Der schmale, reich bebilderte Band gibt einen klar strukturierten und umfassenden Einblick in das Leben und Werk Gutenbergs sowie die Wirkungsgeschichte des Buchdrucks.*

- **Frédéric Hartweg / Klaus-Peter Wegera: Frühneuhochdeutsch. Eine Einführung in die deutsche Sprache des Spätmittelalters und der frühen Neuzeit,** Tübingen 2004, 2., neu bearbeitete Auflage 2005. *Empfehlenswert, um einen gut strukturierten Einblick in die sprachliche Situation des Frühneuhochdeutschen zu gewinnen. Hilfreich sind auch die zahlreichen grafischen Darstellungen und Beispieltexte.*

- **Johannes Janota: Orientierung durch volkssprachige Schriftlichkeit,** Tübingen 2004. *Umfangreiche und fundierte Darstellung der spätmittelalterlichen Literatursituation und ihrer sozialgeschichtlichen Bedingungen mit Konzentration auf das 14. Jahrhundert.*

14 Modernes Mittelalter

Abbildung 34: Ritter „Karl der Kahle" beim Turnier zum Siegfriedspektakel, Xanten (Mai 2009)

Die Popularität des Mittelalters lässt sich an den besonders im Sommer allerorts stattfindenden Veranstaltungen ablesen. Sie werden von zahlreichen Eventagenturen angeboten, die sich auf die Ausrichtung von ‚Mittelalter-Spektakeln' spezialisiert haben, und sind inzwischen zu einem bedeutenden Faktor der Freizeit- und Tourismusbranche geworden. Das Publikum lässt sich begeistern von allerlei Attraktionen wie dem tollkühnen Ritt durch das ‚Flammenmeer'.

Das Interesse am Mittelalter war noch nie so groß wie in der Gegenwart, was sowohl für die Populärkultur und ihre unterschiedlichen medialen Vermittlungsformen gilt als auch für den Bereich der Forschung. Das erstaunt vor dem Hintergrund einer gleichzeitig immer noch verbreiteten Geringschätzung des Mittelalters als einer finsteren Epoche zwischen Antike und Neuzeit. Gut möglich, dass der anhaltende Mittelalter-Boom eine Revision dieses Urteils begünstigt.

14.1 Mittelalter und Populärkultur
14.2 Neuere Ansätze der Mittelalterforschung

14.1 Mittelalter und Populärkultur

„Das Mittelalter hat Konjunktur, in Deutschland wie auch in anderen Ländern, deren Zivilisation der abendländischen Tradition verpflichtet ist." (Heinzle 2004, S. 9) Diese Aussage des Literarturhistorikers Joachim Heinzle gilt gleich in mehrfacher Hinsicht. So zeigt sich ein anhaltender Mittelalterboom in unterschiedlichsten Ausprägungen der Populärkultur. Aber auch das Forschungsinteresse an literaturhistorischen, insbesondere mediävistischen Fragestellungen ist in den letzten Jahren enorm gewachsen.

Dabei ist die Popularität der Epoche umso erstaunlicher, als das Mittelalter vielfach nach wie vor schlecht beleumundet ist und gleichsam als Chiffre für Rückständigkeit, Rechtlosigkeit und Willkür weltlicher wie geistlicher Autorität steht. Alles Finstere und Grausame wird gemäß dieser Denkfigur oft unbesehen dem Mittelalter zugewiesen, Hexenverfolgung und Inquisition mit eingeschlossen, auch wenn diese ihre schändlichen Höhepunkte in der Neuzeit hatten.

Erstaunliche Popularität?

Den Verächtern des Mittelalters können allerdings unter denselben Vorzeichen die düsteren Seiten der Antike und Moderne entgegenhalten werden. So zeichnete sich das antike Rom eben nicht nur durch glanzvolle kulturelle und technische Meisterleistungen aus, sondern auch durch monströse Grausamkeiten bei Massenkreuzigungen und Gladiatorenspielen, und so fanden die größten Menschheitsverbrechen, Weltkriege, ethnische ‚Säuberungen' und Völkermorde in der Moderne statt.

Dem seit Jahren kontinuierlich wachsenden Interesse am Mittelalter auf vielen Ebenen der Freizeitkultur scheint das teilweise noch verbreitete Negativimage jedenfalls keinen Abbruch zu tun. Kaum noch überschaubar ist die Zahl der Burgenfeste, Mittelalter-Jahrmärkte und Ritterspiele. ‚Ingredienzien' wie Burgfräulein, Ritter und Minnesänger, Zauberer, Gaukler und Jongleure, dazu Festgelage mit Tanz zu Drehleier, Dudelsack und Schalmei garantieren immer neue Besucherrekorde. Auch die Tourismusbranche hat die Ressource Mittelalter längst entdeckt und wirbt mit Burgenromantik und Mittelalter-Zeitreisen.

Mittelalter-Boom

Nichts anderes gilt auch für andere Sparten der Unterhaltungs- und Bildungsbranche: So profitiert der Ausstellungsmarkt vom anhaltenden Interesse am Mittelalter, und das auf unterschiedlichen Ebenen. Erinnert sei an Großausstellungen zu den mittelalterlichen Herrscherhäusern der Salier (Speyer 1992), Ottonen (Leipzig 2001) und Staufer (Mannheim 2010 / 11) oder der Nibelungen-Ausstellung

Ausstellungen

in Karlsruhe (2003 / 04). Daneben steht die Vielzahl weniger aufwendiger, gleichwohl ambitionierter Angebote, die allesamt das gesteigerte Publikumsinteresse am Mittelalter mit zum Teil entwaffnenden Eingeständnissen bestätigen. *Welt online* (8. Mai 2005) zitiert die Direktorin einer Ausstellung mit dem Titel *Römer, Ritter, Indianer* in Bad Mergentheim: „Römer und Indianer hätten wir eigentlich weglassen können. Die Besucher interessierten sich überwiegend für die Ritter." (Mischke 2005).

Film

Auch im Medium Film ist das Interesse am Mittelalter klar ablesbar: Sei es in Hollywood-Verfilmungen wie *King Arthur* (2004) oder *Königreich der Himmel* (*Kingdom of Heaven*, 2005), in europäischen Verfilmungen wie *Tristan und Isolde* (2005) oder in Fernsehproduktionen zum *Nibelungenlied* (*Die Jagd nach dem Schatz der Nibelungen*, RTL 2008). Dabei zeigen die Vorlieben für die hier vermittelten Stoffe und Figuren eine erstaunliche Übereinstimmung mit den Interessen des mittelalterlichen Publikums.

Wenn man will, ließe sich in den gegebenen Zusammenhang auch Peter Jacksons Verfilmung der Trilogie *Der Herr der Ringe* (*The Lord of the Rings*, 2001–03) von J. R. R. Tolkien einfügen, selbst wenn diese in einem eigenen räumlichen und zeitlichen Fiktionskosmos spielt. Dass Tolkien seinerseits Literaturhistoriker und Mediävist war, ist jedenfalls an einer Vielzahl mittelalterlicher Versatzstücke ablesbar: Burgen, Pferde, mittelalterliche Waffen und Ausrüstungen, das Fehlen von Elektrizität usw. Ebenso hat das Unrealistisch-Übernatürliche wie Drachen, Zwerge, Magier, Zauberringe und unsichtbar machende Kleidungsstücke sein Gegenstück in der mittelalterlichen Literatur. Man denke nur an den Zauberring, den Lunete dem Artusritter Iwein im gleichnamigen Artusroman gibt, als dieser im Torbau der Laudine-Burg gefangen ist (→ KAPITEL 8.3), oder an die Tarnkappe Siegfrieds im *Nibelungenlied* (→ KAPITEL 9.2). Überhaupt ist das Interesse des Films am Mittelalter selten ein dokumentarisches, sondern meist orientiert am Exotismus einer vergangenen oder an der Vergangenheit orientierten Fantasiewelt, die als Antipode zur futuristischen Science-Fiction-Welt fungiert.

Bücher, Spiele, Musik

Das gilt ähnlich für den Buchmarkt, sei es in Romanen wie Umberto Ecos *Der Name der Rose* (*Il nome della rosa*, 1980), Noah Gordons *Der Medicus* (*The Physician*, 1986) oder Ken Folletts *Die Säulen der Erde* (*The Pillars of the Earth*, 1990), um nur wenige Beispiele zu nennen. Hinzu kommen immer neue Kunst- und Bildbände, Mittelalter-Kochbücher sowie Sachbücher unterschiedlichster Art. Auch Computerspiele spiegeln die Faszination am Mittelalter wider, genauso wie der Erfolg von Mittelalter-Rockbands wie *In Extremo* oder *Camerata Pledelinga* mit erstaunlichen Vertonungen der *Merseburger Zaubersprüche* (→ KAPITEL 5.5).

Kirche und Religion, die prägenden Instanzen des Mittelalters, werden aus dieser populären Rezeption dagegen weitestgehend ausgeblendet. Vielleicht, weil das Mittelalter in diesem Sinne, manifest durch Sakralbauten wie Kirchen und Klöster, durch Religionsunterricht und Theologie in die Jetztzeit hineinreicht und die Suche nach dem Exotischen hier nur selten erfolgversprechend ist. Vielleicht auch, weil kirchliche Gebote und Zwänge kaum zur sinnenfrohen Ausgelassenheit der pseudomittelalterlichen Freizeitwelten zu passen scheinen. Kirche und Religion

Die Frage nach der Begründung der für den Mediävisten zunächst beglückenden Attraktivität des Mittelalters führt zum Teil zu weniger beglückenden Antworten. So resultiert das Interesse an der Epoche jedenfalls partiell weniger aus dem Mittelalter selbst als vielmehr aus antimodernistischen Vorbehalten gegenüber der Jetztzeit. Der Reiz des Mittelalters scheint dabei in seiner Andersartigkeit (Alterität) zu liegen, in der Faszination am Fremden, die sich mit einem kulturpessimistischen Moment des Gefühls der Unbehaustheit in der Gegenwart mischt. Der technisierten, globalisierten und beschleunigten Welt unserer Zeit tritt das Mittelalter als einfache, verstehbare und klar strukturierte ,entschleunigte' Kontrastwelt entgegen, deren wesentlicher Sinn darin bestanden zu haben scheint, Spektakel und Kurzweil zu bieten. Insofern wäre das Mittelalter als Fluchtpunkt, als eine andere Form des Karnevals oder als Refugium für die Sinnsuche in einer unverfremdeten Vergangenheit deutbar. Gründe für das Interesse am Mittelalter Kulturpessimismus

Das Modell der Alterität (vgl. hierzu grundlegend Jauß 1977), dem der Mittelalterboom verpflichtet zu sein scheint, führt erstaunlicherweise eine Denkfigur der Renaissance fort, allerdings mit umgekehrten Vorzeichen. Die Renaissance, die das Mittelalter begrifflich und sachlich aus der Taufe hob, qualifizierte es nämlich zugleich als zivilisatorische Niederung zwischen den kulturellen Höhenkämmen der Antike und deren Wiederkunft in der eigenen Jetztzeit des 15. und 16. Jahrhunderts. War also der Alteritätsgedanke der Renaissance durch Distanzierung und Abwertung geprägt, so ist das Andersartige des Mittelalters heute eher eine Verlockung zur zeitweiligen Rückkehr in das heimelige Damals einer Epoche voller zauberhaft romantisch-derben Flairs. Alterität

Das Janusköpfige der Wertungen des Mittelalters ist letztlich eine Konstante, die sich durch die gesamte Moderne zieht und weniger Wertungen vom Anschauungsobjekt abhängt als vielmehr vom Standpunkt des Betrachters. So stand auf der dem Mittelalter freundlich gesonnenen Seite schon die Romantik, während Humanismus und Aufklärung sich vehement vom angeblich finsteren Zeitalter distanzierten. Das Schwanken zwischen Verehrung und Verachtung verweist jedoch auf ideologische Vereinseitigungen und führt vor Augen, dass der Mittelalterbegriff letztlich vor allem eines ist: ein Wahrnehmungskonstrukt.

14.2 Neuere Ansätze der Mittelalterforschung

Auch wenn sich das Interesse der Populärkultur mit dem Alteritätsmodell erklären lässt, bleibt doch die Frage, was die Grundlage des Mittelalterbooms in der Forschung bildet. Dass es einen solchen überhaupt gibt, sogar fächerübergreifend und in verschiedensten Ländern, liegt auf der Hand:

> „Wer die Arbeit der verschiedenen Disziplinen mustert, kann den Eindruck gewinnen, daß die Hinterlassenschaft des Mittelalters seit den Anfängen der Mediävistik in der ersten Hälfte des 19. Jahrhunderts nicht mehr mit der Intensität umgewendet und befragt worden ist wie heute." (Heinzle 2004, S. 9)

Kontinuitätsmodell Dabei zeigt sich eine gewisse Tendenz der Stärkung eines Kontinuitätsmodells, das epochenübergreifende Gemeinsamkeiten betont, dabei insbesondere die Grenzziehung zwischen Mittelalter und Neuzeit unterläuft und deren Konturen auflöst – bisweilen verbunden mit der Frage, ob der Dualismus zwischen Mittelalter und Neuzeit überhaupt eine Berechtigung habe (vgl. Moos 2004).

Die Annahme, es gäbe ein einheitliches Mittelalterbild, wäre allerdings verfehlt. Vielmehr zeigt sich eine deutliche Abhängigkeit von **Kulturtraditionen** der jeweiligen Kulturtradition einer Nation. So wird das europäische Mittelalter in den USA vielfach eher als eine Art Fantasy-Reich wahrgenommen. Bezogen auf Europa variieren die Befunde. Für den skandinavischen Raum ist etwa seit jeher ein lebendiges Interesse am Mittelalter und insbesondere der Wikingerzeit feststellbar. Dagegen konstatiert Peter von Moos mit Blick auf Frankreich ein nach wie vor einseitig humanistisch ausgerichtetes Bildungssystem mit einem entsprechenden Fächerkanon, in dem fast ausschließlich Antike und Neuzeit Beachtung finden. Dem Mittelalter wird gerade deswegen ein gewisser ‚Reiz des Verbotenen‘ attestiert. „Wer sich damit beschäftigt, wirkt fortschrittlich entmythologisierend; er triumphiert

zeitgemäß über obsolete, ehemals ‚fortschrittliche' Bildungsfetische."
(Moos 2004, S. 39)

Andererseits kann nicht übersehen werden, dass die rezente Mediävistik weltweit gerade aus Frankreich entscheidende Impulse erfahren hat. Diese gehen insbesondere von der *Annales*-Schule aus, so genannt nach dem Publikationsorgan, das 1929 von Marc Bloch und Lucien Febvre gegründet wurde und seit 1994 den (veränderten) Titel *Annales. Histoire. Sciences sociales* trägt. Die *Annales*-Schule umfasst inzwischen mehrere Generationen französischer Historiker, die eine neue Methode der Geschichtswissenschaft (*nouvelle histoire, histoire totale*) etabliert haben. Ihr Kennzeichen ist die Abkehr von einer auf exemplarische Einzelfälle ausgerichteten Geschichtsschreibung zugunsten einer verstärkten Betrachtung von langfristigen Entwicklungen (*longue durée*). Ausgehend von einem Zweischichtenmodell von klerikal-adliger Hochkultur auf der einen und dem postulierten Gegenmodell einer bäuerlichen Volkskultur auf der anderen Seite wendet sich die *Annales*-Schule dezidiert hin zur letzteren. Methodologisch bezieht sie andere Disziplinen und Wissenschaftsbereiche wie Ökonomie, Ökologie und Statistik ein, wobei in jüngster Zeit auch Fragen der Mentalitätsgeschichte ein zunehmendes Interesse finden. In Deutschland setzte eine verstärkte kritische Rezeption ab den 1970er-Jahren ein (vgl. Burke 1998).

Annales-Schule

Eine zentrale Themenstellung der aktuellen Mittelalterforschung – die zugleich ein Beispiel für ein *longue durée*-Phänomen ist – bezieht sich auf die Memoria als Phänomen der „Überwindung des Todes und des Vergessens durch ‚Gedächtnis' und ‚Erinnerung'" (Oexle 2004, S. 297). Memoria umfasst die komplexen Strukturen und Sozialformen kulturell vermittelten Gedenkens. Sie dient damit der Sinn- und Beziehungsstiftung in Gruppen und Gemeinschaften, gleichzeitig auch zwischen der Sphäre der Toten und der Lebenden und den Dimensionen des Vergangenen, Gegenwärtigen und Zukünftigen. Sie vermittelt dem Einzelnen Orientierung durch Solidarisierung und Integration in eine kulturelle Gemeinschaft durch eine „Ethik des Aneinander-Denkens und Füreinander-Handelns, eine Ethik gegenseitiger Unvergessenheit" (Oexle 2004, S. 301).

Forschungsfeld Memoria

Eine wesentliche Rolle im Memorialprozess spielt die Religion und die mit ihr verbundenen liturgischen Riten. So kommt, um ein Beispiel zu nennen, dem christlichen Abendmahl nicht nur eine gedächtnisstiftende („Tut dies zu meinem Gedächtnis", 1 Kor 11,24f.), sondern auch eine gemeinschaftsstiftende Funktion zu. Beide Funktionen setzen sich fort in der bis heute weit verbreiteten Tradition des

Abendmahl / Eucharistie

Totenmahls im Rahmen von Bestattungszeremonien. Memoria kann neben dem religiösen Sinn außerdem einen weltlich-profanen Sinn haben, der auf Ruhm (lateinisch *fama*) abzielt.

Der Memorialüberliefung dienen verschiedene Zeichenträger wie Texte, Bilder, Denkmäler, aber auch Dichtung und Geschichtsschreibung insgesamt. Memoria verbindet sich insofern zugleich eng mit **Kulturelles** dem Konzept des kulturellen Gedächtnisses. Das kulturelle Gedächtnis – der Begriff wurde durch das gleichnamige Buch des Ägyptologen Jan Assmann geprägt – ist (neben der mimetischen, der kommunikativen und der auf Dinge bezogenen Gedächtnisdimension) als eine Außendimension des Gedächtnisses anzusehen und dient der Überlieferung von Sinn jenseits unmittelbarer Zwecke (vgl. Assmann 2007, S. 19f.). Die Reichweite des kulturellen Gedächtnisses ist dabei eng mit den Möglichkeiten der Schriftkultur verbunden.

Kulturelles Gedächtnis

Die Konzepte von Memoria und kulturellem Gedächtnis haben in den letzten Jahren ein enormes Interesse bei fast allen kulturwissenschaftlichen Fachbereichen gefunden. Der Mediävistik fällt die Aufgabe zu, die spezifischen Voraussetzungen und Ausdrucksformen der Memoria im Mittelalter zu erarbeiten, insbesondere vor dem Hintergrund einer vielschichtigen, sich wechselseitig durchdringenden mündlichen und schriftlichen Überlieferungssituation. Von Interesse sind beispielsweise die Formen der Memoria adliger Familien. Entscheidend bedeutsam für die Legitimation von Herrschaft war der Nachweis einer möglichst langen Ahnenreihe. Dabei ist nicht unerheblich, welche Funktion der Literatur in diesem Zusammenhang zugewiesen wurde, etwa bezogen auf die Überlieferung heldenepischer Stoffe im Zusammenhang von Hausüberlieferungen. Ein prominentes Beispiel ist die Ahnengalerie Kaiser Maximilian I. in der Innsbrucker Hofkirche, die bemerkenswerterweise auch König Artus (→ ABBILDUNG 26; → KAPITEL 8.1) einbezieht.

Rezeption des Memoria-Konzepts

Auf den engen Zusammenhang von Dichtung und Memoria hat insbesondere Friedrich Ohly (1991) umfassend hingewiesen. Ein Beispiel sind Dichternennungen von anderen Autoren, wodurch die Genannten bei den Rezipienten in dankbarer Erinnerung bleiben sollen, etwa Heinrich von Veldeke, der von Gottfried von Straßburg bewundert wird (→ KAPITEL 6.2). Appelle des Dichters an sein Publikum können ebenso auf die eigene Memoria abzielen, so beispielsweise bei Hartmann von Aue im Prolog des *Armen Heinrich* (→ KAPITEL 2.1). Aber auch Gönnern und Mäzenen verhilft deren explizite Nennung zu einem ehrenvollen Andenken. Ein Beispiel ist der Schluss des *Rolandslieds* des Pfaffen Konrad:

Memoria und Dichtung

swer iz iemer hœre gesagen,
der scol in der wâren gotes minne
ain pater noster singe
ze helve mînem hêrren,
ze trôste allen geloubigen sêlen,
daz unsich got an rechtem gelouben mache veste,
daz uns an guoten werken niene gebreste,
und mache uns sîn rîche gewis,
tu autem, domine, miserere nobis! (Z. 9086–9094)

Epilog
des *Rolandslieds*

(„Wer immer es vortragen hört, der soll in wahrer Gottesliebe ein Vaterunser sprechen als Fürbitte für meinen Herrn, für das Seelenheil aller Gläubigen, daß uns Gott im rechten Glauben fest mache, damit uns an guten Werken nicht mangele, und uns schließlich Sein Reich zuteil werden lasse. Tu autem, domine, miserere nobis!" Kartschoke 2007)

Memoria bezieht sich immer auf Individuen, deren Namen und Bild durch sie tradiert werden. Das setzt Bindungen voraus, deren (Rechts-)Gültigkeit auch über den Tod hinaus bestehen bleibt. Die Relevanz dieser Bindungsgemeinschaft von Individuen kann zugleich als eine konstitutive Grundlage der mittelalterlichen Gesellschaft angesehen werden. Konsequenz daraus ist die Ablehnung gängiger Mittelaltervorstellungen, die Individualität erst als Errungenschaft der Neuzeit begreifen: „Diese These enthält wenig Wissen von der sozialen Wirklichkeit des Mittelalters und verrät deshalb um so mehr von den Selbst-Deutungen und Obsessionen der Moderne" (Oexle 2004, S. 323).

Individualität

Lassen sich hieraus Konsequenzen für die Deutung literarischer Figuren ableiten? Zu unterstreichen ist jedenfalls, dass auch literarische Figuren den Bedingungen der Memoria unterliegen können. So kann die moralische Entlastung der Kriemhildfigur in der *Nibelungenklage* gegenüber dem Text des *Nibelungenlieds* (Handschrift B; → KAPITEL 9.2) durchaus auch unter der Fragestellung einer Neuausrichtung der Memoria betrachten werden (vgl. Nolte 2004).

Eine ebenso brisante wie unerledigte Frage ist die nach dem Verhältnis zwischen Literatur und historischer Realität, also der Kluft zwischen den historisch-sozialen Fakten und der literarischen Wirklichkeitskonstruktion. Gerade im Hinblick auf kulturwissenschaftliche Fragestellungen kann Literatur als Erkenntnisquelle für mannigfaltige Fragen historischer Sozial- und Mentalitätsstrukturen fruchtbar gemacht werden. Allerdings wird das nur gelingen, wenn Literatur in ihrem Eigenwert, ihren Konstitutionsbedingungen und ihrer spezi-

Fakten und Fantasie

fischen Funktionalität begriffen wird. Literatur ist eben nicht einfach Abklatsch der Realität, sondern Ausdruck dessen,

„wie die Lebenden das Leben dachten, wünschten, fürchteten. Da auch solche Gedanken, Wünsche, Ängste historische Realität waren und in die Lebenswelt hineingewirkt haben, geht es auch dieser Art der Quellenbefragung um die Erkenntnis historischen Lebens: nichts wäre verkehrter, als sie einer Position des l'art pour l'art subsumieren zu wollen." (Heinzle 2004, S. 17)

Fragen und Anregungen

• Nennen Sie Beispiele, an denen sich der Mittelalterboom in der Populärkultur ablesen lässt und diskutieren Sie Begründungen für dieses Phänomen.

• Erläutern Sie mit Bezug auf das Mittelalter die unterschiedlichen Sichtweisen des Alteritäts- und Kontinuitätsmodells.

• Begründen Sie ist vor dem Hintergrund der wechselnden Wertungen des Mittelalters die Berechtigung des Begriffs Wahrnehmungskonstrukt.

• Erläutern Sie den Begriff Memoria und zeigen sie daraus ableitbare Zusammenhänge mit der mittelalterlichen Literatur auf.

Lektüreempfehlungen

Forschungs-
überblicke

• **Joachim Heinzle (Hg.): Modernes Mittelalter. Neue Bilder einer populären Epoche**, Frankfurt a. M./Leipzig 1994, 6. Auflage 2004. *Sammelband mit zum Teil programmatischen Beiträgen zu unterschiedlichen aktuellen Fragestellungen der Mediävistik.*

• **Jan-Dirk Müller/Horst Wenzel (Hg.): Mittelalter. Neue Wege durch einen alten Kontinent**, Stuttgart/Leipzig 1999. *Sammelband mit Beiträgen zu verschiedenen aktuellen Forschungsansätzen unter den Stichwörtern Körper, Gewalt, Identität, mediale Konstruktion und anderem mehr.*

- Jan Assmann: Das kulturelle Gedächtnis. Schrift, Erinnerung und
  politische Identität in frühen Hochkulturen, München 1992,
  6. Auflage 2007. *Standardwerk für den Themenbereich Memoria
  und Literalitätsforschung.*

- Peter Burke: Offene Geschichte. Die Schule der „Annales", Berlin
  1991; Taschenbuchausgabe Frankfurt a. M. 1998. *Überblick über
  Methodologie und die wichtigsten Vertreter der Annales-Schule.*

- Hans Robert Jauß: Alterität und Modernität der mittelalterlichen
  Literatur, in: ders., Alterität und Modernität der mittelalterlichen
  Literatur. Gesammelte Aufsätze 1956–1976, München 1977,
  S. 9–47. *Theoretische Grundlegung des Alteritäts-Konzeptes.*

15 Serviceteil

15.1 Allgemeine Hilfsmittel

Bibliografien

- Bibliographie der deutschen Sprach- und Literaturwissenschaft (BDSL), herausgegeben von Clemens Köttelwesch, Bernhard Koßmann / Wilhelm R. Schmidt (als Fortführung der Bibliographie der deutschen Literaturwissenschaft, begründet von Hanns W. Eppelheimer, fortgeführt von Clemens Köttelwesch, 8 Bände Frankfurt a. M. 1957–69), Frankfurt a. M. 1970ff. *Der sogenannte Köttelwesch erfasst alle relevanten Beiträge zur Allgemeinen Linguistik, Literaturwissenschaft und Literaturgeschichte in ihren einzelnen Epochen. Seit 2004 neben der Buchausgabe auch als Online-Version verfügbar – mit Gastzugriff (1985–95), Web-Adresse: www.ub.uni-frankfurt.de/bdsl/bdsl-start.html. Lizenzierter Zugriff in der Regel über die Fach- und Universitätsbibliotheken möglich. Jährlich werden durchschnittlich etwa 15 000 Titeleinträge aus Monografien, Sammelbänden, Zeitschriften, Zeitungen sowie Rezensionen erfasst. – Ausgezeichnete Recherchewerkzeug.*

- Germanistik. Internationales Referatenorgan mit bibliographischen Hinweisen, herausgegeben von Wilfried Barner, Ulla Fix, Klaus Grubmüller, Helmut Henne, Johannes Janota, Christine Lubkoll, Barbara Naumann und Wilhelm Vosskamp. Jahrgang 1ff., Tübingen 1960ff. (2 Doppelhefte jährlich). *Die Germanistik ist die wichtigste internationale Bibliografie zur deutschen Sprach- und Literaturwissenschaft, einschließlich der Randgebiete. Erfasst werden pro Jahrgang rund 7 500 selbstständig und unselbstständig veröffentlichte Titel, die teilweise mit kurzen kritischen Besprechungen versehen werden. Zukünftig auch als Online-Version verfügbar. – Nach wie vor ein Standardwerk für die Literaturrecherche.*

- Johannes Hansel / Lydia Kayser: Literaturrecherche für Germanisten. Studienausgabe, Berlin 1961, 10. völlig neubearbeitete und erweiterte Auflage 2003. *Neubearbeitung der bewährten ,Bücherkunde für Germanisten' von Johannes Hansel mit Darstellung der wichtigsten Bibliografien und Fachzeitschriften (mit Online-Ausgaben), Online-Katalogen und Fachportalen im Internet. Wichtiges Hilfsmittel für Germanisten.*

Lexika und Wörterbücher

- **Rudolf Schützeichel: Althochdeutsches Wörterbuch.** Überarbeitet und um die Glossen erweitert, Tübingen 1969, 6. Auflage 2006. *Traditionelles Standardwörterbuch für den Normalgebrauch. Weitere Wörterbücher des Althochdeutschen (und Textausgaben) sind als Online-Versionen verfügbar unter der Web-Adresse www.ats-group.net/woerterbuecher/woerterbuch-althochdeutsch.html.*

- **Georg Friedrich Benecke / Wilhelm Müller / Friedrich Zarncke: Mittelhochdeutsches Wörterbuch (= BMZ).** 4 Bände, Leipzig 1854–66; Nachdruck Hildesheim 1963; Stuttgart 1990, hierzu ergänzend Band 5, alphabetischer Index von Erwin Koller, Werner Wegstein und Norbert Richard Wolf. *Aufgrund der umfangreichen Belegfülle weiterhin von großem Nutzen. Als Wortfamilienwörterbuch sind die Lemmata nicht alphabetisch, sondern nach Wortstämmen geordnet. Durch den genannten Ergänzungsband ist der BMZ aber auch alphabetisch erschließbar. Zugriff auf Online-Version unter mwv.uni-trier.de/wbb.*

- **Matthias Lexer: Mittelhochdeutsches Handwörterbuch**, Nachdruck der Ausgabe Leipzig 1872–78 mit einer Einleitung von Kurt Gärtner, 3 Bände, Stuttgart 1992. *Der ‚Große Lexer‘ vermittelt neben den Bedeutungsangaben auch die Belegstellen; Web-Adresse: http://germazope.uni-trier.de/Projects/MWV.*

- **Matthias Lexer: Mittelhochdeutsches Taschenwörterbuch.** Mit Nachträgen von Ulrich Pretzel, Leipzig 1879, 38. unveränderte Auflage Stuttgart 1992. *Der ‚Kleine Lexer‘ ist nach wie vor das meistbenutzte Wörterbuch in der Unterrichtspraxis.*

- **Beate Hennig: Kleines Mittelhochdeutsches Wörterbuch.** In Zusammenarbeit mit Christa Hepfer und unter redaktioneller Mitwirkung von Wolfgang Bachofer, Tübingen 1993, 5. durchgesehene Auflage 2007. *Das Lexikon hat sich wegen der etwas leichteren Handhabung und des günstigeren Preises im Studienbetrieb eine Alternative zum Kleinen Lexer etabliert.*

- **Karl Schiller / August Lübben: Mittelniederdeutsches Wörterbuch,** 6 Bände, Bremen 1875–82, Nachdruck Münster / Wiesbaden 1969. *Umfassendstes Nachschlagewerk zum Mittelniederdeutschen. Als Faksimile nutzbar unter der Web-Adresse: www.rzuser.uni-heidelberg.de/~cd2/drw/F4/schill1/liste.htm*

- Christa Baufeld: Kleines frühneuhochdeutsches Wörterbuch. Lexik aus Dichtung und Fachliteratur des Frühneuhochdeutschen, Tübingen 1996. *Brauchbares Wörterbuch mit einem relativ begrenzten Wortschatz.*

  Frühneuhochdeutsch

- Friedrich Kluge: Etymologisches Wörterbuch der deutschen Sprache, Straßburg 1883, 25., aktualisierte und erweiterte Auflage von Elmar Seebold, Berlin / New York 2011, auch auf CD-ROM. *Standardwerk zur Erschließung der Bedeutungsgeschichte.*

  Etymologie

- Die deutsche Literatur des Mittelalters. Verfasserlexikon. Begründet von Wolfgang Stammler, fortgeführt von Karl Langosch, 5 Bände, Berlin 1933–55, 2., völlig neu bearbeitete Auflage herausgegeben von Burghart Wachinger, Gundolf Keil, Kurt Ruh, Werner Schröder und Franz J. Worstbrock, redigiert von Christine Stöllinger-Löser, 14 Bände, Berlin / New York 1978–2008. *Wichtigstes Autoren- und Werklexikon zur deutschen Literatur des Mittelalters.*

  Literatur des Mittelalters

- Deutschsprachige Literatur des Mittelalters. Studienauswahl aus dem ‚Verfasserlexikon‘ (Band 1–10), besorgt von Burghart Wachinger, Berlin / New York 2000, 2., völlig neu bearbeitete Auflage 2001. *Enthält eine Auswahl der wichtigsten Artikel aus dem zehnbändigen ‚Verfasserlexikon‘.*

- Lexikon Literatur des Mittelalters, herausgegeben von Charlotte Bretscher-Gisiger, 2 Bände, Stuttgart / Weimar 2002. *Band 1 verzeichnet Autoren und Werke, Band 2 Themen und Gattungen. Gutes Hilfsmittel zur schnellen Information.*

- Peter Dinzelbacher (Hg.): Sachwörterbuch der Mediävistik. Unter Mitarbeit zahlreicher Fachgelehrter und unter Verwendung der Vorarbeiten von Hans-Dieter Mück, Ulrich Müller, Franz Viktor Spechtler und Eugen Thurnher, Stuttgart 1992. *Wichtiges Nachschlagewerk für die Mediävistik, mit Schwerpunkt auf der Literaturwissenschaft.*

  Mediävistik

- Reallexikon der deutschen Literaturwissenschaft (Neubearbeitung des Reallexikons der deutschen Literaturgeschichte, herausgegeben von Paul Merker und Wolfgang Stammler, 4 Bände, 1. Auflage Berlin 1925–31). 3 Bände, Band I (1997) gemeinsam mit Harald Fricke, Klaus Grubmüller und Jan-Dirk Müller herausgegeben von Klaus Weimar. Band II (2000) gemeinsam mit Georg Braungart, Klaus Grubmüller, Jan-Dirk Müller, Friedrich Vollhardt und

  Literaturwissenschaft

Klaus Weimar herausgegeben von Harald Fricke. Band III (2003) gemeinsam mit Georg Braungart, Harald Fricke, Klaus Grubmüller, Friedrich Vollhardt und Klaus Weimar herausgegeben von Jan-Dirk Müller, Berlin / New York 1997–2003. *Das RLW bietet in mehr als 900 Artikeln eine umfassende und systematische Bestandsaufnahme des literaturwissenschaftlichen Sprachgebrauchs.*

- **Joachim Heinzle (Hg.): Das Mittelalter in Daten. Literatur, Kunst, Geschichte. 750–1520.** Unter Mitwirkung von Harmut Beckers, Dorothea und Peter Diemer, Harald Ehrhardt, Jörg O. Fichte, Albert Gier, Helmut Hucke, Peter Christian Jacobsen, Chris E. Paschold, Alfred Thomas, Hildegard L. C. Tristram, München 1993, durchgesehene und ergänzte Neuausgabe, Stuttgart 2002. *Synoptische Gegenüberstellung der Entstehungsdaten aller wichtigen Werke der deutschen, der anderen volkssprachigen und der lateinischen Literaturen des Mittelalters mit den zentralen Werken und Daten der Kunst-, Musikgeschichte und der Ereignisgeschichte. Hilfreich für Mediävisten aller Fachrichtungen.*

Grammatiken

Althochdeutsch
- **Wilhelm Braune: Althochdeutsche Grammatik,** Halle 1886, 15. Auflage bearbeitet von Ingo Reiffenstein und Richard Schrodt, 2 Bände, Tübingen 2004. *Neubearbeitung der traditionellen Standardgrammatik.*

Mittelhochdeutsch
- **Hermann Paul: Mittelhochdeutsche Grammatik,** Halle 1881, 25. Auflage neu bearbeitet von Thomas Klein, Hans-Joachim Solms, Klaus-Peter Wegera. Mit einer Syntax von Ingeborg Schröbler, neubearbeitet und erweitert von Heinz-Peter Prell, Tübingen 2007. *Völlige Neubearbeitung der traditionellen Standardgrammatik.*

Mittelniederdeutsch
- **Agathe Lasch: Mittelniederdeutsche Grammatik,** Tübingen 1914. 2., unveränderte Auflage 1974. *Bewährtes Standardwerk.*

Frühneuhochdeutsch
- **Robert Peter Ebert / Oskar Reichmann / Hans-Joachim Solms / Klaus-Peter Wegera: Frühneuhochdeutsche Grammatik,** Tübingen 1993. *Standardgrammatik zum Frühneuhochdeutsch.*

15.2 Arbeitsbücher und Einführungen

Historische Überblicke

- Thomas Bein: Germanistische Mediävistik. Eine Einführung, Berlin 1998, 2., überarbeitete und erweiterte Auflage 2005. *Das Studienbuch ermöglicht in anschaulicher Weise Zugänge zur mittelalterlichen Literatur. Deren kulturelle Voraussetzungen werden ebenso thematisiert wie die einzelnen Epochen und Hauptwerke.*

  Mediävistische
  Literaturgeschichte

- Rüdiger Brandt: Grundkurs Germanistische Mediävistik / Literaturwissenschaft. Eine Einführung, München 1999. *Neben einer breiteren Thematisierung verschiedener Aspekte des Faches Mediävistik werden die kulturellen Grundlagen der mittelhochdeutschen Literatur und einzelne Gattungen behandelt.*

- Horst Dieter Schlosser: dtv-Atlas Deutsche Literatur, München 1983, 11. Auflage 2010. *Insbesondere wegen der zahlreichen Grafiken sehr anschauliche und instruktive Überblicksdarstellung. Über das Register auch als eine Art Lexikon benutzbar.*

- Max Wehrli: Geschichte der deutschen Literatur im Mittelalter. Von den Anfängen bis zum Ende des 16. Jahrhunderts, Stuttgart 1980, 3., bibliografisch erneuerte Auflage 1997. *Sehr kompakte, traditionelle und souveräne einbändige Literaturgeschichte.*

- Rolf Bergmann / Claudine Moulin / Nikolaus Ruge (unter Mitarbeit von Natalia Filatkina, Falko Klaes und Andrea Rapp): Alt- und Mittelhochdeutsch. Arbeitsbuch zur Grammatik der älteren deutschen Sprachstufen und zur deutschen Sprachgeschichte, 8., neue bearbeitete Auflage Göttingen 2011. *Knappe, präzise und instruktive Darstellung mit Textauswahl und zahlreichen Tabellen, Übungsaufgaben und Musterlösungen. Weitere Übungsaufgaben über eine Lernplattform als Smartphone-App oder als PC-Download.*

- Werner Besch / Norbert Richard Wolf: Geschichte der deutschen Sprache. Längsschnitte – Zeitstufen – Linguistische Studien, Berlin 2009. *Fundierte Darstellung mit zahlreichen Karten, Tabellen und Abbildungen. Behandelt in unterschiedlichen Längs- und Querschnitten die wichtigsten Zusammenhänge und besonderen Charakteristika der Sprachgeschichte von den Anfängen bis heute.*

- Werner König: dtv-Atlas Deutsche Sprache, München 1978, 16. durchgesehene und korrigierte Auflage 2007. *Sehr instruktive mit zahlreichen Grafiken und Sprachkarten versehene Darstellung. Über das Register auch als eine Art Lexikon benutzbar*

- Eckhard Meineke / Judith Schwerdt: Einführung in das Althochdeutsche, Paderborn 2001. *Sehr instruktive Einführung in Literatur und Sprache des Althochdeutschen. Zahlreiche Karten und Abbildungen.*

- Wilhelm Schmidt: Geschichte der deutschen Sprache. Ein Lehrbuch für das germanistische Studium, Berlin 1968, 10., verbesserte und erweiterte Auflage, erarbeitet unter der Leitung von Helmut Langner und Norbert Richard Wolf, Stuttgart / Leipzig 2007. *Sehr empfehlenswerte, kompakte und gut lesbare Überblicksdarstellung.*

- Meinolf Schuhmacher: Einführung in die deutsche Literatur des Mittelalters, Darmstadt 2010. *Kompakte Darstellung der mittelhochdeutschen Literaturgattungen sowie der Rahmenbedingungen der Literaturproduktion im Mittelalter.*

- Günther Schweikle: Germanisch-deutsche Sprachgeschichte im Überblick, Stuttgart 1986, 5. Auflage Stuttgart / Weimar 2002. *Knappe, meist stichwortartige Darstellung. Gut geeignet als Lerngrundlage.*

Einzelne Forschungsaspekte

Metrik
- Werner Hoffmann: Altdeutsche Metrik, Stuttgart 1967, 2., überarbeitete und ergänzte Auflage 1981. *Detaillierte, chronologisch nach Epochen gegliederte Gesamtdarstellung.*

Hermeneutik
- Henning Brinkmann: Mittelalterliche Hermeneutik, Tübingen 1980. *Systematische und exemplarische Einführung in die mittelalterliche ‚Lehre vom Verstehen'.*

Paläografie und Kodikologie
- Bernhard Bischoff: Paläographie des römischen Altertums und des abendländischen Mittelalters. Mit einer Auswahlbibliographie 1986–2008 von Walter Koch, Berlin 1979, 4., durchgesehene und erweiterte Auflage 2009. *Einschlägiges Standardwerk – nicht nur für Germanisten. Mit Schriftproben.*

- Victor Millet: Germanische Heldendichtung im Mittelalter. Eine Einführung, Berlin / New York 2008. *Kompakte Darstellung mit eingehender Vorstellung und Zusammenfassung der wichtigsten Werke.*

  Heldenepik

- Joachim Heinzle: Einführung in die mittelhochdeutsche Dietrich-epik, Berlin / New York 1999. *Verständliche und klar gegliederte Darstellung mit Abbildungen.*

- Markus Wennerhold: Späte mittelhochdeutsche Artusromane. „Lanzelet", „Wigalois", „Daniel von dem Blühenden Tal", „Diu Crône". Bilanz der Forschung 1960–2000, Würzburg 2005. *Kritische Bilanzierung der teilweise kontroversen Forschungs-positionen, Erarbeitung neuer Interpretationsansätze.*

  Artusroman

- Elisabeth Lienert: Deutsche Antikenromane des Mittelalters, Berlin 2001. *Systematische Darstellung zu den mittelhochdeutschen und frühneuhochdeutschen Antikenromanen.*

  Antikenromane

- Bernhard Dietrich Haage / Wolfgang Wegner: Deutsche Fachlite-ratur der Artes in Mittelalter und Früher Neuzeit, Berlin 2007. *Grundlegende und fast enzyklopädisch erschöpfende Darstellung, mit Beispieltexten und einer ausführlichen Bibliografie.*

  Fachliteratur

- Achim Diehr: Literatur und Musik im Mittelalter. Eine Einfüh-rung, Berlin 2004. *Grundlegende Einführung in die Theorie und Praxis der einstimmigen Musik des Mittelalters.*

  Literatur und Musik

Mehrbändige sprach- und literaturgeschichtliche Darstellungen

- Werner Besch / Anne Betten / Oskar Reichmann / Stefan Sonder-egger: Sprachgeschichte. Ein Handbuch zur Geschichte der deut-schen Sprache und ihrer Erforschung, (1. Auflage, 2 Bände 1984 / 85), 4 Bände 2., vollständig neu bearbeitete und erweiterte Auflage, Berlin / New York 1998–2004. *Enthält knappe Überblicks-sartikel zu allen wichtigen Aspekten der deutschen Sprachgeschichte.*

  Sprachgeschichtliche Darstellungen

- Damaris Nübling in Zusammenarbeit mit Antje Dammel, Janet Duke und Renata Szczepaniak: Historische Sprachwissenschaft des Deutschen. Eine Einführung in die Prinzipien des Sprachwandels, Tübingen 2006, 3., überarbeitete Auflage 2010. *Sehr verständlich geschriebene und benutzerfreundliche Einführung mit Blick auf alle sprachwandelrelevanten Ebenen der deutschen Sprache.*

- Peter von Polenz: Deutsche Sprachgeschichte vom Spätmittelalter bis zur Gegenwart, 3 Bände. *Sehr dichte und materialreiche Darstellung.*

    - Band 1: Einführung – Grundbegriffe – Deutsch in der frühbürgerlichen Zeit, Berlin / New York 1991, 2. Auflage 2000.

    - Band 2: 17. und 18. Jahrhundert, Berlin / New York 1994.

    - Band 3: 19. und 20. Jahrhundert, Berlin / New York 1999.

- Hans Ulrich Schmid: Einführung in die deutsche Sprachgeschichte, Stuttgart / Weimar 2009. *Kompakte Darstellung der Sprachgeschichte mit Schwerpunkt auf den älteren Sprachstufen. Zahlreiche Tabellen, Abbildungen und Textbeispiele.*

Literaturgeschichtliche Darstellungen

- Geschichte der deutschen Literatur im Mittelalter, 3 Bände, München 1990. *Sehr handliche, zudem preisgünstige und gut lesbare Standard-Darstellung mit Inhaltsangaben zu zahlreichen Werken.*

    - Dieter Kartschoke: Geschichte der deutschen Literatur im frühen Mittelalter, 3., aktualisierte Auflage 2000.

    - Joachim Bumke: Geschichte der deutschen Literatur im hohen Mittelalter, 5. Auflage 2004.

    - Thomas Cramer: Geschichte der deutschen Literatur im späten Mittelalter, 3., aktualisierte Auflage 2000.

- Joachim Heinzle (Hg.): Geschichte der deutschen Literatur von den Anfängen bis zum Beginn der Neuzeit, 1984–2004. *Sehr grundlegende und materialreiche Darstellung zur vertieften Erschließung der mittelalterlichen Literatur.*

    - Band I: Von den Anfängen bis zum hohen Mittelalter.

        - Teil 1: Wolfgang Haubrichs: Die Anfänge. Versuche volkssprachiger Schriftlichkeit im frühen Mittelalter (ca. 700–1050 / 60), Frankfurt a. M. 1988, 2., durchgesehene Auflage Tübingen 1995.

        - Teil 2: Gisela Vollmann-Profe: Wiederbeginn volkssprachiger Schriftlichkeit im hohen Mittelalter (1050–1160 / 70), Königstein 1985, 2., durchgesehene Auflage Tübingen 1994.

    - Band II: Vom hohen zum späten Mittelalter.

        - Teil 1: Leslie Peter Johnson: Die höfische Literatur der Blütezeit (1160 / 70–1220 / 30), Tübingen 1999.

- Teil 2: Joachim Heinzle: Wandlungen und Neuansätze im 13. Jahrhundert (1220/30–1280/90), Königstein 1984, 2., durchgesehene Auflage Tübingen 1994.

- Band III: Vom späten Mittelalter zum Beginn der Neuzeit.

  - Teil 1: Johannes Janota: Orientierung durch volkssprachige Schriftlichkeit, Tübingen 2004.

15.3 Zentrale Autoren, Texte und Textsammlungen

- **Althochdeutsche poetische Texte.** Althochdeutsch/Neuhochdeutsch. Ausgewählt, übersetzt und kommentiert von Karl A. Wipf, Stuttgart 1992. *Gute Möglichkeit, sich in die althochdeutsche Literatur einzulesen.*

  Althochdeutsche Periode

- **Des Minnesangs Frühling [MF]**, herausgegeben von Karl Lachmann und Moriz Haupt, Leipzig 1857, unter Benutzung der Ausgaben von Karl Lachmann und Moriz Haupt, Friedrich Vogt und Carl von Kraus bearbeitet von Hugo Moser und Helmut Tervooren, Band I: Texte, 38., erneut revidierte Auflage mit einem Anhang: Das Budapester und Kremsmünsterer Fragment, Stuttgart 1988. *Klassische Ausgabe des Minnesangs vor Walther von der Vogelweide.*

  Mittelhochdeutsche Periode/Lyrik

- **Frauenlieder des Mittelalters.** Zweisprachig. Übersetzt und herausgegeben von Ingrid Kasten, Stuttgart 1990, Nachdruck 2000. *Anthologie von 65 Liedern von Frauen als Autorinnen oder als lyrisches Ich.*

- **Heinrich von Morungen: Lieder.** Mittelhochdeutsch/Neuhochdeutsch. Text, Übersetzung, Kommentar von Helmut Tervooren, Stuttgart 1975, bibliografisch erneuerte Ausgabe 2003.

- **Minnesang.** Mittelhochdeutsche Texte mit Übertragungen und Anmerkungen herausgegeben, übersetzt und mit einem Anhang versehen von Helmut Brackert, Frankfurt a. M. 1983, Nachdruck 2008. *Repräsentativer Ausschnitt des deutschen Minnesangs.*

- **Neidhart von Reuental: Lieder.** Auswahl mit den Melodien zu neun Liedern. Mittelhochdeutsch/Neuhochdeutsch. Übersetzt und herausgegeben von Helmut Lomnitzer, Stuttgart 1966, überarbeitete Ausgabe 1984, Nachdruck 1998.

- **Tagelieder des deutschen Mittelalters.** Mittelhochdeutsch / Neuhochdeutsch. Ausgewählt, übersetzt und kommentiert von Martina Backes. Einleitung von Alois Wolf, Stuttgart 1992, bibliografisch ergänzte Ausgabe 2003.

- **Walther von der Vogelweide. Leich, Lieder, Sangsprüche [L],** 14., völlig neubearbeitete Auflage der Ausgabe Karl Lachmanns [Die Gedichte Walthers von der Vogelweide, Berlin 1827] herausgegeben von Christoph Cormeau, mit Beiträgen von Thomas Bein und Horst Brunner, Berlin / New York 1996.

- **Walther von der Vogelweide. Werke.** Mittelhochdeutsch / Neuhochdeutsch, herausgegeben, übersetzt und kommentiert von Günther Schweikle, 2 Bände; Band 1: Spruchlyrik, Stuttgart 1994, 2., durchgesehene und bibliografisch ergänzte Auflage 2005; Band 2: Liedlyrik, Stuttgart 1998, Nachdruck 2006.

Höfische Epik

- **Gottfried von Straßburg: Tristan.** Mittelhochdeutsch / Neuhochdeutsch. Nach dem Text von Friedrich Ranke neu herausgegeben, ins Neuhochdeutsche übersetzt, mit einem Stellenkommentar und einem Nachwort von Rüdiger Krohn, 3 Bände, Stuttgart 1980, Band 1: 11. Auflage 2006; Band 2: 9. Auflage 2007; Band 3: 7. Auflage 2005.

- **Hartmann von Aue: Erec.** Mittelhochdeutscher Text und Übertragung von Thomas Cramer, Frankfurt a. M. 1972, 25. Auflage 2003.

- **Wolfram von Eschenbach: Parzival.** Studienausgabe. Mittelhochdeutscher Text nach der sechsten Ausgabe von Karl Lachmann. Übersetzung von Peter Knecht. Mit Einführungen zum Text der Lachmannschen Ausgabe und in Probleme der „Parzival"-Interpretation von Bernd Schirok, Berlin / New York 1998, 2. Auflage 2003.

Heldenepik /
Chanson de geste

- **Das Nibelungenlied.** Mittelhochdeutsch / Neuhochdeutsch. Nach der Handschrift B herausgegeben von Ursula Schulze. Ins Neuhochdeutsche übersetzt und kommentiert von Siegfried Grosse, Stuttgart 2010, Nachdruck 2011.

- **Das Rolandslied des Pfaffen Konrad.** Mittelhochdeutsch / Neuhochdeutsch, herausgegeben, übersetzt und kommentiert von

Dieter Kartschoke, Stuttgart 1993, durchgesehene Ausgabe 1996, Nachdruck 2007.

- **Heinrich von Veldeke: Eneasroman.** Mittelhochdeutsch / Neuhochdeutsch. Nach dem Text von Ludwig Ettmüller ins Neuhochdeutsche übersetzt, mit einem Stellenkommentar und einem Nachwort von Dieter Kartschoke. Stuttgart 1986, durchgesehene und bibliografisch ergänzte Ausgabe 1997, Nachdruck 2004.

    Antikenroman

- **Pfaffe Lambrecht: Alexanderroman.** Mittelhochdeutsch / Neuhochdeutsch, herausgegeben, übersetzt und kommentiert von Elisabeth Lienert, Stuttgart 2007.

- **Herzog Ernst. Ein mittelalterliches Abenteuerbuch.** Mittelhochdeutsch / Neuhochdeutsch. In der mittelhochdeutschen Fassung B nach der Ausgabe von Karl Bartsch mit den Bruchstücken der Fassung A herausgegeben, übersetzt, mit Anmerkungen und einem Nachwort versehen von Bernhard Sowinski, Stuttgart 1970, durchgesehene und verbesserte Ausgabe 1979 (2003).

    Spielmannsepik

- **König Rother.** Mittelhochdeutsch / Neuhochdeutsch. Mittelhochdeutscher Text und neuhochdeutsche Übersetzung von Peter K. Stein, herausgegeben von Ingrid Bennewitz unter Mitarbeit von Beatrix Koll und Ruth Weichselbaumer, Stuttgart 2000.

- **Friedrich Maurer (Hg.): Die religiösen Dichtungen des 11. und 12. Jahrhunderts.** 3 Bände, Tübingen 1964, 1965, 1970. _Immer noch ein Standardwerk zur geistlichen Literatur des Mittelalters._

    Geistliche Literatur

- **Meister Eckhart: Deutsche Predigten. Eine Auswahl.** Mittelhochdeutsch / Neuhochdeutsch. Auf der Grundlage der kritischen Werkausgabe und der Reihe „Lectura Eckhardi" herausgegeben, übersetzt und kommentiert von Uta Störmer-Caysa, Stuttgart 2001, Nachdruck 2006.

- **Mystische Texte des Mittelalters.** Ausgewählt und herausgegeben von Johanna Lanczkowski, Stuttgart 1988, bibliografisch ergänzte Ausgabe 1999.

- **Hartmann von Aue: Der arme Heinrich.** Mittelhochdeutsch / Neuhochdeutsch. Übersetzt von Siegfried Grosse, herausgegeben von Ursula Rautenberg, Stuttgart 1993, durchgesehene und bibliografisch ergänzte Ausgabe 2005, Nachdruck 2006.

    Auswahl weiterer Dichtung

- **Hartmann von Aue: Gregorius.** Mittelhochdeutsch / Neuhochdeutsch. Nach dem Text von Friedrich Neumann neu herausgegeben, übersetzt und kommentiert von Waltraud Fritsch-Rößler, Stuttgart 2011.

- **Der Stricker: Erzählungen, Fabeln, Reden.** Mittelhochdeutsch / Neuhochdeutsch, herausgegeben, übersetzt und kommentiert von Otfrid Ehrismann, Stuttgart 1992, 2., überarbeitete Auflage 2011.

- **Wolfram von Eschenbach: Willehalm.** Text und Übersetzung, Text der Ausgabe von Werner Schröder, Übersetzung, Vorwort und Register von Dieter Kartschoke, Berlin / New York 1968, 3., durchgesehene Auflage 2003.

Frühneuhoch-
deutsche Periode

- **Sebastian Brant: Das Narrenschiff.** Studienausgabe. Mit allen 114 Holzschnitten des Drucks Basel 1494. Herausgegeben von Joachim Knape, Stuttgart 2005, Nachdruck 2011.

- **Ein kurtzweilig Lesen von Dil Ulenspiegel.** Nach dem Druck von 1515 mit 87 Holzschnitten herausgegeben von Wolfgang Lindow, Stuttgart 1966, bibliografisch ergänzte Ausgabe 2001, Nachdruck 2007.

- **Fortunatus.** Studienausgabe nach der Editio Princeps von 1509 herausgegeben von Hans-Gert Roloff, Bibliografie von Jörg Jungmayr, Stuttgart 1981, bibliografisch ergänzte Ausgabe 2007.

- **Hans Jacob Christoffel von Grimmelshausen: Simplicissimus Teutsch,** herausgegeben von Dieter Breuer. Frankfurt a. M. 2005.

- **Oswald von Wolkenstein: Lieder. Frühneuhochdeutsch / Neuhochdeutsch.** Ausgewählte Texte herausgegeben, übersetzt und kommentiert von Burghart Wachinger. Melodien und Tonsätze herausgegeben und kommentiert von Horst Brunner, Stuttgart 2007.

- **Thüring von Ringoltingen: Melusine.** In der Fassung des Buchs der Liebe (1587) mit 22 Holzschnitten herausgegeben von Hans-Gert Roloff, Stuttgart 1969, bibliografisch ergänzte Ausgabe 2000, Nachdruck 2008.

- **Heinrich Wittenwiler: Der Ring. Frühneuhochdeutsch / Neuhochdeutsch.** Nach dem Text von Edmund Wießner in Neuhochdeutsche übersetzt und herausgegeben von Horst Brunner, Stuttgart 1991, durchgesehene und bibliografisch ergänzte Ausgabe 2003.

15.4 Historisch-kulturwissenschaftliche und theoretisch orientierte Darstellungen

- Joachim Bumke: Mäzene im Mittelalter. Die Gönner und Auftraggeber der höfischen Literatur in Deutschland. 1150–1350, München 1979. *Immer noch maßgebliche Darstellung zur Thematik.*

  Kultur-, Medien-, Sozial- und Zivilisationsgeschichte

- Albrecht Classen: Sex im Mittelalter. Die andere Seite einer idealisierten Vergangenheit. Literatur und Sexualität, Badenweiler 2011. *Trotz des etwas reißerisch wirkenden Titels sehr fundierte Studie mit Bezug auf die europäische Literatur des Mittelalters.*

- Ernst Robert Curtius: Europäische Literatur und Lateinisches Mittelalter, Bern 1948, 11. Auflage Tübingen / Basel 1993. *Klassisches Standardwerk.*

- Peter Dinzelbacher: Lebenswelten des Mittelalters. 1000–1500, Badenweiler 2010. *Umfangreicher und mit zahlreichen Abbildungen versehener Band, der einen fundierten Einblick in die Lebens- und Vorstellungswelten des Mittelalters bietet.*

- Norbert Elias: Über den Prozeß der Zivilisation. Soziogenetische und psychogenetische Untersuchungen, 2 Bände, Basel 1939, Neuausgabe Frankfurt a. M. 1997. *Fundamentale sozial- und kulturhistorische Studie, auch für die germanistische Mediävistik äußerst anregend.*

- Helmut Glück: Deutsch als Fremdsprache in Europa vom Mittelalter bis zur Barockzeit, Berlin / New York 2002. *Grundlegender und voluminöser Band mit umfangreicher Bibliografie.*

- Ingrid Kasten / Werner Paravicini / René Pérennec (Hg.): Kultureller Austausch und Literaturgeschichte im Mittelalter, Sigmaringen 1998. *Sammelband, der insbesondere die vielfältigen französisch-deutschen Literaturbeziehungen thematisiert.*

- Erich Köhler: Ideal und Wirklichkeit in der höfischen Epik: Studien zur Form der frühen Artus- und Graldichtung, Hamburg 1955, 3., unveränderte Auflage Tübingen 2002. *Nach wie vor grundlegende literatursoziologische Studie.*

- Barbara Sabel: Toleranzdenken in mittelhochdeutscher Literatur, Wiesbaden 2003. *Fundierte Studie zum literarisch vermittelten Verhältnis von Christentum und ‚Heidentum' im Mittelalter.*

- Monika Schulz: Beschwörungen im Mittelalter. Einführung und Überblick, Heidelberg 2003. *Kompakte Einführung und fundierter Überblick mit Schwergewicht auf den vielfältigen mittelhochdeutschen Beschwörungen.*

Neuere theoretisch
orientierte
Darstellungen

- Walter Haug: Literaturtheorie im deutschen Mittelalter. Von den Anfängen bis zum Ende des 13. Jahrhunderts. Mit einem Vorwort von Claudia Brinker-von der Heyde, Darmstadt 1985, Sonderausgabe 2009 (unveränderter Nachdruck der 2. Auflage 1992. *Standardwerk zur Literaturtheorie im deutschen Mittelalter.*

- Christian Kiening: Zwischen Körper und Schrift: Texte vor dem Zeitalter der Literatur, Frankfurt a. M. 2003. *Einführung in die Eigenart älterer Texte vor dem Hintergrund einer semi-oralen mittelalterlichen Kultur. Mit Fallstudien.*

- Jan-Dirk Müller: Spielregeln für den Untergang. Die Welt des Nibelungenliedes, Tübingen 1998. *Neuansatz in der Nibelungenforschung, der die Brüchigkeit des Textes als Schlüssel zur Deutung des Epos interpretiert.*

- Jan-Dirk Müller: Minnesang und Literaturtheorie, herausgegeben von Ute von Bloh und Armin Schulz, gemeinsam mit Manuel Braun, Corinna Dörrich, Udo Friedrich und Christoph Petersen, Tübingen 2001. *Sammelband mit wiederveröffentlichten einschlägigen Beiträgen des Autors.*

15.5 Fachzeitschriften und Internet-Ressourcen

Fachzeitschriften

- Beiträge zur Geschichte der deutschen Sprache und Literatur [PBB]. Begründet von Wilhelm Braune, Hermann Paul und Eduard Sievers, fortgesetzt von Theodor Frings und Elisabeth Karg-Gasterstädt. [PBB-H] Band 1ff., Halle 1874ff. (Erscheinen eingestellt). Seit 1955 (parallel) als PBB-T, aktuell herausgegeben von Karin Donhauser, Klaus Grubmüller und Jan-Dirk Müller unter Mitwirkung von Hans Fromm und Rudolf Grosse. *Renommierte Fachzeitschrift. Vornehmlich Beiträge zur älteren Sprach- und Literaturforschung.*

- Zeitschrift für deutsches Altertum [ZfdA] (ab Band 19: und deutsche Literatur). Band 1ff. Leipzig, später Berlin, ab Band 82 (1948), Wiesbaden 1841ff. Aktuell herausgegeben von Joachim Heinzle. *Älteste Fachzeitschrift mit Beiträgen der älteren Sprach- und Literaturforschung.*

- Zeitschrift für deutsche Philologie [ZfdPh]. Band 1ff. Halle, später Stuttgart, später Berlin: 1868ff. Aktuell herausgegeben von Werner Besch, Norbert Otte, Eva Geulen, Thomas Klein, Norbert Oellers, Ursula Peters, Hartmut Steinecke und Helmut Tervooren. *Renommierte Fachzeitschrift mit Beiträgen aus allen Bereichen der Germanistik, Rezensionen, Forschungsberichte, Thematische Sonderhefte, Beihefte.*

Internet-Ressourcen

- Karlsruher Virtueller Katalog [KVK], Web-Adresse: www.ubka.uni-karlsruhe.de/kvk.html. *Ermöglicht die Literaturrecherche in zahlreichen Katalogen deutscher Bibliotheksverbünde und internationaler Bibliotheken.*

  Internationale Bibliotheksrecherche

- Mediaevum, Web-Adresse: http://mediaevum.de. *Wichtigstes und umfassendstes Internetportal der germanistischen Mediävistik. Mit Zugriffen auf Online-Versionen mittelhochdeutscher Wörterbücher, digitalisierter Handschriften, Inkunabeln und Editionen.*

  Internetportal zur germanistischen Mediävistik

- Handschriftencensus. Eine Bestandsaufnahme der handschriftlichen Überlieferung deutschsprachiger Texte des Mittelalters, Web-Adresse: www.handschriftencensus.de. *Bietet eine Bestandsaufnahme der handschriftlichen Überlieferung deutschsprachiger Texte des Mittelalters.*

  Repertorien zur Textüberlieferung

- Marburger Repertorium. Deutschsprachige Handschriften des 13. und 14. Jahrhunderts, Web-Adresse: www.mr1314.de. *Verzeichnet in Form eines beschreibenden Katalogs deutschsprachige Handschriften des 13. und 14. Jahrhunderts.*

- Paderborner Repertorium der deutschsprachigen Textüberlieferung des 8. bis 12. Jahrhunderts, Web-Adresse: www.paderborner-repertorium.de/. *Verzeichnet in Form eines beschreibenden Katalogs deutschsprachige Handschriften des 8. bis 12. Jahrhunderts.*

- **Mittelhochdeutsche Wörterbücher im Verbund.** Ein Projekt des Kompetenzzentrums für elektronische Erschließungs- und Publikationsverfahren in den Geisteswissenschaften an der Universität Trier in Verbindung mit der Akademie der Wissenschaften und der Literatur Mainz, Web-Adresse: http://germazope.uni-trier.de/Projects/MWV. *Zugriff auf die wichtigsten mittelhochdeutschen Wörterbücher bzw. lexikografischen Hilfsmittel.*

- **Ruth Weichselbaumer: Mittelalter virtuell. Mediävistik im Internet,** Stuttgart 2005. *Knapper Überblick über Entwicklung und Möglichkeiten der Computerisierung in der Editionswissenschaft. Zahlreiche, geordnete und kommentierte Internet-Adressen.*

16 Anhang

16.1 Zitierte Literatur

→ ASB

Akademie Studienbücher, auf die der vorliegende Band verweist:

ASB FELSNER/HELBIG/MANZ   Kristin Felsner/Holger Helbig/Therese Manz: Arbeitsbuch Lyrik, Berlin 2009.

ASB JOISTEN   Karen Joisten: Philosophische Hermeneutik, Berlin 2009.

ASB KELLER   Andreas Keller: Frühe Neuzeit. Das rhetorische Zeitalter, Berlin 2008.

ASB KOCHER/KREHL   Ursula Kocher/Carolin Krehl: Literaturwissenschaft. Studium – Wissenschaft – Beruf, Berlin 2008.

ASB MÜLLER   Harald Müller: Mittelalter, Berlin 2008.

ASB SCHÖSSLER   Franziska Schößler: Einführung in die Gender Studies, Berlin 2008.

Informationen zu weiteren Bänden finden Sie unter www.akademie-studienbuch.de

Primärliteratur

Annolied   Das Annolied. Mittelhochdeutsch und Neuhochdeutsch, herausgegeben, übersetzt und kommentiert von Eberhard Nellmann, Stuttgart 1975, 6. Ausgabe 2005.

Brant, Narrenschiff   Sebastian Brant: Das Narrenschiff. Studienausgabe. Mit allen 114 Holzschnitten des Drucks Basel 1494. Herausgegeben von Joachim Knape, Stuttgart 2005, Nachdruck 2011.

Chrétien, Perceval   Chrétien de Troyes: Le Roman de Perceval ou Le Conte du Graal/Der Percevalroman oder Die Erzählung vom Gral. Altfranzösisch/Deutsch, übersetzt und herausgegeben von Felicitas Olef-Krafft, Stuttgart 1991, Nachdruck 2003.

Doctor Faustus   Historia von D. Johann Fausten. Text des Druckes von 1587. Kritische Ausgabe. Mit den Zusatztexten der Wolfenbütteler Handschrift und der zeitgenössischen Drucke, herausgegeben von Stephan Füssel und Hans Joachim Kreutzer, Stuttgart 1988, ergänzte und bibliografisch aktualisierte Ausgabe 2006.

Einhard   Einhard: Vita Karoli Magni. Das Leben Karls des Großen. Lateinisch/Deutsch. Übersetzung, Anmerkungen und Nachwort von Evelyn Scherabon Firchow, Stuttgart 1968, bibliografisch ergänzte Ausgabe (1995), 2001.

Gottfried, Tristan   Gottfried von Straßburg: Tristan. Mittelhochdeutsch/Neuhochdeutsch. Nach dem Text von Friedrich Ranke neu herausgegeben, ins Neuhochdeutsche übersetzt, mit einem Stellenkommentar und einem Nachwort von Rüdiger Krohn, 3 Bde.; Bd. 1, 11. Auflage Stuttgart 2006; Bd. 2, 9. Auflage Stuttgart 2007; Bd. 3, 7. Auflage Stuttgart 2005.

Hartmann, Armer Heinrich   Hartmann von Aue: Der arme Heinrich. Mittelhochdeutsch/Neuhochdeutsch. Übersetzt von Siegfried Grosse, herausgegeben von Ursula Rautenberg, Stuttgart 1993, durchgesehene und bibliographisch ergänzte Ausgabe 2005 (2006).

Hartmann, Erec Hartmann von Aue: Erec. Mittelhochdeutscher Text und Übertragung von Thomas Cramer, Frankfurt a. M. 1972, 25. Auflage 2003.

Hartmann, Gregorius Hartmann von Aue: Gregorius. Mittelhochdeutsch / Neuhochdeutsch. Nach dem Text von Friedrich Neumann neu herausgegeben, übersetzt und kommentiert von Waltraud Fritsch-Rößler, Stuttgart 2011.

Hartmann, Iwein Hartmann von Aue: Iwein. Text und Übersetzung. Text der siebenten Ausgabe von G. F. Benecke, K. Lachmann und L. Wolff. Übersetzung und Anmerkungen von Thomas Cramer, Berlin 1968, 4. überarbeitete Auflage 2001.

[L] Karl Lachmann: Die Gedichte Walthers von der Vogelweide, Berlin 1827.

[MF] Des Minnesangs Frühling, herausgegeben von Karl Lachmann und Moriz Haupt, Leipzig 1857; unter Benutzung der Ausgaben von Karl Lachmann und Moriz Haupt, Friedrich Vogt und Carl von Kraus bearbeitet von Hugo Moser und Helmut Tervooren, Bd. 1: Texte, 38., erneut revidierte Auflage mit einem Anhang: Das Budapester und Kremsmünsterer Fragment, Stuttgart 1988.

Nibelungenlied Das Nibelungenlied. Mittelhochdeutsch / Neuhochdeutsch. Nach der Handschrift B herausgegeben von Ursula Schulze. Ins Neuhochdeutsche übersetzt und kommentiert von Siegfried Grosse, Stuttgart 2010, Nachdruck 2011.

Reinmar Reinmar: Lieder. Nach der Weingartner Liederhandschrift (B). Mittelhochdeutsch / Neuhochdeutsch, herausgegeben, übersetzt und kommentiert von Günther Schweikle, Stuttgart 1986, durchgesehene und bibliografisch ergänzte Ausgabe 2002.

Rolandslied Das Rolandslied des Pfaffen Konrad. Mittelhochdeutsch / Neuhochdeutsch, herausgegeben, übersetzt und kommentiert von Dieter Kartschoke, Stuttgart 1993, durchgesehene Ausgabe 1996 (2007).

Stricker Der Stricker: Erzählungen, Fabeln, Reden. Mittelhochdeutsch / Neuhochdeutsch, herausgegeben, übersetzt und kommentiert von Otfrid Ehrismann, Stuttgart 1992, 2., überarbeitete Auflage 2011.

Walther, Liedlyrik Walther von der Vogelweide. Werke, Bd. 2: Liedlyrik. Mittelhochdeutsch / Neuhochdeutsch, herausgegeben, übersetzt und kommentiert von Günther Schweikle, Stuttgart 1998 (2006).

Walther, Spruchlyrik Walther von der Vogelweide. Werke, Bd. 1: Spruchlyrik. Mittelhochdeutsch / Neuhochdeutsch, herausgegeben, übersetzt und kommentiert von Günther Schweikle, Stuttgart 1994, 2. durchgesehene und bibliografisch ergänzte Auflage 2005.

Wirnt, Wigalois Wirnt von Grafenberg: Wigalois. Text der Ausgabe von J. M. N. Kapteyn, übersetzt, erläutert und mit einem Nachwort versehen von Sabine Seelbach und Ulrich Seelbach, Berlin / New York 2005.

Wolfram, Parzival Wolfram von Eschenbach: Parzival. Studienausgabe. Mittelhochdeutscher Text nach der sechsten Ausgabe von Karl Lachmann. Übersetzung von Peter Knecht, mit Einführungen zum Text der Lachmannschen Ausgabe und in Probleme der ‚Parzival‘-Interpretation von Bernd Schirok, Berlin / New York 2003.

Forschungsliteratur

Assmann 2007 Jan Assmann: Das kulturelle Gedächtnis. Schrift, Erinnerung und politische Identität in frühen Hochkulturen, München 1992, 6. Auflage 2005.

Baisch u. a. 2003 Martin Baisch / Hendrikje Haufe / Michael Mecklenburg / Matthias Meyer / Andrea Sieber (Hg.): Aventiuren des Geschlechts. Modelle von Männlichkeit in der Literatur des 13. Jahrhunderts, Göttingen 2003.

Bein 2011   Thomas Bein: Textkritik. Eine Einführung in Grundlagen germanistisch-mediävistischer Editionswissenschaft. Lehrbuch mit Übungsteil, Frankfurt a. M. u. a. 2008, 2., überarbeitete und erweiterte Auflage 2011.

Bennewitz/Kasten 2002   Ingrid Bennewitz/Ingrid Kasten (Hg.): Genderdiskurse und Körperbilder im Mittelalter. Eine Bilanzierung nach Butler und Laqueur, Münster 2002.

Betz 1974   Werner Betz: Lehnwörter und Lehnprägungen im Vor- und Frühdeutschen, in: Friedrich Maurer/Heinz Rupp (Hg.), Deutsche Wortgeschichte, Bd. 1, Berlin/New York 1974, S. 135–163.

Bluhme 1863   Friderico Bluhme (Hg.): Leges Burgundionum, in: Monumenta Germaniae Historica, Leges Bd. 3, Hannover 1863, S. 497–630.

Böhme/Scherpe 1996   Hartmut Böhme/Klaus R. Scherpe (Hg.): Literatur und Kulturwissenschaften. Positionen, Theorien, Modelle, Reinbek bei Hamburg 1996; Einführung, S. 7–24.

Bumke 1997   Joachim Bumke: Höfische Kultur. Literatur und Gesellschaft im hohen Mittelalter, München 1986, 8. Auflage 1997.

Bumke 2004   Joachim Bumke: Geschichte der deutschen Literatur im hohen Mittelalter, München 1990, 5. aktualisierte Auflage 2004.

Bumke 2005   Joachim Bumke: Die Nibelungen. Lied und Sage, Darmstadt 2005.

Burke 1998   Peter Burke: Offene Geschichte. Die Schule der „Annales", Berlin 1991, Taschenbuchausgabe Frankfurt a. M. 1998.

Cerquiglini 1989   Bernard Cerquiglini: Éloge de la variante. Histoire critique de la philologie, Paris 1989.

Classen 1992   Albrecht Classen: The Defeat of the Matriarch. Brünhild in the Nibelungenlied. With some Thoughts on Matriachary as Evinced in Literary Texts, in: Werner Wunderlich/Ulrich Müller (Hg.), *Was sider da geschach*. American-German Studies on the Nibelungenlied, Göppingen 1992, S. 89–110.

Cormeau 1996   Christoph Cormeau (Hg.): Walther von der Vogelweide. Leich, Lieder, Sangsprüche, 14., völlig neubearbeitete Auflage der Ausgabe Karl Lachmanns (Die Gedichte Walthers von der Vogelweide, Berlin 1827) mit Beiträgen von Thomas Bein und Horst Brunner, Berlin/New York 1996.

Cramer 2001   Hartmann von Aue: Iwein. Text und Übersetzung. Text der siebenten Ausgabe von G. F. Benecke, K. Lachmann und L. Wolff. Übersetzung und Anmerkungen von Thomas Cramer, Berlin 1968, 4. überarbeitete Auflage 2001.

Cramer 2003   Hartmann von Aue: Erec. Mittelhochdeutscher Text und Übertragung von Thomas Cramer, Frankfurt a. M. 1972, 25. Auflage 2003.

Curtius 1993   Ernst Robert Curtius: Europäische Literatur und Lateinisches Mittelalter, Bern 1948, 11. Auflage Tübingen/Basel 1993.

Ehrismann 2011   Der Stricker: Erzählungen, Fabeln, Reden. Mittelhochdeutsch/Neuhochdeutsch, herausgegeben, übersetzt und kommentiert von Otfrid Ehrismann, Stuttgart 1992, 2., überarbeitete Auflage 2011.

Elias 1969   Norbert Elias: Über den Prozeß der Zivilisation, Bd. 1: Wandlungen des Verhaltens in den weltlichen Oberschichten des Abendlandes, Basel 1939, 2. Auflage Frankfurt a. M. 1969.

Firchow 2001   Einhard: Vita Karoli Magni. Das Leben Karls des Großen. Lateinisch/Deutsch. Übersetzung, Anmerkungen und Nachwort von Evelyn Scherabon Firchow, Stuttgart 1968, bibliografisch ergänzte Ausgabe (1995), 2001.

Füssel 2007   Stephan Füssel: Johannes Gutenberg. Reinbek bei Hamburg 1999, 4. Auflage 2007.

Grimm 1834   Wilhelm Grimm (Hg): Vridankes Bescheidenheit, Göttingen 1834.

Grosse / Rautenberg 2006   Hartmann von Aue: Der arme Heinrich. Mittelhochdeutsch / Neuhochdeutsch. Übersetzt von Siegfried Grosse, herausgegeben von Ursula Rautenberg, Stuttgart 1993, durchgesehene und bibliographisch ergänzte Ausgabe 2005 (2006).

Gschwantler 1992   Otto Gschwantler: Heldensage als *Tragoedia*. Zu einem Brief des Domschulmeisters Meinhard an Bischof Gunther von Bamberg, in: Klaus Zatloukal (Hg.), 2. Pöchlarner Heldenliedgespräch. Die historische Dietrichsepik, Wien 1992, S. 39–67.

Haug 1989   Walter Haug: Strukturen als Schlüssel zur Welt. Kleine Schriften zur Erzählliteratur des Mittelalters, Tübingen 1989.

Heger 1970   Hedwig Heger: Das Lebenszeugnis Walthers von der Vogelweide, Wien 1970.

Heinzle 1996   Joachim Heinzle: Das Nibelungenlied. Eine Einführung, München 1987, überarbeitete Neuausgabe Frankfurt a. M. 1994 (1996).

Heinzle 1999   Joachim Heinzle: Einführung in die deutsche Dietrichepik, Berlin / New York 1999.

Heinzle 2004   Joachim Heinzle (Hg.): Modernes Mittelalter. Neue Bilder einer populären Epoche, Frankfurt a. M. / Leipzig 1994, 6. Auflage 2004.

Heusler 1905   Andreas Heusler: Lied und Epos in der germanischen Sagendichtung, Dortmund 1905.

Heusler 1956   Andreas Heusler: Deutsche Versgeschichte. Mit Einschluß des altenglischen und altnordischen Stabreimverses. 3 Bde., 1. Auflage Berlin 1925–29, 2. Auflage 1956.

Heusler 1965   Andreas Heusler: Nibelungensage und Nibelungenlied. Die Stoffgeschichte des Deutschen Heldenepos, Dortmund 1921, 6. Auflage 1965.

Hoffmann 1992   Werner Hoffmann: Das Nibelungenlied. 6., überarbeitete und erweiterte Auflage des Bandes Nibelungenlied von Gottfried Weber und Werner Hoffmann (Stuttgart 1964), Stuttgart / Weimar 1992.

Huby 1968   Michel Huby: L'adaptation des romans courtois en Allemagne au XIIe et au XIIIe siècle, Paris 1968.

Huby 1983   Michel Huby: Zur Definition der adaptation courtoise. Kritische Antwort auf kritische Anmerkungen, Germanisch-Romanische Monatsschrift N. F. 33, 1983, S. 301–322.

Jauß 1977   Hans Robert Jauß: Alterität und Modernität der mittelalterlichen Literatur, in: ders., Alterität und Modernität der mittelalterlichen Literatur. Gesammelte Aufsätze 1956–1976, München 1977, S. 9–47.

Johnson 1999   L. Peter Johnson: Geschichte der deutschen Literatur von den Anfängen bis zum Beginn der Neuzeit (herausgegeben von Joachim Heinzle), Bd. II / 1, Die höfische Literatur der Blütezeit. Tübingen 1999.

Kartschoke 2007   Das Rolandslied des Pfaffen Konrad. Mittelhochdeutsch / Neuhochdeutsch, herausgegeben, übersetzt und kommentiert von Dieter Kartschoke, Stuttgart 1993, durchgeseh. Ausgabe 1996 (2007).

Kasten / Kuhn 2005   Deutsche Lyrik des frühen und hohen Mittelalters. Edition der Texte und Kommentare von Ingrid Kasten, Übersetzungen von Margherita Kuhn, Frankfurt a. M. 2005.

Kiening 1999   *Regimen corpusculi*, oder: Die Körper und Zeichen des Guibert de Nogent, in: Jan-Dirk Müller / Horst Wenzel (Hg.), Mittelalter. Neue Wege durch einen alten Kontinent, Stuttgart / Leipzig 1999, S. 63–80.

Knecht / Schirok 2003   Wolfram von Eschenbach: Parzival. Studienausgabe. Mittelhochdeutscher Text nach der sechsten Ausgabe von Karl Lachmann. Übersetzung von Peter Knecht, mit Einführungen zum Text der Lachmannschen Ausgabe und in Probleme der ‚Parzival‘-Interpretation von Bernd Schirok, Berlin / New York 2003.

Koch / Oesterreicher 1994   Peter Koch / Wulf Oesterreicher: Schriftlichkeit und Sprache, in: Hartmut Günther / Otto Ludwig (Hg.), Schrift und Schriftlichkeit. Ein interdisziplinäres Handbuch internationaler Forschung, Berlin / New York 1994, S. 587–604.

Köhler 1970   Vergleichende soziologische Betrachtungen zum romanischen und zum deutschen Minnesang, in: Karl Heinz Bork / Rudolf Henss (Hg.), Der Berliner Germanistentag 1968. Vorträge und Berichte, Heidelberg 1970, S. 63–76.

König 2007   Werner König: dtv-Atlas Deutsche Sprache, München 1978, 16. durchgesehene und korrigierte Auflage 2007.

Kuhn 1948   Hugo Kuhn: Erec, in: Festschrift für Paul Kluckhohn und Hermann Schneider, herausgegeben von ihren Tübinger Schülern, Tübingen 1948, S. 122–147.

Lachmann 1816   Karl Lachmann: Über die ursprüngliche Gestalt des Gedichts von der Nibelungen Noth, Berlin 1816.

Lachmann 1820   Karl Lachmann: Auswahl aus den Hochdeutschen Dichtern des 13. Jahrhunderts. Für Vorlesungen und zum Schulgebrauch, Berlin 1820.

Lemmer 2004   Sebastian Brant: Das Narrenschiff. Nach der Erstausgabe (Basel 1494) mit den Zusätzen der Ausgaben 1495 und 1499 sowie den Holzschnitten der deutschen Originalausgabe, Tübingen 1962, herausgegeben von Manfred Lemmer, 4., erweiterte Auflage 2004.

Lord 1965   Albert B. Lord: Der Sänger erzählt. Wie ein Epos entsteht, München 1965.

Lösel-Wieland-Engelmann 1980   Berta Lösel-Wieland-Engelmann: „Verdanken wir das Nibelungenlied einer Niedernburger Nonne?", in: Monatshefte für deutschen Unterricht, deutsche Sprache und Literatur Bd. 72 (1980), S. 5–25.

Maurer 1952   Friedrich Maurer: Nordgermanen und Alemannen. Studien zur germanischen und frühdeutschen Sprachgeschichte, Stammes- und Volkskunde, Straßburg 1942, 3. überarbeitete und erweiterte Auflage Bern / München 1952.

Maurer 1964   Friedrich Maurer (Hg.): Die religiösen Dichtungen des 11. und 12. Jahrhunderts, Bd. I., Tübingen 1964.

Mischke 2005   Roland Mischke: Von Raufbolden und edlen Recken, in: Welt Online, 8.5.2005. Web-Adresse: www.welt.de/print-wams/article127485/Von_Raufbolden_und_edlen_Recken.html   [Zugriff vom 18.8.2009].

Moos 2004   Peter von Moos: Gefahren des Mittelalterbegriffs. Diagnostische und präventive Aspekte, in: Joachim Heinzle (Hg.), Modernes Mittelalter. Neue Bilder einer populären Epoche, Frankfurt a. M. / Leipzig 1994, 6. Auflage 2004, S. 33–63.

Nellmann 2005   Das Annolied. Mittelhochdeutsch und Neuhochdeutsch, herausgegeben, übersetzt und kommentiert von Eberhard Nellmann, Stuttgart 1975, 6. Ausgabe 2005.

Neumann / Fritsch-Rößler 2011   Hartmann von Aue: Mittelhochdeutsch / Neuhochdeutsch. Nach dem Text von Friedrich Neumann neu herausgegeben, übersetzt und kommentiert von Waltraud Fritsch-Rößler, Stuttgart 2011.

Nolte 2004   Ann-Katrin Nolte: Spiegelungen der Kriemhildfigur in der Rezeption des Nibelungenliedes. Figurenentwürfe und Gender-Diskurse in der Klage, der Kudrun und den Rosengärten mit einem Ausblick auf ausgewählte Rezeptionsbeispiele des 18., 19. und 20. Jahrhunderts, Münster 2004.

Oexle 2004   Memoria in der Gesellschaft und in der Kultur des Mittelalters, in: Joachim Heinzle (Hg.), Modernes Mittelalter. Neue Bilder einer populären Epoche, Frankfurt a. M. / Leipzig 1994, 6. Auflage 2004, S. 297–323.

Ohly 1991   Friedrich Ohly: Bemerkungen eines Philologen zur Memoria, in: Karl Schmid / Joachim Wollasch (Hg.), Memoria. Der geschichtliche Zeugniswert des liturgischen Gedenkens im Mittelalter, München 1984, S. 9–68; als eigenständige Publikation München 1991.

Paul/Glier 1993   Otto Paul/Ingeborg Glier: Deutsche Metrik, Ismaning 1961, 9. Auflage 1974 (1993).

Pfeiffer 1862   Franz Pfeiffer (Hg.): Berthold von Regensburg. Vollständige Ausgabe seiner Predigten, mit Anmerkungen und Wörterbuch, 1. Bd., Wien 1862.

Roelcke 1995   Thorsten Roelcke: Periodisierung der deutschen Sprachgeschichte. Analysen und Tabellen, Berlin/New York 1995.

Röhricht/Meisner 1887   Reinhold Röhricht/Heinrich Meisner: Ein niederrheinischer Bericht über den Orient, in: Zeitschrift für deutsche Philologie 19 (1887), S. 1–86.

Schausten 1999   Monika Schausten: Der Körper des Helden und das ‚Leben‘ der Königin: Geschlechter- und Machtkonstellationen im ‚Nibelungenlied‘, in: Zeitschrift für deutsche Philologie 118 (1999), S. 27–49.

Schiewer 2006   Hans-Jochen Schiewer: Zur Situation der Mediävistik, in: Georg Mein (Hg.), Kerncurriculum BA-Germanistik. Chancen und Grenzen des Bologna-Prozesses, Bielefeld 2006, S. 53–63.

Schlosser 2004   Horst Dieter Schlosser (Hg.): Althochdeutsche Literatur. Mit altniederdeutschen Textbeispielen. Auswahl mit Übertragungen und Kommentar, Berlin 1998, 2., überarbeitete und erweiterte Auflage 2004.

Schößler 2008   Franziska Schößler: Einführung in die Gender Studies, Berlin 2008.

Schröder 1971   Werner Schröder: Noch einmal zu Friedrich Maurers Neuedition der deutschen religiösen Dichtungen des 11. und 12. Jahrhunderts, in: PBB (Beiträge zur Geschichte der deutschen Sprache und Literatur) 93 (1971), S. 109–138.

Schulze/Grosse 2011   Das Nibelungenlied. Mittelhochdeutsch/Neuhochdeutsch. Nach der Handschrift B herausgegeben von Ursula Schulze. Ins Neuhochdeutsche übersetzt und kommentiert von Siegfried Grosse, Stuttgart 2010, Nachdruck 2011.

Schweikle 1995   Günther Schweikle: Minnesang, Stuttgart 1989, 2. korrigierte Auflage Stuttgart/Weimar 1995.

Schweikle 2002   Reinmar: Lieder. Nach der Weingartner Liederhandschrift (B). Mittelhochdeutsch/Neuhochdeutsch, herausgegeben, übersetzt und kommentiert von Günther Schweikle, Stuttgart 1986, durchgesehene und bibliografisch ergänzte Ausgabe 2002.

Schweikle 2005   Walther von der Vogelweide. Werke, Bd. 1: Spruchlyrik. Mittelhochdeutsch/Neuhochdeutsch, herausgegeben, übersetzt und kommentiert von Günther Schweikle, Stuttgart 1994, 2. durchgesehene und bibliografisch ergänzte Auflage 2005.

Schweikle 2006   Walther von der Vogelweide. Werke, Bd. 2: Liedlyrik. Mittelhochdeutsch/Neuhochdeutsch, herausgegeben, übersetzt und kommentiert von Günther Schweikle, Stuttgart 1998 (2006).

Seelbach/Seelbach 2005   Wirnt von Grafenberg: Wigalois. Text der Ausgabe von J. M. N. Kapteyn, übersetzt, erläutert und mit einem Nachwort versehen von Sabine Seelbach und Ulrich Seelbach, Berlin/New York 2005.

Sonderegger 2003   Stefan Sonderegger: Althochdeutsche Sprache und Literatur. Eine Einführung in das älteste Deutsch. Darstellung und Grammatik, Berlin/New York 1974, 3, durchgesehehne und wesentlich erweiterte Auflage 2003.

Stackmann 1988   Karl Stackmann: Magd und Königin. Deutsche Mariendichtung des Mittelalters. Göttingen 1988.

Stackmann 1994   Karl Stackmann: Neue Philologie?, in: Joachim Heinzle (Hg.), Modernes Mittelalter. Neue Bilder einer populären Epoche, Frankfurt a. M./Leipzig 1994, S. 398–427.

Stolz 2004   Michael Stolz: *Ine kan decheinen buochstap*. Bedingungen vorneuzeitlichen Schreibens am Beispiel der Überlieferung von Wolframs Parzival, in: „Mir ekelt vor diesem tintenklecksenden Säkulum". Schreibszenen im Zeitalter der Manuskripte, herausgegeben von Martin Stingelin in Zusammenarbeit mit Davide Giuriato und Sandro Zanetti, München 2004 (Zur Genealogie des Schreibens 1), S. 22–53.

Trost 1991   Vera Trost: Skriptorium. Die Buchherstellung im Mittelalter, Stuttgart 1991, Neuauflage 2011.

Weiland 1877   Ludwig Weiland (Hg.): Sächsische Weltchronik, in: Monumenta Germaniae Historica, Deutsche Chroniken und andere Geschichtsbücher des Mittelalters 2, Hannover 1877, S. 1–384.

Wilmanns / Michels 1924   Wilhelm Wilmanns (Hg.): Walther von der Vogelweide. 4., vollständig umgearbeitete Auflage (von Karl Lachmann: Die Gedichte Walthers von der Vogelweide, Berlin 1827) von Victor Michels. Zweiter Band: Lieder und Sprüche Walthers von der Vogelweide mit erklärenden Anmerkungen, Halle 1924.

16.2 Abbildungsverzeichnis

Abbildung 1: Der Heilige Anno II., Erzbischof von Köln. Miniatur aus der *Vita Annonis* (um 1180). Rheinisches Bildarchiv Köln.

Abbildung 2: Periodisierungsschema der deutschen Sprach- und Literaturgeschichte.

Abbildung 3: Der mittelhochdeutsche und mittelniederdeutsche Sprachraum, aus: Hermann Paul, Mittelhochdeutsche Grammatik, 25. Auflage, neu bearbeitet von Thomas Klein, Hans-Joachim Solms und Klaus-Peter Wegera. Mit einer Syntax von Ingeborg Schröbler, neubearbeitet und erweitert von Heinz-Peter Prell (Sammlung kurzer Grammatiken germanischer Dialekte A.2), Tübingen: Niemeyer 2007, S. 3.

Abbildung 4: Kaiser Heinrich VI. Miniatur aus der *Großen Heidelberger Liederhandschrift (Codex Manesse)* (frühes 14. Jahrhundert).

Abbildung 5: Londoner Psalterkarte (um 1260).

Abbildung 6: Klosterskriptorium. Faksimile Evangelistar Kaiser Heinrichs III. (erste Hälfte des 11. Jahrhunderts). Ms. b. 21 der Universitätsbibliothek Bremen, 1981. Dr. Ludwig Reichert Verlag Wiesbaden.

Abbildung 7: Schriftbeispiel Capitalis.

Abbildung 8: Schriftbeispiel Unziale.

Abbildung 9: Schriftbeispiel Halbunziale.

Abbildung 10: Schriftbeispiel Karolingische Minuskel.

Abbildung 11: Schriftbeispiel Gotische Textura.

Abbildung 12: Schriftbeispiel Bastarda.

Abbildungen 7–12 aus: Bernhard Bischoff, Paläographie des römischen Altertums und des abendländischen Mittelalters. Mit einer Auswahlbibliographie 1986–2008 von Walter Koch (Grundlagen der Germanistik, Bd. 24); 4. durchgesehene und erweiterte Auflage, Berlin: Erich Schmidt 2009, S. 79, 93, 102, 153, 175, 175.

Abbildung 13: Der Schulmeister von Esslingen. Miniatur aus der *Großen Heidelberger Liederhandschrift (Codex Manesse)* (frühes 14. Jahrhundert).

Abbildung 14: Walther von der Vogelweide: *Reichston* (um 1200). Kritische Edition, in: Walther von der Vogelweide. Leich, Lieder, Sangsprüche, herausgegeben von Christoph Cormeau. Mit Beiträgen von. Thomas Bein und Horst Brunner, 14. völlig neubearb. Aufl. der Ausg. Karl Lachmanns, Berlin / New York: de Gruyter 1996.

Abbildung 15: Beginn des Nibelungenlieds (Blatt 1r Nibelungen-Handschrift C, 2. Viertel 13. Jahrhundert) (Ausschnitt). Badische Landesbibliothek.

Abbildung 16: Traditionelle Philologie und New Philology im Vergleich, aus: Thomas Bein, Textkritik. Eine Einführung in Grundlagen germanistisch-mediävistischer Editionswissenschaft. Lehrbuch mit Übungsteil, 2., überarbeitete und erweiterte Auflage Frankfurt a. M. / Berlin / Bern / Bruxelles / New York / Oxford / Wien: Peter Lang 2011, S. 91.

Abbildung 17: Hildebrandslied / Hildebrand erkennt Hadubrand (um 830). akg-images.

Abbildung 18: Die Zweite Lautverschiebung: Vergleich Englisch und Deutsch.

Abbildung 19: Ausschnitt aus dem *Abrogans* (8. Jahrhundert).

Abbildung 20: *Ludwigslied* (881/82) (Ausschnitt), aus: Wolfgang Haubrichs, Geschichte der deutschen Literatur von den Anfängen bis zum Beginn der Neuzeit, Bd. I: Von den Anfängen zum hohen Mittelalter, Teil 1: Die Anfänge: Versuche volkssprachlicher Schriftlichkeit im frühen Mittelalter (ca. 700–1050/60), 2., durchgesehene Auflage, Tübingen: Niemeyer 1995, Bildtafel 6.

Abbildung 21: Heinrich von Veldeke Miniatur aus der *Großen Heidelberger Liederhandschrift (Codex Manesse)* (frühes 14. Jahrhundert).

Abbildung 22: Vokalismus im Übergang vom Mittelhochdeutschen zum Neuhochdeutschen.

Abbildung 23: Die Ausbreitung der neuhochdeutschen Diphthongierung, aus: Werner König, dtv-Atlas deutsche Sprache. Grafische Gestaltung: Hans-Joachim Paul. Deutscher Taschenbuch Verlag, München 1978, 2007, S. 146.

Abbildung 24: Hartmann von Aue: Der *arme Heinrich,* Prolog (1. Drittel 14. Jahrhundert).

Abbildung 25: Hartmann von Aue. Miniatur aus der *Großen Heidelberger Liederhandschrift (Codex Manesse)* (frühes 14. Jahrhundert).

Abbildung 26: König Artus. Bronzefigur von Peter Vischer d. Ä. (1512/13) in der Hofkirche Kaiser Maximilians I. in Innsbruck.

Abbildung 27: *Beginn des Nibelungenlieds* (Blatt 1r Nibelungen-Handschrift C, 2. Viertel 13. Jahrhundert). Badische Landesbibliothek.

Abbildung 28: Wolfram von Eschenbach. Miniatur aus der *Großen Heidelberger Liederhandschrift (Codex* Manesse) (frühes 14. Jahrhundert).

Abbildung 29: Gottfried von Straßburg, Tristan und Isolde in der Minnegrotte (um 1260). Bildarchiv Foto Marburg.

Abbildung 30: Walther von der Vogelweide. Miniatur aus der *Großen Heidelberger Liederhandschrift (Codex Manesse)* (frühes 14. Jahrhundert).

Abbildung 31: Hofszene (Walther von Klingen). Miniatur aus der *Großen Heidelberger Liederhandschrift (Codex Manesse)* (frühes 14. Jahrhundert).

Abbildung 32: Johannes Gutenberg (1584). Kupferstich.

Abbildung 33: Gutenberg-Bibel: Das Buch Genesis (um 1454). SUB Göttingen, 2° Bibl. I, 5955 Inc. Rara Cim.

Abbildung 34: Ritter „Karl der Kahle" beim Turnier zum Siegfriedspektakel, Xanten (Mai 2009).

(Der Verlag hat sich um die Einholung der Abbildungsrechte bemüht. Da in einigen Fällen die Inhaber der Rechte nicht zu ermitteln waren, werden rechtmäßige Ansprüche nach Geltendmachung ausgeglichen.)

16.3 Personenverzeichnis

16.4 Glossar

Affrikate Konsonantischer Doppellaut, der aus einem Verschlusslaut und einem Reibelaut zusammengesetzt ist. Etwa *z* als Lautverbindung von *t* und *s* im Anlaut von *Zahn* oder *p* und *f* wie in *Pferd*. → KAPITEL 5.3

Autograf Eigenhändige Niederschrift des Verfassers. In der mittelalterlichen Handschriftenüberlieferung sind Autografe eine Seltenheit, vielmehr liegen in aller Regel Abschriften vor. → KAPITEL 3.1

Bilabial Phonetische Bezeichnung für Laute, die mit beiden Lippen gebildet werden wie etwa das *b* oder das englische *w*. → KAPITEL 5.2

Christozentrisches Weltbild Religiös motivierte Weltsicht, die Christus als Ausgangs- und Mittelpunkt der Welt versteht. → KAPITEL 2.2

Determinativkompositum Zusammensetzung aus Grund- und Bestimmungswort wie in *Hochdeutsch* oder *Mittel-hochdeutsch*. → KAPITEL 1.2

Didaxe Funktion der Didaxe ist die Wissensvermittlung. Sie ist grundlegend für die lehrhafte Dichtung. → KAPITEL 8.4

Eucharistie Zentraler Teil des christlichen Messritus, bei dem an das letzte Abendmahl erinnert und die dort vollzogene sakramentale Wandlung von Brot und Wein in das Fleisch und Blut Jesu wiederholt wird. → KAPITEL 10.1

Evangelienharmonie Vereinheitlichung der vier Evangelien zu einem Text. → KAPITEL 1.3

Exlibris Oft künstlerisch gestaltete gedruckte Kennzeichen, die auf den Eigentümer eines Buches / → Kodex, etwa eine Bibliothek, hinweisen. Als Vorformen gelten handschriftliche Eigentümervermerke. → KAPITEL 3.1

Exposition Bezogen auf Zaubersprüche der einleitende Teil, der die Rahmenbedingungen des eigentlichen magischen Spruchs heraufbeschwört. → KAPITEL 5.5

Fabel Kurzdichtung in Prosa oder Versform, die der → Didaxe dient. Die Vermittlung moralischer Sätze, allgemeiner Lebensweisheiten oder dergleichen erfolgt etwa durch die Darstellung von Tieren, denen menschliche Verhaltensweisen zugesprochen werden (Tierfabel). → KAPITEL 13.1

Federprobe Handschriftliche Spuren, die ein Schreiber bei der Prüfung von Schreibfedern oder Tinten (etwa am Blattrand) hinterlassen hat. → KAPITEL 3.1

Foliierung Die Zählung nach Blättern (lateinisch *folium* „Blatt"). Heute werden Bücher nach Seiten gezählt, also paginiert (lateinisch *pagina* „Seite"). → KAPITEL 3.1

Format (Folio, Quart, Oktav) Angabe der Größe eines Blattes, ursprünglich abhängig davon, wie oft ein Pergamentblatt gefaltet wurde. Bei heutigen Büchern richten sich Formatangaben nach exakten Normen. → KAPITEL 3.1

Frikativ (Doppelfrikativ) Frikative (Reibelaute) entstehen bei der Artikulation als Folge einer Verengung des Luftstroms im Mundraum. Sie können stimmlos oder stimmhaft sein (vgl. den *s*-Laut in *Sonne* und *Haus*). → KAPITEL 5.3

Füllseleintrag Nachträglicher handschriftlicher Eintrag auf unbeschrieben gebliebenen Stellen in einem lateinischen Kodex. Verschiedene althochdeutsche Texte sind auf diese Weise überliefert. So wurde das Hildebrandslied um 830 als Füllseleintrag an den Anfang und das Ende einer lateinischen Bibelhandschrift eingetragen. → KAPITEL 3.1

Glosse (Interlinearglosse, Marginalglosse, Kontextglosse, Griffelglosse) Althochdeutscher Eintrag in einem lateinischen Text. Glossen dienten in der Regel der Übersetzung von einzelnen lateinischen Wörtern. → KAPITEL 3.1, 5.4

Glossator Bezeichnung für denjenigen, der → Glossen verfasst. Glossatoren stehen am Beginn der althochdeutschen Schriftüberlieferung. → KAPITEL 5.1

Gnomik → Spruchdichtung

Hapaxlegomena (Singular: das Hapaxlegomenon) Wörter, die nur einmal belegt sind – und deren Bedeutung daher oft nur schwer bestimmbar ist. Der althochdeutsche Wortschatz kennt eine große Zahl von Hapaxlegomena. → KAPITEL 5.2

Illitteratus → Litteratus

Interlinearversion Althochdeutsche Wort-für-Wort-Übersetzung von lateinischen Texten, die zwischen (lateinisch *inter*) den Zeilen (lateinisch *lineas*) eingetragen wurde. → KAPITEL 5.4

Isoglosse Sprachgrenze, die die Ausbreitung eines bestimmten Wortgebrauchs markiert. In einem weiteren Sinne versteht man unter Isoglossen auch lautliche Sprachgrenzen (Isophone). → KAPITEL 1.2

Kodex / Kodikologie Der Kodex (Plural: Kodizes) bezeichnet das mittelalterliche Buch. Kodikologie (auch Handschriftenkunde) ist die wissenschaftliche Beschäftigung mit dem mittelalterlichen Buch. → KAPITEL 3.1

Kolophon Text am Ende eines Buches, der Informationen zu Entstehungszeit, -ort, dem Verfasser oder dem Auftraggeber enthält. → KAPITEL 3.1

Lage (Binio, Ternio, Quaternio, Quinternio, Sexternio) Bestandteil eines Buches, das aus mehreren (heftartig) ineinandergelegten gefalzten Doppelblätternbesteht. → KAPITEL 3.1

Leben (Johannesleben, Marienleben) Religiöse Dichtungen über Leben und Tod von Heiligen; als Marienleben etwa Dichtung über Leben, Tod und Himmelfahrt der Gottesmutter Maria. → KAPITEL 2, 6.1

Leich Sangbare lyrische Großform mit religiösem oder auf die Minne bezogenem Inhalt. → KAPITEL 6, 11.3

Lemma Lemmata bezeichnen die einzelnen Einträge bzw. Stichwörter in einem Lexikon. → KAPITEL 5.4

Ligatur Grafische Verbindung von Buchstaben. Im Mittelhochdeutschen sind z. B. die Formen æ und œ (für langes ä und ö) geläufig. → KAPITEL 4.1

Litteratus (Gegenteil: Illitteratus) Person, die Latein lesen und schreiben gelernt hat und in diese Sinne als gebildet (lateinisch *litteratus*) galt. → KAPITEL 3.2

Markbeschreibung Protokolle von Grenzbegehungen, in denen verschiedene Grenzpunkte festgehalten werden. Textsorte der althochdeutschen Literatur, die zu den urkundlichen Rechtstexten zählt. → KAPITEL 1, 5.4

Medien Phonetische Bezeichnung für stimmhafte Verschlusslaute (Plosive): *b, d, g*. → KAPITEL 5.3

Palimpsest Palimpseste (aus griechisch *palin psao* „ich glätte wieder") sind Pergamentseiten, die nach Beseitigung der ursprünglichen Schrift neu beschriftet wurden. Auf diese Weise ließ sich der teure Beschreibstoff mehrmals verwenden. → KAPITEL 3.1

Pastourelle Lyrische, meist dialogisch gestaltete Liedform, die die Schilderung von erotischen Begegnungen in der Natur zum Inhalt hat. Im Gegensatz zur französischen Literatur des Mittelalters waren Pastourellen in der mittelhochdeutschen Literatur nur wenig verbreitet. → KAPITEL 11.3

Provenienz Herkunft (lateinisch *provenire* „herkommen") einer Handschrift, die oft nur anhand von bestimmten Indizien (dialektale Kennzeichen, Schreibform) erschlossen werden kann. → KAPITEL 3.1

Psalter Sammlung biblischer Psalmen in Buchform. → KAPITEL 5.4

Redaktion Veränderte Fassung eines Textes. → KAPITEL 3.1

Rubrizierung Farbige, meist rote (lateinisch *rubrum* „rot") Hervorhebungen wie Überschriften oder Schmuckelemente. Sie wurden teilweise in einem gesonderten Arbeitsschritt vom Rubrikator vorgenommen. → KAPITEL 3.1

Rune Runen sind die ältesten alphabetischen Schriftzeichen des Germanischen. Sie dienten vor allem kultischen Zwecken und sind in zahlreichen Inschriften, vor allem aus dem skandinavischen Raum, überliefert. → KAPITEL 5

Schwank In der Regel kürzere Form erzählender Dichtung mit oft volkstümlich derben bzw. komischem Inhalt. → KAPITEL 10.2

Spruchdichtung (Gnomik) Teilbereich der mittelalterlichen deutschen Lyrik. Im Gegensatz zur Minnelyrik hat die Spruchlyrik zumeist einen religiösen oder politischen Inhalt. Der Begriff Sangspruchdichtung verweist auf die Sangbarkeit von Sprüchen. → KAPITEL 11.1

Stemma (Stammbaum) Stemmata verdeutlichen in grafischer Form Abhängigkeits- und Überlieferungsverhältnisse von Texten oder Handschriften. → KAPITEL 4.1

Tenuis (Plural: Tenues) Phonetische Bezeichnung für stimmlose Verschlusslaute (Plosive): *p, t, k.* → KAPITEL 5.3

Textkritik Wissenschaftliche Methode zur Feststellung der Überlieferung und zur Rekonstruktion von Texten. → KAPITEL 4.1

Varietät (Sprachlage) Varietäten sind Sprachformen, die durch spezifische außersprachliche Kriterien bestimmt sind. Geografische Varietäten werden auch als Dialekte, soziale Varietäten als Soziolekte bezeichnet. → KAPITEL 5.3

Verderbt (korrupt) Charakterisierung von Textstellen oder ganzen Handschriften, die aufgrund von Überlieferungsschäden (etwa durch Wasser, Feuer, Tierfraß) so stark beschädigt sind, dass sie nicht mehr oder nur teilweise entziffert werden können. → KAPITEL 4.1

Verschriftlichung, Verschriftung Beide Begriffe zielen auf den Übergang aus dem Medium der Mündlichkeit in das der Schriftlichkeit. In terminologischer Unterscheidung betont der Begriff Verschriftlichung das Einwirken spezifisch konzeptioneller Bedingungen von Schriftlichkeit (Textkohärenz, Vollständigkeit, lexikalische Präzision) auf die Entstehung eines Textes. Demgegenüber meint Verschriftung die schematisch-wortwörtliche Übertragung eines mündlichen Textes in das Medium der Schrift. Eine scharfe Abgrenzung beider Begriffe ist in vielen Fällen kaum möglich. → KAPITEL 1.3, 5.2, 9

Vulgata Lateinische Bibelfassung, die seit der Spätantike üblich wurde und auf die Übersetzung des Hieronymus (347–419) zurückgeht. → KAPITEL 12

Printed in Great Britain
by Amazon

59579656R00142